LA MÉTAPHYSIQUE DU PHÉNOMÈNE

DU MÊME AUTEUR

La conscience transcendantale dans le criticisme kantien. Essai sur l'unité d'aperception, Paris, Aubier-Montaigne, 1985.

L'idée de la phénoménologie husserlienne. L'exemplarisme husserlien, Presses Universitaires de France, Paris, 1958 ; 2e éd. augmentée, Hildesheim-New York, Olms, 1987 ; trad. espagnole, 1963 ; trad. américaine, 1974.

Philosophes en Suisse française, Neuchâtel, La Baconnière, 1966.

Die Einheit der heutigen Philosophie, Zurich-Cologne, Benziger, 1966.

Comment dire l'être ? L'invention du discours métaphysique chez Aristote, Paris, Vrin, 1985.

L'enjeu de la philosophie médiévale. Etudes thomistes, scotistes, occamiennes et grégoriennes, Leiden-New York-Cologne, Brill, 1991, 2e éd., 1993.

Néoplatonisme et aristotélisme dans la métaphysique médiévale. Analogie, causalité, participation, Paris, Vrin, 1995.

L'unité de la philosophie politique de Scot, Occam et Suarez au libéralisme contemporain, Paris, Vrin, 2002.

Les Métaphysiques d'Aristote, traduction analytique et commentaires intégrés des Livres XXXX, Paris, Les Belles Lettres, 2008.

BIBLIOTHÈQUE D'HISTOIRE DE LA PHILOSOPHIE

LA MÉTAPHYSIQUE DU PHÉNOMÈNE

Les origines médiévales et l'élaboration de la pensée phénoménologique

par

André de MURALT

LIBRAIRIE PHILOSOPHIQUE J. VRIN
6 place de la Sorbonne
PARIS Ve

Imprimé en France

ISSN 0293-9126

ISBN 978-2-7116-0877-5

www.vrin.fr

AVANT-PROPOS

Le présent recueil groupe neuf textes consacrés à la phénoménologie. Il répond à la même préoccupation qu'un second ouvrage publié parallèlement à la même librairie : comprendre pourquoi et comment la phénoménologie contemporaine, en elle-même et dans ses prolongements les plus marquants, a ranimé l'intérêt de certaines notions centrales de la critique aristotélicienne et scolastique, dont celle de l'intentionnalité principalement. Il ne peut s'agir d'une simple coïncidence verbale. La notion d'intentionnalité, la conception de la logique qu'elle commande, prolongent plus qu'une terminologie : elles s'insèrent dans une réflexion permanente de la philosophie occidentale, qui pourrait se résumer dans cette interrogation : comment dire l'être, selon qu'il apparaît à la conscience ?

La première partie de cette question a une portée immédiatement métaphysique, et tout aussi bien critique, logique et linguistique. Elle détermine le domaine d'une onto-logie, dont la métaphysique aristotélicienne est, parallèlement à la dialectique platonicienne, l'une des manifestations exemplaires. C'est l'objet du second ouvrage qui vient d'être mentionné et qui paraît sous le titre : *Comment dire l'être ?*

La seconde partie de cette même question ouvre la vaste perspective d'une science qui prétend montrer comment, dans l'apparaître du phénomène à une conscience humaine, se constitue, ou se révèle, le sens et la vérité de l'être même. Que cette science, la phénoménologie, s'attache à la description de la perception, du jugement, de l'acte moral pratique, de la création artistique ou de la parole du poète, c'est la même structure de pensée qui dévoile, à travers les vécus multiples de la conscience humaine, l'unité objective de la réalité sentie ou affirmée, l'authenticité de l'existence libre, la beauté et la vérité de l'œuvre d'art. La phénoménologie de Husserl, l'ontologie de Heidegger, l'anthropologie de Sartre, la phénoménologie de la perception de Merleau-Ponty, la phénoménologie de l'expérience esthétique de Mikel Dufrenne, en sont autant de témoins, spécifiques et originaux.

Le succès de la philosophie analytique du langage ne doit pas faire oublier l'enjeu critique et métaphysique de l'entreprise phénoménologique. L'une et l'autre ont chez Frege et chez Husserl le même point de départ, la réflexion sur l'objectivité idéale des sens du langage. Mais la phénoménologie s'engage dans la difficile tentative de fonder les sens objectifs dans la conscience constituante, alors que la philosophie analytique du langage se contente de les admettre comme autant de faits bruts injustifiables. Le reproche que la phénoménologie peut encourir de ranimer un fantômatique idéalisme transcendantal sans parvenir pour autant à assurer un véritable réalisme empirique, vaut bien celui que peut encourir manifestement la philosophie analytique de se cantonner dans un positivisme rationaliste un peu court (1). Ce qui se vérifie principalement si l'on compare les développements extrêmes des deux doctrines : entre l'(inter)subjectivité transcendantale et la négation structuraliste du sujet, le cœur balance : dans ces derniers bateaux où la mode précipite les foules, il y a toujours trop de monde pour qu'ils ne finissent pas par couler. Aussi bien ne s'agit-il pas ici de départager, mais de rendre justice à la phénoménologie inaugurée par Husserl, de la comprendre dans son ambition légitime, qui n'est ni celle d'une méthode de description quasi réaliste de « ce qui apparaît », ni celle d'une pure axiomatisation idéale et formelle.

Il faut donc commencer par définir la phénoménologie selon les deux dimensions de l'intentionnalité qu'elle décrit elle-même comme phénoménologique-descriptive et phénoménologique-transcendantale, c'est-à-dire selon les deux manières qu'elle a de considérer, dans l'*époché*, l'objet de l'expérience vécue comme exemple de son idée d'une part, comme index de la constitution transcendantale de son sens d'autre part (1e étude). Il apparaîtra à celui qui s'engage dans cette délicate perspective que l'apparente antinomie de l'idée et du transcendantal se résoud dans une dialectique identifiant exemplairement la forme et la fin, l'être et le devenir. D'où suit l'élaboration successive de la réflexion critique sur les sens objectifs en logique formelle objective des sens (*reine Formenlehre der Bedeutungen,* apophantique et ontologie formelle), puis en logique formelle subjective, c'est-à-dire transcendantalement constituante de ces mêmes sens objectifs. Celle-ci étant la science

1. La théorie du sens, développée par Frege, est quasiment celle de Bolzano, découronnée de son principe théologique, le recours à l'entendement divin. Celle de Husserl remplace l'efficace divine, si l'on peut dire, par la constitution transcendantale, comme Kant l'avait fait à sa manière par rapport à Descartes ou Leibniz.

formelle, eidétique ou idéale, des modes originaires de la constitution transcendantale, elle parvient à établir d'une part l'identité de l'idée et du transcendantal, c'est-à-dire une nouvelle manière de dépasser l'opposition stéréotypée du réalisme et de l'idéalisme, d'autre part la parenté de structure qui lie les phénoménologies de Husserl, Sartre, Merleau-Ponty et Dufrenne (2e étude).

Cette analyse synchronique ne suffit cependant pas à faire comprendre ce qu'est la phénoménologie de Husserl. Il est nécessaire de retracer rapidement les antécédents scolastiques de la notion d'intentionnalité et les conditions dans lesquelles celle-ci a disparu de la scène intellectuelle, au moment même où s'élaborent les premières formes de la philosophie du *cogito*. On comprendra mieux comment elle réapparaît dans la phénoménologie, après la vive polémique menée par Husserl contre le psychologisme anglo-saxon, comme la structure concrète universelle de tout vécu de conscience, destinée à être dépassée en un « face-à-face » de pure présence objective (3e étude). L'analyse diachronique ainsi engagée rebondit aussitôt. Avec la notion de remplissement de l'intention vide, Husserl renoue avec la vieille notion d'adéquation de la connaissance vraie à la réalité objective. La 4e étude confronte sur ce point la phénoménologie husserlienne et la critique thomasienne du jugement. Elle fait apparaître la notion de la préconstitution des formes prédicatives (catégoriales) dans l'expérience anté-prédicative et la notion corrélative de la résorption intentionnelle de la connaissance conceptuelle dans l'intution de l'individu. Elle montre de ce fait comment Husserl se distingue des maîtres de l'intentionnalité médiévale en ne concevant pas la nécessité des intentions secondes qui affectent selon l'aristotélisme scolastique toute connaissance abstractive.

A ce point, il convient de ne pas oublier l'importante notion de l'*époché*, de cette démarche de suspension phénoménologique de l'objet réel, posé comme existant par l'« attitude naturelle » de la conscience. L'empirisme phénoménologique de Merleau-Ponty, le positivisme de la philosophie analytique du langage, ne peuvent que la passer sous silence, dans la mesure où, selon la *Phénoménologie de la perception*, « les essences séparées sont celles du langage », lequel est, selon la philosophie analytique, le lieu propre de l'exister idéal-objectif des significations. Or, l'*époché* rompt de fait le lien intentionnel immédiat de la conscience à l'objet réel, et toute la logique transcendantale ne sera pas de trop selon Husserl pour le rétablir idéalement, à l'infini, selon la « structure eidétique de l'*etc.* ». La rupture de l'intentionnalité, qu'opère initialement la méthode husserlienne et qu'elle échouera finalement à réparer, rattache évidemment la phénoménologie à tous les modèles théoriques de connaissance philosophique qui envisagent la possibilité d'un « concept objectif sans objet », soit le modèle kantien de la révolution copernicienne, le modèle cartésien, dont l'hypothèse du Malin Génie est la figuration imaginaire, le modèle occamien, dont l'hypothèse de la toute puissance divine n'est également que la métaphore théologique (5e étude). Dans cette perspective, il apparaît à celui qui tente de dénouer le réseau complexe des influences doctrinales qui aboutissent à la constitution de la philosophie moderne, que le thème théologique *de potentia absoluta dei* n'a pas tardé à cesser d'être ce qu'il est pour Occam, à savoir une hypothèse précisément, pour se réifier en une définition *a priori* de la connaissance, corrélative soit du privilège du *cogito* cartésien, considéré comme vérité première et infaillible, soit du principe du *je pense* kantien, considéré comme *a priori* transcendantal, subjectif .et objectivant. Parallèlement, la rupture de l'intentionnalité exerce ses effets dans le domaine pratique également : la volonté des modernes n'est plus finalisée par une réalité bonne et désirable en elle-même, mais mesurée exemplairement-formellement par une norme légale. A l'éthique du bien et de l'amour, telle que la conçoivent Aristote et saint Thomas d'Aquin, se substitue la morale de la loi et de la justice. La révolution copernicienne de la raison théorique pure se double d'une révolution de la raison pratique pure, et cette double révolution est déjà opérée et achevée dans la critique et l'éthique occamienne. De ce point de vue, il est vrai de dire qu'Occam prépare en quelque manière Kant, mais non pas lui seulement, car il n'est pas vrai de prétendre que Kant soit le « dernier occamien ». D'autres après lui prolongeront la structure de la pensée occamienne, fût-ce à leur insu, tel Sartre dans sa phénoménologie de l'existence libre. Kant quant à lui en présente le principe dans une synthèse radicale, dénuée des édulcorants théologiques qu'y apportaient les métaphysiques modernes (6e étude). Husserl, qui prolonge la tradition du « concept objectif sans objet », ne développe pas pour autant une morale de la loi. Il ramène l'intentionnalité de l'acte moral à celle de l'acte théorique : l'acte pratique est en effet selon son expression un « acte fondé », fondé sur un acte objectivant premier de représentation ; il est une intention secondaire reposant sur un acte d'intention primaire. Et Husserl met en œuvre pour le dire un mode de pensée qui se rapproche étonnament de la distinction formelle scotiste. Du coup se dessine l'immense trajectoire dans laquelle s'insère la phénoménologie et la philosophie analytique, trajectoire qui part de la distinction scotiste, décrit toutes les variétés de l'objectivité idéale des sens et, passant par Pierre d'Auriole, Occam, Nicolas d'Autrecourt, Grégoire de Rimini, Descartes, Leibniz, Bolzano, aboutit à Brentano, Frege, Husserl (7e étude).

Il est possible maintenant de conclure et, après avoir défini de plus près la méthode d'analyse structurelle constamment mise en œuvre dans cet ouvrage, de résumer l'ensemble des considérations précédentes, en décrivant le réseau des relations doctrinales qui opposent et lient tout à la fois la phénoménologie husserlienne à la métaphysique aristotélicienne et à la dialectique hégélienne d'une part, aux critiques médiévales de l'*Ideal-Objectivität* des sens d'autre part. La 8e étude développe ainsi la « métaphysique du phénomène », celle pour laquelle la totalité du phénomène est l'être même. Cette métaphysique, comme celle d'Héraclite, n'est pas sans danger pour la personne humaine, qui court le risque d'y aliéner son autonomie d'existant libre (1). En montrer dans la 9e étude le totalitarisme implicite paraît aujourd'hui tout aussi important que de dénoncer la prétention insolente du « ça parle » structuraliste. Mais par-delà la critique du présent, c'est l'avenir qui importe. Et l'avenir de la philosophie dépend plus que jamais d'une méditation renouvelée des penseurs grecs. C'est bien la perspective qu'ouvre aujourd'hui les éléments avancés de la philosophie analytique, qui redécouvre la philosophie aristotélicienne du langage et ses virtualités métaphysiques.

Genève, le 15 novembre 1984

1. Ce point a été explicité plus largement dans deux de mes ouvrages, *Die Einheit der heutigen Philosophie*, Johannes-Verlag, Einsiedeln-Zurich-Cologne (1966), et *Souveraineté et pouvoir, La structure de la philosophie politique moderne, d'Occam à Rousseau*, Cahiers de la Revue de théologie et de philosophie, Genève-Lausanne (1978), diffusion Librairie philosophique Vrin, Paris.

LES DEUX DIMENSIONS DE L'INTENTIONNALITÉ HUSSERLIENNE

Après la psychologie descriptive de Brentano, les critiques adressées par Sartre à la connaissance-assimilation, chacun saurait définir l'intentionnalité comme la tendance constitutive de la conscience vers l'objet. De prime abord, l'intentionnalité apparaît comme une tendance vers un terme, une téléologie, et corrélativement l'objet comme le télos, l'unité terminale qui noue en quelque sorte la conscience constituante. A partir de cette définition, on a pu croire à un réalisme husserlien, réalisme de la conscience ordonnée à l'être, réalisme de l'être corrélat de la conscience. De fait, la notion de l'intentionnalité à une dimension est sans défense contre une telle interprétation, et nous espérons montrer combien et pourquoi elle est erronée, dans la mesure où elle aboutit à faire une description réaliste d'une logique idéaliste qui présente, comme nous le verrons, d'indubitables résonnances platoniciennes.

Les deux dimensions de l'intentionnalité

1. *L'intentionnalité n'a pas qu'une dimension.* Premièrement, remarquons que l'on parle tantôt d'une conscience intentionnelle, tantôt de l'objet comme d'une unité intentionnelle. Or, ni la conscience ni l'objet ne peuvent être intentionnels au même titre. La téléologie qui les relie est une et identique, elle est mouvement et translation *(Verschiebung)* [1], mais la subjectivité transcendantale

[1] *Formale und transzendentale Logik*, Halle, Niemeyer, 1929, p. 157 *(F.T.L.)*. — *Ideen zu einer reinen Phänomenologie* est cité ici d'après la traduction française de Paul Ricœur, Paris, N.R.F., Gallimard, 1950, 568 p. *(Idées)* ; *Cartesianische Meditationen* d'après la traduction française de Gabrielle Peiffer et Emmanuel Levinas, Paris, Vrin, 1953 *(M.C.)* ; *Logische Untersuchungen* d'après la 4e édition, Halle, Niemeyer, 1929 *(L.U.)* ; *Erfahrung und Urteil* d'après l'édition Claassen, Hamburg, 1954 *(E.U.)* ; *Die Krisis der europäischen Wissenschaften* d'après l'édition major Nijhoff, La Haye, 1954 *(Krisis)*.

est son point de départ, son origine *(Ursprung)*, et l'objet son point d'arrivée, son télos. Par conséquent, l'intentionnalité peut être considérée de deux manières : dans le sens subjectivité-objet, origine-télos, ou dans le sens objet-subjectivité, télos-origine. Ces deux dimensions sont celles que nous proposons d'appeler *phénoménologique-transcendantale* et *phénoménologique-descriptive*. L'analyse intentionnelle, n'étant que l'investigation du phénoménologue suivant l'une ou l'autre de ces dimensions, prend également ces deux dénominations.

2. *L'objet n'est pas l'objet existant du sens commun.* De plus, l'objet dont parle Husserl est un objet suspendu par l'épochè et réduit à son sens pur. Il ne saurait donc être question de l'objet dans son extériorité matérielle, celui dont le sens commun affirme sans autre l'existence. L'existence, l'être, est une couche de signification dans le sens objectif total, un caractère d'être [1] qui demande à être constitué transcendantalement comme toute autre couche significative. La corrélation conscience-objet est donc plus exactement la corrélation conscience-sens objectif, et la constitution transcendantale est une donation de sens [2]. La même dualité subsiste, et l'intentionnalité connaît ici également la distinction de ses deux dimensions transcendantale et descriptive.

3. *La phénoménologie n'est pas une description, mais une logique.* Par conséquent, le sens profond de la phénoménologie n'est pas d'être une description réaliste du monde réel, mais bien plutôt d'être une logique, une science des significations, qui n'a pas de rapport immédiat avec le monde réel du sens commun, mais qui explicite la structure de la constitution de son sens pour nous. Cette définition de la phénoménologie comme logique est une conséquence nécessaire de l'épochè et de la réduction phénoménologique. La phénoménologie est une science des sens, comme la logique classique était une science des *intentions secondes* : la phénoménologie étudie l'intentionnalité qui se réfléchit elle-même, l'intentionnalité au deuxième degré [3], qui se constitue dans la conscience transcendantale de soi, comme nous le verrons. Dans le processus réflexif, le contact immédiat, « naïf », avec le monde, semble se perdre ou du moins devenir de moins en moins immédiat.

4. *La phénoménologie comme logique est également structurée selon les deux dimensions de l'intentionnalité.* On comprend dès lors aisément la raison de l'ambivalence de la logique husserlienne. La dualité de l'intentionnalité, relation réciproque conscience-sens, se retrouve dans la phénoménologie proprement dite des significations. Dans sa forme

[1] *Idées*, p. 354. — [2] *F.T.L.*, p. 9. — [3] *F.T.L.*, p. 99.

ultime, eidétique, en effet, la phénoménologie est double : la logique formelle est à la fois *apophantique* et *ontologie* formelles selon qu'elle considère le jugement dans sa *signification* originairement donnée dans l'évidence de la distinction, ou selon qu'elle considère dans le jugement l'*objet* catégorial donné originairement dans l'évidence de la clarté [1]. De même, la critique constitutive de la logique est double aussi, selon qu'elle s'attache à critiquer intentionnellement l'identité (être en soi) des significations prédicatives ou la vérité à priori (en soi) des objectivités catégoriales [2]. Enfin, la logique transcendantale elle-même connaît deux formulations, l'une qui est celle de *Formale und transzendentale Logik*, qui remonte de la logique formelle à la logique transcendantale, du jugement à la conscience, et l'autre qui est celle de *Erfahrung und Urteil*, qui suit le chemin inverse, de la conscience, de l'expérience antéprédicative, au jugement universel.

Si l'on réfléchit aux raisons profondes de cette dualité de structure, on remonte pour l'expliquer aux deux sources de la réflexion philosophique de Husserl, le *langage* et la *perception* ou l'*expérience* pure et simple. Le langage est le lieu des sens purs, il est le monde réduit, aussi bien Husserl ne songe-t-il jamais à le réduire [3] : en « vivant » dans le langage, le phénoménologue peut ainsi vivre naturellement le monde naturel dans l'époché, selon la curieuse expression de *Krisis* [4], car le langage est sens pur. Il est donc immédiatement objet de description phénoménologique, et le point de départ de la dimension phénoménologique-descriptive. Au contraire, la perception est la constitution originaire de tout sens possible et c'est la dimension phénoménologique-transcendantale qui s'inaugure avec elle.

L'expérience naturelle réduite fait apparaitre immédiatement la dualité de l'objet

Or, de fait, pour le phénoménologue, et pour l'homme lui-même, l'expérience première est celle du langage. C'est donc en elle que Husserl inaugure sa démarche [5], ou, ce qui revient au même, dans ce qu'il appelle l'expérience historique, l'expérience naturelle de l'objet réduite en expérience historique de sa signification pure [6]. Cette démarche est pleinement explicitée dans *Krisis*, qui montre comment de la science considérée dans son langage comme objecti-

[1] *F.T.L.*, p. 49 ss., surtout p. 93 ss.
[2] *F.T.L.*, p. 162 ss., p. 215.
[3] *Idées*, p. 212, par opposition à S. Bachelard : *La logique de Husserl*, p. 15.
[4] *Krisis*, p. 180.
[5] *L.U.*, II a, p. 1.
[6] *F.T.L.*, p. 7-9 ; *M.C.*, p. 6-7.

vité idéale l'analyse remonte jusqu'à la subjectivité transcendantale. En d'autres termes, Husserl prend soin de nous situer de prime abord dans la dimension phénoménologique-descriptive. Précisons cependant, car il faut commencer plus simplement, plus « naïvement » [1] : il ne faut même pas prétendre que la démarche commence par être phénoménologique-descriptive, car ce serait supposer déjà la solution : il faut dire que la phénoménologie commence par décrire l'objet factice donné dans l'expérience naturelle réduite. Seul cet objet est donné immédiatement et la conscience, qui est cependant l'origine intentionnelle de l'objet, n'est que le *pré-supposé* fondamental [2].

Que faut-il entendre ici par objet ? D'une manière générale, c'est l'objet *überhaupt*, toute objectivité, aussi bien l'objet de la perception, le *Ding*, que l'objet catégorial qu'est le jugement, qu'enfin la science elle-même en tant qu'objectivité idéale [3]. Cet objet se donne dans l'expérience immédiate, dans ce pur spectacle que se réserve le phénoménologue installé dans l'épochè [4].

Et aussitôt la dualité apparaît, et notons-le bien, c'est l'esprit même de la réduction, la dualité apparaît *dans* l'objet sans que le phénoménologue intervienne par ses questions, toujours plus ou moins intempestives. L'objet par lui-même fait problème, devient *question* : le spectateur désintéressé le voit surgir à la fois comme *exemple* et comme *index*.

a) *L'objet = exemple*

L'objet, en effet, apparaît premièrement dans une relativité fluante, il varie, il est plus ou moins complet : la science dans son histoire apparaît comme plus ou moins parfaite, plus ou moins vraie, plus ou moins achevée ; le jugement apparaît comme plus ou moins clair, plus ou moins rempli par les objectivités originaires qu'il signifie. L'objet en général donné dans l'expérience renvoie de lui-même à un état final où il est pleinement achevé, pleinement lui-même *(Selbst)*. Dans son processus de réalisation de fait, il n'a pas encore réalisé son essence, son en-soi : il est en tendance vers celui-ci, qui est donc également la fin, le télos de son processus de réalisation essentielle. Cette forme-fin, cet eidos-télos est ce que Husserl appelle l'*idée* : à partir donc de l'objet en général, donné dans l'expérience immédiate, l'analyse intentionnelle sous une de ses premières mani-

[1] Naïveté phénoménologique, nécessaire, et même « apodictique » : *Krisis*, p. 60, 175, 185, 213 ; *F.T.L.*, p. 241 ; *M.C.*, p. 25, 40, 129 ; *Idées*, p. 506.

[2] *F.T.L.*, p. 244.

[3] L'expérience historique devient dans ce cas l'expérience catégoriale des significations prédicatives, l'évidence de la distinction, selon *F.T.L.*, p. 7 ss., p. 49, *passim*.

[4] *Krisis*, p. 238 ss.

festations dégage l'*idée de l'objet*, soit respectivement l'idée de l'objet perçu, l'idée du jugement clair, l'idée de la science qui n'est autre que la phénoménologie elle-même [1]. Il y a ici une analyse intentionnelle progressive, puisqu'elle tente de rejoindre l'idée téléologique, c'est-à-dire l'état de réalisation plénière de l'objet : cette analyse n'est autre que la phénoménologie transcendantale, sous un de ses aspects, qui est d'expliciter l'objet en général pleinement constitué, et comme celui-ci est une idée, il apparaît déjà ici que la phénoménologie transcendantale ne peut être qu'une phénoménologie des idées.

L'objet apparaît donc dans cette analyse comme l'*exemple* factice de son idée corrélative, et inversément l'idée apparaît comme l'*exemplaire* idéal de sa réalisation factice. Cette mutuelle relation, nous l'appelons *exemplarisme*, nom qui exprime une relation de *normation* réciproque de l'idée par le fait et du fait par l'idée [2].

b) *L'objet = index*

D'autre part, l'objet en général apparaît également comme l'*index* de sa constitution transcendantale, c'est-à-dire qu'il suppose implicitement, anonymement, un processus synthétique de constitution antérieure : il est le résultat *(Ergebnis)* d'un système d'intentionnalité constituante [3]. L'analyse, ici, prend un mode réflexif, puisqu'il s'agit de remonter critiquement les diverses phases subjectives qui ont présidé à la constitution transcendantale de l'objet donné dans l'expérience immédiate réduite [4]. Et au terme de cette recherche régressive, l'analyse aboutit au fondement constituant premier et absolu, l'*ego* lui-même, mais non pas un *ego* considéré comme un sujet vide à la Kant, au contraire un *ego* considéré dans son acte de constitution transcendantale, dans sa *Leistung*. Le sujet husserlien est une subjectivité transcendantale, une vie intentionnelle, et c'est là peut-être le seul aspect « réaliste » de la phénoménologie, si l'on tient absolument à cette étiquette : l'*ego* est *acte pur* de constitution [5].

[1] L'en-soi, le *Selbst* est une *idée* de la raison, c'est-à-dire le télos d'une constitution évidente infinie, cf. *E.U.*, p. 346, 355, 358 et particulièrement *Idées*, section IV. De même *Krisis*, p. 13, 71, 101, 196.

[2] Le terme d'exemplarisme n'est pas utilisé par Husserl, qui parle simplement d'exemple (factice). Mais la notion d'idéation implique ce que nous appelons ici la relation exemple factice-exemplaire idéal, *F.T.L.*, p. 36, 43, 55, 94, 115, 189, 217 ss., 242, 256 ; *E.U.*, p. 410 ss., 432 ss. ; *L.U.*, II a, p. 369, 398, 439 ; *M.C.*, p. 7, 58 ss. ; *Krisis*, p. 59, 239. L'idée elle-même est en effet régulative, *F.T.L.*, p. 54, n., p. 102 ss., 221, 256 ; *Idées*, p. 297, 454, et d'une manière générale toute la IVe section.

[3] Cf. le texte admirable de *F.T.L.*, qui définit l'objet comme l'unité synthétique de l'intentionnalité (p. 242). Pour la notion d'index, *F.T.L.*, p. 244, 183 ss. ; *M.C.*, p. 39, 43, 53 ; *Idées*, p. 130, 182, 488 ; *Krisis*, p. 168 ss.

[4] *F.T.L.*, p. 183.

[5] *F.T.L.*, p. 241. Au sens strict, il s'agirait plutôt d'un nominalisme.

Ainsi donc, l'objet perçu renvoie à la perception originaire qui le constitue, le jugement jugé à l'acte de judication où il prend naissance, la science elle-même à la conscience historique de l'homme et à l'intersubjectivité qui l'a élaborée intentionnellement. On retrouve ainsi, certes, l'intentionnalité au sens courant, mais selon une dimension inverse : la dimension de l'analyse intentionnelle que nous considérons ici est une dimension réflexive, celle même du *Nach-verstehen* husserlien [1], et elle coïncide avec la phénoménologie du « retour des objectivités constituées à l'expérience originaire » [2].

La dualité de la dimension phénoménologique-descriptive

L'objet est donc à la fois index du transcendantal et exemple de l'idée. Remarquons donc que le point de départ des deux analyses que nous venons d'indiquer est identique : l'objet factice donné dans l'expérience historique. Or, prendre son point de départ dans le fait historique est le propre de la dimension phénoménologique-descriptive, et l'on comprend aisément pourquoi nous appelons cette dimension phénoménologique-descriptive, puisqu'elle s'enracine dans une expérience « naïve » simple, non encore idéalisée, ni non plus transcendantalement motivée. Seul un changement d'orientation thématique vient différencier la description initiale en analyse progressive (fait-idée) et en analyse réflexive (objet-subjectivité). Une nouvelle dualité apparaît donc qui complique la situation. L'intentionnalité qui paraissait simple, recouvre en fait deux dimensions intentionnelles, et de plus, l'une de ces dimensions se subdivise encore en deux « directions » opposées.

Ces deux dernières « directions » sont les directions de l'analyse intentionnelle bien plutôt que celles de l'intentionnalité elle-même. Le phénoménologue ne pourra jamais se mettre réellement dans cette situation originaire d'où il pourrait opérer originairement le processus de la constitution transcendantale : tout simplement parce que le phénoménologue est lui-même un *être historique* précédé par d'autres hommes, d'autres subjectivités transcendantales qui lui laissent en héritage des objectivités déjà constituées. C'est donc dire que le phénoménologue ne saurait vivre réellement la dimension phénoménologique-transcendantale. Mais s'il ne le peut réellement, il le peut idéalement, ce qui permet de comprendre pourquoi la dimension phénoménologique-transcendantale n'est pas en fait la première dimension intentionnelle : elle est idéale, c'est-à-dire, d'après ce que

[1] *E.U.*, p. 48 ; *M.C.*, p. 8 ; *Krisis*, p. 180, 238 ; *F.T.L.*, p. 8, 9, 23-24, 30.
[2] *F.T.L.*, p. 179 ss..

nous avons vu, téléologique et ultime. La vie réelle d'analyse intentionnelle du phénoménologue ne peut être donc que régressive *(Nachverstehen)* ou progressive (idéalisante).

L'identité des deux dimensions phénoménologiques-descriptives

Cette possibilité de vivre idéalement la dimension phénoménologique-transcendantale est de grande importance, car elle va nous amener à identifier l'analyse régressive et progressive.

L'analyse progressive anticipe le télos idéal de la constitution de l'objet. Or, cette idée représente l'objet pleinement réalisé, ayant atteint son en-soi. L'analyse progressive de l'idée revient donc à anticiper idéalement la constitution transcendantale totale, c'est-à-dire à faire « comme si » l'objet était pleinement réalisé, et « comme si » la constitution était pleinement achevée [1]. L'expérience de l'idée équivaut à la constitution de l'objet lui-même [2], et l'analyse progressive rejoint idéalement la constitution transcendantale de l'objet, plus exactement elle l'atteint dans son mode achevé, dans son entéléchie. L'idée de l'objet n'est ainsi que l'évidence de l'objet, c'est-à-dire sa constitution rationnelle même [3]. En ce sens *l'idée s'identifie au transcendantal.*

Reprenons ici le détail de l'analyse. L'analyse intentionnelle progressive, à partir de l'objet donné historiquement dans l'expérience, dégage l'idée de cet objet. Mais cette idée n'est pas donnée comme l'objet réel immédiat (factice) : elle est le terme d'une constitution intentionnelle, d'une présentification idéale, c'est-à-dire idéalisée comme achevée et téléologique. De même l'anticipation idéale permet de saisir le jugement dans une originarité de clarté idéale, même si actuellement il n'est que partiellement clair. De même, la science réelle est le point de départ de l'analyse progressive qui dégage son état de constitution achevée, son entéléchie idéale.

Il en résulte que l'analyse progressive atteint le terme même de l'analyse régressive. L'idée qui est le terme de la première est la sub-

[1] L'idée s'identifie avec le « comme-si », dans la mesure où elle est un pur possible à réaliser, c'est-à-dire où elle est le *telos* de l'intentionnalité même. Pour l'idée = possible, cf. *Idées*, p. 269, 454-455 ; *M.C.*, p. 38-43, 58-61 ; *E.U.*, p. 410, 427 ; *F.T.L.*, p. 8, 176, 207, 218-219. L'idée en ce sens est identique à l'à priori. Pour le « comme-si » *(Als ob)*, cf. *M.C.*, § 25.

[2] *Idées*, p. 473-474.

[3] La constitution achevée (totale) de l'objet est son évidence, et cette évidence ne peut être qu'infinie et thématisée sous forme d'idée. Cf. *F.T.L.*, p. 218-219, cf. p. 111, 147, et passim. L'intentionnalité elle-même est infinie. La raison n'est autre que l'évidence idéale, la constitution totale de l'objet, *M.C.*, § 23 ; *Idées*, p. 458 ss.

jectivité transcendantale, terme de la seconde. Analyse progressive et régressive (réflexive) s'identifient, ce qui fait comprendre pourquoi *en phénoménologie origine et télos s'identifient*, et pourquoi l'intentionnalité qui, de fait, les relie dans une seule translation est achevée idéalement, dans l'idée. L'aspiration secrète de la phénoménologie est de résorber le mouvement de recherche dialectique, discursive, dans l'unité et la plénitude de l'intuition immédiate.

Ainsi, la première dualité se résorbe. Analyse progressive et analyse réflexive, partant du même point de départ de fait (objet), constituent la même dimension de l'intentionnalité et lui appartiennent. Et étant donné que *telos* et origine s'identifient constitutivement, il n'y a pas de sens à voir dans cette dimension une progression plutôt qu'une réflexion intentionnelle. Aussi faut-il employer l'expression de dimension phénoménologique-descriptive de l'intentionnalité.

Pour illustrer plus manifestement ce que nous venons de dire, prenons l'exemple de *Formale und transzendentale Logik.* Il s'agit de l'œuvre majeure de Husserl, œuvre logique, véritable *clé* du système. Si l'on juge la phénoménologie d'après *Krisis*, on ne peut éviter le piège d'un soi-disant réalisme de la description ou de l'« histoire », et l'on s'aveugle sur le sens profond de l'intentionnalité.

Formale und transzendentale Logik, œuvre de logique, suit la dimension phénoménologique-descriptive : elle ne commence pas par poser la conscience transcendantale, le sujet absolu comme point de départ de sa démarche. Au contraire, l'*ego* sera *telos*. Aussi bien *Formale und transzendentale Logik* commence-t-elle par une description détaillée de la logique traditionnelle. Celle-ci est explicitement considérée comme une objectivité catégoriale, et l'analyse intentionnelle s'attache à elle pour en expliquer le sens et dégager ses présupposés cachés.

Or, immédiatement, Husserl indique que malgré sa perfection la logique traditionnelle n'est qu'une forme embryonnaire de logique, qu'elle renvoie nécessairement à une forme plus élaborée, parfaite, « entéléchique », qui serait la logique transcendantale. Nous retrouvons ici la structure exemplariste dégagée plus haut : la logique traditionnelle, la logique formelle elle-même est l'exemple factice qui permet à l'analyse intentionnelle d'anticiper l'exemplaire idéal qu'est la logique transcendantale. L'ébauche implique intentionnellement la forme achevée comme l'exemple factice l'exemplaire idéal, le fait l'idée. *La logique transcendantale apparaît donc comme l'idée même de la logique formelle.*

Cependant, quand Husserl passe à l'explicitation de cette logique transcendantale, il montre bien que cette logique n'est autre que la théorie transcendantale de l'expérience constitutive originaire, donc de la subjectivité transcendantale. La logique formelle implique en effet des objectivités idéalisées qui renvoient intentionnellement à une motivation légitimante dans la subjectivité transcendantale. *La logique transcendantale apparaît maintenant comme la motivation intentionnelle, l'à priori subjectif de la logique formelle.* L'idée est donc bien identique au transcendantal, n'étant autre que la constitution transcendantale, c'est-à-dire l'évidence, la raison mêmes. De fait, inversément, si l'idée est raison et évidence, la raison et l'évidence ne peuvent être qu'idéales, et la phénoménologie de la raison (de la conscience transcendantale) ne peut être qu'une phénoménologie de l'idée, une phénoménologie eidétique.

L'identité des deux dimensions phénoménologique-descriptive et phénoménologique-transcendantale de l'intentionnalité

Cependant, nous retombons toujours sur la dualité, irréductible semble-t-il, qui est celle des deux dimensions de l'intentionnalité. Un nouvel effort est nécessaire pour ramener cette dualité à l'unité, unité dialectique, bien entendu, unité intentionnelle qui se constitue au sein d'une multiplicité [1], non pas donc identité de nature qui identifierait sujet et objet : il faudrait pouvoir affirmer que la dimension phénoménologique-descriptive et la dimension phénoménologique-transcendantale s'identifient intentionnellement, ou du moins s'équivalent. Or, c'est là une affirmation possible si l'on reprend la doctrine de l'auto-donation de sens de la subjectivité transcendantale.

Dans la recherche du fondement transcendantal de l'objet, il s'agit, nous le savons bien de par la réduction, de fonder l'objet considéré non pas dans sa matérialité spatiale extérieure, mais dans son sens, qui n'est autre que son essence [2]. Et nous nous apercevons que ce sens s'enracine intentionnellement dans la subjectivité transcendantale, c'est-à-dire que l'objet en général n'a de sens que par une conscience constituante. N'a de sens que *par*, précisons : n'a de sens que *pour* une conscience transcendantale [3]. Le sens d'une réalité, de l'objet en général, n'est pleinement explicité que lorsque le système total de sa constitution transcendantale a été dévoilé (ce qui est nécessairement un *telos* idéal). Dans le détail concret, Husserl est amené ici à donner des analyses très nombreuses et fouillées, et ce qu'il appelle un système d'intentionnalité transcendantal [4] est tou-

[1] Selon la doctrine constante de Husserl, *Idées*, p. 133, 141, 294, 441 ss., 452 ss., 458-488, 507 ; *M.C.*, p. 34-35, 36 ; *F.T.L.*, p. 148, 217.

[2] Selon l'interprétation de Merleau-Ponty : *Phénoménologie de la perception*, p. X : « Les essences séparées sont celles du langage. »

[3] « Du monde valable pour moi, naturellement » (*M.C.*, p. 32).

[4] *M.C.*, § 30.

jours le titre d'une multiplicité noétique infinie que seul polarise l'objet, le noème à constituer. Sans entrer dans les minuties de *Idées* I et II, on comprend aisément que si le noème prend son sens de par et pour la subjectivité transcendantale, il en résulte inversément qu'il est le *sens* propre de celle-ci. Le *sens* même de l'opération intentionnelle *(Leistung)* est de constituer l'objet : le *telos* de cette constitution détermine donc à priori (pré-scrit) le *sens (Richtung(* de la conscience constituante, et représente son *sens* même *(Sinn)*. Ce sens objectif de la subjectivité transcendantale se compose de plusieurs couches noématiques : le noème complet, qui est par exemple l'objet perçu, se laisse analyser d'une part en un faisceau de prédicats, essentiels ou accidentels, qui est le *quomodo noématique* de l'objet, et d'autre part en l'*objet pur et simple*. Celui-ci est un substrat pur indéterminé = X, que le processus de constitution objective contribue précisément à déterminer progressivement pour lui donner un sens concret [1].

Ainsi l'auto-donation de sens de la subjectivité transcendantale prend une signification nouvelle et singulièrement éclairante. L'objet en général est motivé transcendantalement dans la subjectivité constituante. Celle-ci doit à son tour se motiver, c'est-à-dire faire état de ses titres de validité transcendantale, de son bon droit transcendantal ; car tout doit être légitimé transcendantalement [2], et puisqu'il s'agit ici de la subjectivité transcendantale, il faut dire que la subjectivité transcendantale elle-même doit être motivée dans une évidence constitutive, c'est-à-dire dans et par elle-même. C'est pourquoi la conscience transcendantale de soi est le dernier mot de la phénoménologie, étant l'évidence constitutive de la subjectivité transcendantale elle-même : c'est en elle que le présupposé fondamental de tout objet trouve son origine motivante, c'est-à-dire son intuitivité apodictique. La subjectivité transcendantale se constitue donc dans la mesure où elle prend conscience transcendantalement d'elle-même, et en se constituant elle se donne son sens [3].

Et pour que ces affirmations ne restent pas uniquement verbales, il faut ajouter que, le sens de la subjectivité transcendantale étant l'objet, *la conscience transcendantale qui motive intentionnellement la*

[1] *Idées*, p. 433 sq.

[2] *F.T.L.*, p. 241. Le droit transcendantal est légitimé par et dans l'évidence seulement, *F.T.L.*, p. 142, 208 ; *Idées*, p. 478-479.

[3] La recherche réflexive du sens profond de l'objet (*Besinnung*) ne peut donc être achevée que lorsque la subjectivité transcendantale s'est constituée elle-même, s'est donné à elle-même son sens (*Selbstbesinnung*) (*F.T.L.*, p. 9, 241). Parallèlement, la phénoménologie transcendantale clôt la recherche réductive de la science ultimement normative par une référence réflexive essentielle à elle-même (*Selbstnormierung*) (*F.T.L.*, p. 236 ; *Idées*, p. 213 ; *Krisis*, p. 13).

subjectivité transcendantale n'est autre que la constitution transcendantale de l'objet même. La conscience transcendantale de soi n'est autre que la prise de conscience par la subjectivité transcendantale de son pouvoir de constitution intentionnelle de l'objet, et donc la re-connaissance par elle-même de son caractère de présupposé absolu, de fondement ultime. Dans la conscience transcendantale de soi, la subjectivité s'affirme comme constituante, comme *Leistung*, comme sujet plein, concret. En un mot, puisque le sens de la subjectivité est l'objet, la conscience transcendantale de soi est la constitution transcendantale de l'objet.

Or, la conscience transcendantale de soi est le terme ultime de la démarche de l'analyse intentionnelle dans le sens phénoménologique-descriptif (objet-conscience) et la constitution transcendantale de l'objet est le terme ultime de la dimension phénoménologique-transcendantale de l'intentionnalité. Une fois de plus, origine et télos s'identifient, les deux dimensions de l'intentionnalité coïncident dans l'unité.

L'unité des deux dimensions intentionnelles est intentionnelle

Cependant, il ne faut pas considérer que de là découle purement et simplement l'identité de la subjectivité transcendantale et de l'objet en général, comme chez Kant par exemple. Au contraire, il s'agit d'une intentionnalité, c'est-à-dire d'une mutuelle corrélation et même d'une simultanéité. Comme le dit Sartre, le monde et la conscience sont donnés en même temps [1], ils se constituent en même temps et réciproquement. Pour utiliser au mieux la terminologie husserlienne, il faut parler ici d'une *équivalence*. L'équivalence est précisément l'unité intentionnelle de deux termes corrélatifs [2]. Cette notion permet d'identifier intentionnellement les corrélats, sans cependant les confondre. Objet et sujet sont intentionnellement un ; le *percipere* du second *équivaut* à l'*esse* du premier. L'intentionnalité permet de corriger, et par là d'assumer toute la pensée de Berkeley [3].

[1] *Situations*, I, p. 32.

[2] Cette notion est surtout mise en valeur dans *F.T.L.* qui affirme l'équivalence de l'apophantique et de l'ontologie formelles, c'est-à-dire des deux aspects de la logique formelle objective qui correspondent aux deux dimensions de l'intentionnalité ; *F.T.L.*, p. 74-75, 98, 131, 133 ; *L.U.*, II a, p. 335-336 ; *Idées*, p. 366, 512. Cette équivalence est l'unité concrète, l'intentionnalité même, *M.C.*, p. 71.

[3] *Idées*, p. 342.

De plus, cette mutuelle corrélation n'explicite pas simplement les deux dimensions de l'intentionnalité, mais elle exprime encore un aspect profond de l'exemplarisme. Et c'est là un trait tout à fait original de la phénoménologie husserlienne, que bien des critiques ne voient pas.

Chacun est d'accord sur le fait que l'objet est constitué par la conscience transcendantale. Et l'on parle dès lors même du réalisme de la pensée husserlienne, du réalisme de cette connaissance qui tend vers les choses mêmes *(zu den Sachen selbst !)*. Cependant, cette interprétation est superficielle. Car la constitution est pré-scrite, comme le dit Husserl, puisque tout est nécessairement pré-scrit *(vorgezeichnet)* [1]. La constitution de tout objet est réglée par son idée, normée par un à priori constitutif [2], qui n'est autre que l'anticipation idéale de l'objet à constituer, ou du moins de sa constitution achevée. C'est pour Husserl la seule possibilité, après la réduction, de rendre compte de l'orientation téléologique de la constitution, de la conscience transcendantale.

Illustrons ces affirmations avec l'exemple classique du cube. La perception actuelle donne de ce cube au maximum trois faces et permet d'anticiper les trois autres faces. Or, dans cette perception actuelle ne sont pas données *actuellement* les trois faces cachées, mais elles sont pré-scrites comme un horizon de potentialités par les trois faces visibles, et plus profondément par l'idée de ce cube considéré dans son sens achevé. Loin d'être un processus aveugle, livré au hasard des associations psychologiques (écueil contre lequel butait le psychologisme), la constitution subjective est normativement structurée par l'idée de l'objet.

Or, cette idée n'est autre que la conscience transcendantale elle-même idéalisée sous forme d'évidence ou de raison. Nous pouvons dégager ici dans toute sa pureté la notion d'exemplarisme : l'exemplarisme est constitutif, *le sujet transcendantal lui-même est norme synthétique de l'objet dans la mesure où il est la forme subjective de celui-ci*. Et puisque la subjectivité transcendantale se constitue dans la conscience transcendantale, *cette constitution de soi (Selbstbesinnung) est une normation de soi (Selbstformierung)* ; la subjectivité

[1] Cette notion de pré-scription ne fait qu'exprimer le pouvoir régulateur à priori de l'idée sur le processus de constitution de l'objet. *Idées*, p. 158, 295-297, 454, 478-479 ; *M.C.*, p. 38-39 ; *F.T.L.*, p. 147, 149, 218.

[2] *F.T.L.*, p. 218.

transcendantale se norme elle-même, et par là constitue cet à priori constitutif universel qui règle idéalement toute la vie intentionnelle [1].

La phénoménologie comme logique transcendantale

L'avantage de la formulation exemplariste de la corrélation conscience-objet, c'est-à-dire de la formule idée-fait, est de permettre de manifester sans équivoque possible le caractère logique de la phénoménologie. Car *la phénoménologie est une logique*, et même la phénoménologie eidétique est la logique transcendantale.

En effet, l'idée est l'exemplaire du fait, sa norme à priori, sa règle de réalisation authentique, et si la phénoménologie veut fonder transcendantalement l'objet dans la subjectivité, son objet premier reste cependant la science. Cette science il faut lui donner son véritable sens et garantir sa validité. Or, ce qui garantit l'authenticité d'une science, c'est sa forme et la logique formelle apparaît comme la première garante de la vérité de la science, et d'une manière plus générale, de sa possibilité essentielle. Garantie normative, car la logique formelle est intentionnellement normative de la science [2], normation analytique, car la logique formelle explicite la forme objective du scientifique en général.

Cependant logiquement, formellement structurée, la science est une objectivité seconde, idéalisée, qui demande à être ramenée constitutivement à ses origines motivantes, d'où la première réduction à l'objet originaire, la *Lebenswelt*, et la deuxième réduction à la subjectivité transcendantale [3]. Or, si Husserl en restait à la thématisation de la subjectivité motivant la *Lebenswelt*, il en resterait encore à un niveau descriptif : aussi formalise-t-il ce dernier résultat et dégage-t-il l'*idée de la constitution transcendantale*, l'*évidence*, la *raison*, c'est-à-dire l'*intentionnalité sous sa forme excellente (ausgezeichnet)*, *idéale*,

[1] *F.T.L.*, p. 218. Pour cette notion de forme subjective, *F.T.L.*, p. 188, par exemple. Cf. *M.C.*, p. 61, l'intuition eidétique comme forme de toutes les méthodes transcendantales.

[2] La logique formelle a une *fonction* normative (*F.T.L.*, p. 27-28), c'est-à-dire qu'elle est normative par référence intentionnelle à la seule logique essentiellement (en soi) normative, la logique transcendantale. Cf. la fonction-intentionnalité, *Idées*, § 86.

[3] En réalité, il faudrait parler de trois réductions successives, l'époché restant nécessairement la condition sine qua non : la réduction à la pure signification, la réduction à l'intentionnalité proprement dite, la réduction au moi, origine absolue de cette intentionnalité, soit en termes formels, la réduction au *cogitatum*, au *cogito* et à l'*ego* (*Krisis*, p. 173 ss.). Ces trois réductions forment une seule translation intentionnelle et constituent la réduction transcendantale dans toute son extension : elles représentent la dimension phénoménologique-descriptive de l'intentionnalité.

exemplaire [1]. Cette thématisation est celle même de la *logique transcendantale*. Celle-ci est donc la forme de la logique formelle : de même que la logique formelle est norme de la science, de même la logique transcendantale est norme de la logique formelle. Mais ici la normation est synthétique, la forme subjective. La logique transcendantale est une logique formelle subjective : elle dégage l'eidos, l'idée de la constitution transcendantale, l'exemplaire de l'évidence constituante, auquel participe intentionnellement toute constitution de fait, et qui est donc l'à priori subjectif de toute objectivité en général [2]. Dégageant l'eidos de la subjectivité transcendantale, elle s'identifie avec la phénoménologie eidétique [3].

Ainsi la logique formelle, qui est norme analytique, forme objective de la science, se transcende intentionnellement en une logique transcendantale. La forme objective, analytique, se constitue à priori dans la forme subjective de la science, et donc de l'objet en général. Cette forme subjective [4] n'est autre que le mode des données subjectives de l'objet [5] dans sa totalité infinie, l'idée même de raison : *la logique transcendantale est ainsi la phénoménologie de la raison* [6], et puisque la raison est la conscience même et donc l'idée, *la logique transcendantale est d'une manière générale la phénoménologie de l'idée, la phénoménologie eidétique.*

Une rapide comparaison de *Formale und transzendentale Logik* et de *Krisis* permet d'illustrer ces derniers résultats. *Formale und transzendentale Logik* est la réduction en général de la science en général, c'est-à-dire de la logique, à la constitution transcendantale en général. *Krisis* est la réduction de fait de la science positive objective à la subjectivité transcendantale. *Krisis* donne donc un exemple factice de réduction transcendantale, et *Formale und transzendentale Logik* en donne l'exemplaire idéal, l'eidos ou l'idée même. La première œuvre est une logique subjective matérielle, la seconde une

[1] L'évidence est la forme excellente de l'intentionnalité dont le mode originaire est la perception, les modes dérivés le souvenir, l'imagination, etc. (*F.T.L.*, p. 141). C'est donc la constitution dans son entéléchie, la constitution rationnelle (*F.T.L.*, p. 143 ; *Idées*, 4e section). C'est le *voir* en général, l'eidos du voir, l'intuition eidétique (*M.C.*, p. 61), en dernière analyse la vie intentionnelle en général, l'*ego* transcendantal en général (*F.T.L.*, p. 241 ; *M.C.*, p. 60-61), objet propre de la phénoménologie eidétique.

[2] « A côté de la réduction phénoménologique, l'intuition eidétique est la forme fondamentale de toutes les méthodes transcendantales » (*M.C.*, p. 61).

[3] *M.C.*, p. 60-61. L'exemplarisme s'étend donc jusqu'au subjectivisme transcendantal, ce qui permet de répondre à l'objection que M. P. Ricœur opposait à cette interprétation.

[4] *F.T.L.*, p. 188.

[5] *Krisis*, p. 146 ss.

[6] *F.T.L.*, p. 236.

logique subjective formelle, la première est *une* phénoménologie, la seconde *la* phénoménologie.

Telle est selon nous la position phénoménologique purement husserlienne. Fortement structurée grâce à la dialectique de l'idée et du fait, elle garde une grande souplesse de démarche : la notion d'exemplarisme, en effet, est l'expression adéquate de l'intentionnalité même, laquelle exprime la vie de la conscience. Cependant elle ne fait pas double emploi [1] ; au contraire, elle est nécessaire pour restituer à la pensée husserlienne son sens logique, son inspiration idéaliste, son intérêt philosophique véritable. Car s'il y a en Husserl un appel à l'absolu, c'est à son idéalisme qu'il le doit. Bien souvent les auteurs contemporains s'en sont écartés par peur stérile du «platonisme». Or, Husserl est un de ces philosophes dont il est vrai de dire qu'il philosophe selon qu'il platonise. Certes, Husserl prétend réduire Platon à son sens pur [2], il n'en reste pas moins qu'il revendique constamment le Maître de l'Académie et qu'il regrette souvent que la philosophie n'ait pas mieux suivi son esprit [3].

[1] Nous ne proposons pas davantage de remplacer le terme d'intentionnalité par celui d'exemplarisme.

[2] *E.U.*, p. 411.

[3] *F.T.L.*, p. 70-71.

LES DEUX DIMENSIONS DE L'INTENTIONNALITÉ

L'antinomie idée-transcendantal.

Le point de départ de la recherche phénoménologique est l'expérience immédiate de l'histoire. L'objet de cette expérience est le fait, *le fait dans son histoire*, c'est-à-dire, comme nous le verrons, *le fait dans le processus de sa constitution transcendantale;* cet objet factice, nous le considérons d'une manière tout à fait générale, c'est le fait en général, qui inclut dans sa généralité toute objectivité constituée, aussi bien la théorie scientifique elle-même que la chose individuelle.

Ce fait peut être examiné selon un double point de vue et l'analyse intentionnelle qui tente de le clarifier connaît de prime abord deux dimensions que nous nommons pour l'instant progressive et régressive (réflexive). Le fait peut être premièrement considéré comme l'*exemple* (factice) de l'idée qu'il tente de réaliser: l'analyse intentionnelle découvre ici une téléologie idéale qui se révèle la *mutuelle exemplarité fait-idée*. Le fait peut être deuxièmement considéré comme l'*index* de sa constitution subjective, comme l'unité objective qui renvoie à un à priori subjectif constitutif.

Ainsi apparaît cette idée fondamentale que la phénoménologie est une reprise originale du vieux problème de l'un et du multiple, car dans les deux cas nous avons affaire à la relation intentionnelle d'une unité et d'une multiplicité.

a) Le fait anticipe de manière exemplaire factice l'idée qu'il réalise, mais l'idée de par son idéalité même déborde infiniment le fait qui ne peut être que partiel par rapport à elle. L'analyse met donc à jour ici l'unité intentionnelle d'une multiplicité de faits qui tous tentent de réaliser la même idée. Autrement dit dans la dimension progressive de l'analyse, l'idée se révèle comme se constituant anticipativement dans une multiplicité de faits réels. La référence idéale de cette multiplicité d'exemples factices, c'est-à-dire leur téléologie unifiante qui est comme telle impliquée dans leur sens même, est explicitée par l'analyse intentionnelle, celle-ci dégageant *en soi* ce qui est pré-scrit seulement de manière anticipative dans et par les exemples factices. Par conséquent le divers infini des faits eux-mêmes est ordonné à une unité intentionnelle de signification qui se constitue en lui. Ce divers revêt une forme particulièrement typique: l'histoire qui prend ainsi explicitement la valeur de *genèse de sens*. L'exemple le plus frappant que donne Husserl est celui de la phénoménologie qui se constitue téléologiquement dans l'histoire de la science en général.

b) L'objet constitué renvoie intentionnellement à l'à priori de sa constitution. Il implique nécessairement de par sa présence même la possibilité de réactiver le système d'intentionnalités, d'évidences transcendantales, qui a présidé à sa constitution. Tout objet doit ainsi pouvoir être légitimé intuitivement et cette intuition n'est autre que l'à priori subjectif de constitution. Or l'objet par lui-même est une idéalité stable, une identité idéale transcendant le processus de sa constitution multiple. Par conséquent ici l'analyse régressive passe de l'unité intentionnelle à la multiplicité de l'intentionnalité constituante qui n'est autre que l'histoire de la conscience transcendantale elle-même et des démarches évidentes qu'elle a dû poser (leisten) pour constituer intuitivement l'objet considéré.

De part et d'autre, il y a donc un ordre intentionnel d'une multiplicité à une unité, quoique les termes soient considérés dans une relation inverse par une analyse intentionnelle qui parcourt elle-même une voie tantôt progressive tantôt régressive. L'analyse manifeste donc deux dimensions contraires. L'expérience historique, la simple intuition dans la réduction, nous donne le fait dans le devenir. Deux questions et deux seulement peuvent se poser à son propos: 1) d'où vient ce devenir du fait? 2) où va-t-il ? D'un côté, l'analyse intentionnelle aboutit à partir du transcendant au transcendantal, de l'autre, elle remonte à partir du fait réal à l'idée. Il semble donc que l'idée s'oppose « diamétralement » au transcendantal, comme si elle était une sorte de « super-transcendant ». L'unité de l'analyse intentionnelle semble rompue. Il faudrait pouvoir montrer au contraire que l'idée est le transcendantal lui-même et que l'analyse progressive et l'analyse régressive s'identifient. Pour cela il nous faut reprendre l'essentiel du chemin parcouru jusqu'ici, ce qui va nous permettre d'expliciter progressivement les conséquences nécessaires de la doctrine husserlienne à chacune de ses étapes.

L'exemplarité fait-idée.

Le point de départ de la démarche phénoménologique est la considération descriptive du devenir de la science; nous sommes en effet limités à celle-ci en nous soumettant à l'attitude phénoménologique. Or nous ne pouvons définir ce devenir que par son point de départ (Ursprung, conscience transcendantale) et son terme (télos, idée). Ces éléments et en particulier l'idée, puisque c'est le premier élément que nous envisageons, seront-ils extrinsèques ou immanents au devenir ?

Il semble à première vue que l'analyse du devenir nous amène à conclure à une transcendance. L'hypothèse initiale se vérifie en effet par deux biais : on constate d'une part que la science en tant que réalisation progressive implique des limites qui déterminent et orientent ses efforts. D'autre part la science possède une signification, elle est relation à un sens. Par ces deux approches successives nous avons touché le terme du devenir et son principe-donateur-de-sens (sinngebendes). L'idée peut être ainsi considérée comme télos et sens du devenir, c'est-à-dire comme transcendant celui-ci. Une première étape est franchie, celle de la *découverte de l'idée.*

Mais un deuxième ordre de constatation s'impose immédiatement : c'est du fait que nous sommes partis pour atteindre l'idée et l'idée se révèle maintenant norme du devenir factice. Il y a ici réciprocité à un double titre. 1) Le fait permet de connaître l'idée (comme le signe fait connaître le signifié). Dans l'ordre génétique des moyens de connaître, c'est le fait qui amène à l'idée. Inversément, c'est l'idée qui permet de connaître le fait puisqu'elle lui donne son intelligibilité et son sens. 2) Le fait permet de déterminer formellement l'idée, il y a entre eux une continuité formelle (univoque), car si l'on tient le fait, on peut atteindre l'idée par l'idéalisation (idéation). Inversément, la détermination formelle en soi de l'idée est norme (détermination formelle extrinsèque) du fait. Fait et idée participent mutuellement l'un de l'autre. Il fallait donc étudier cette mutuelle exemplarité dans la *dialectique de l'idée et du réel.*

Mais une des dimensions de la dialectique de l'idée et du réel nous intéresse particulièrement. Nous cherchions la définition du devenir. Nous constations que le devenir renvoie à l'idée et que l'idée renvoie au fait. Dans cette réciprocité il doit y avoir une priorité (un à priori) : l'idée est en effet le principe transcendantal et donc le premier au sens constitutif. Dans ce deuxième mouvement de redescente vers le fait, il est donc légitime que nous trouvions la définition du devenir par l'idée:

définition extrinsèque ou mieux par dénomination extrinsèque, ce qui indique que le *quid essentiel* de la chose n'est pas en la chose elle-même, mais en dehors d'elle. Or c'est le déterminé qui définit le moins déterminé ou l'indéterminé. Si l'idée est définition, elle est acte, tout, axiome, d'où dérive son propre devenir, comme puissance, partie, « conséquence ». C'est là un aspect de la question, le point de vue de la *valeur* engagée dans le devenir, donc de l'*exemplarité de l'idée* par rapport au fait (devenir). L'idée est valeur, comme telle, déterminée, et « réellement réelle ». Mais elle est principe idéal, principe de mesure, qui est quasi « extrapolé » du devenir. Celui-ci seul existe effectivement, c'est le milieu existentiel de l'histoire. L'actualité idéale de l'idée-valeur se double d'une potentialité radicale de cette même idée considérée comme existence. Et selon ce deuxième point de vue, l'idée nous apparaît corrélativement comme possible, partie, « imaginaire ». C'est qu'en effet de ce point de vue elle n'est qu'anticipation idéale de la totalité du devenir.

Si donc on considère le premier point de vue, celui de l'*acte-valeur* (phénoménologique-transcendantal), l'idée est entéléchie, valeur, mesure, norme et comme telle transcendante au devenir. Si l'on considère le second point de vue, celui de l'*acte-existence*, donc de l'*exemplarité du fait* par rapport à l'idée (point de vue phénoménologique-descriptif), l'idée est dynamis, anticipation, implication de l'actuel existant et comme telle immanente au devenir. Les deux points de vue distingués sont donc en étroite connexion : le télos atteint est à la fois transcendant et immanent. Cette transcendance est immanente, car il s'agit d'une transcendance irréale, et cette immanence est transcendante, car il s'agit d'une immanence intentionnelle.

Conséquences de l'exemplarité fait-idée : l'identité de l'être et du devenir.

Il faut toujours revenir à l'affirmation fondamentale de Husserl : la méthode phénoménologique considère l'être dans le devenir. La connaissance par exemple est étudiée dans son devenir et se manifeste comme une opération, une activité. Or le devenir, comme tout activité, se définit (partiellement) par sa fin. Husserl en arrive donc nécessairement à donner une définition de la science par le terme, le télos, qu'intentionne sa réalisation concrète, définition dynamique, « opérative », pourrait-on dire. C'est cette fin qui en effet donne une consistance déterminée et unitaire aux multiples phases successives de l'opération de connaissance.

Définition par la fin. C'est ce qui peut paraître étonnant. Car le propre de la définition est de déterminer ce qu'est la chose dans son essence, dans ce qui fait que telle chose est telle au plus intime d'elle-même, donc dans sa formalité. Or Husserl considère la connaissance comme indissociable de son devenir de réalisation progressif. Il est donc vain de chercher à la saisir à la manière des sciences objectives qui utilisent des « concepts fixes » : il faut utiliser l'analyse intentionnelle qui nous donne non un concept fixe, mais un concept « dynamique », intentionnel, thématisation d'une absence de limites dans un processus, sous la forme eidétique de l'*etc.* Cette méthode d'investigation ne peut évidemment aboutir qu'à une définition par la fin (télos), et non à une définition par la forme (essence, eidos). Nous voilà donc au rouet, à moins d'admettre que la forme ne soit la fin, l'eidos le télos.

Car la dialectique de l'idée et du réel nous a appris que le fait se définit extrinsèquement par l'idée : le fait ne possédant pas en lui-même son essence, mais tendant à la réaliser plus ou moins adéquatement. C'est donc dire que la transcendance de l'idée incite une opération de réalisation dont elle est elle-même le terme. Et Husserl affirme à maintes reprises que l'idée est une fin, une idée-fin (Zweckidee, Zielidee) [1]. Or l'idée n'est autre que l'essence du fait (das reine Wesen) et à la fois le télos de sa réalisation essentielle, l'essence est à la fois forme et fin du fait. Cette forme est nécessairement immanente en tant que forme, car la forme est principe de détermination immanente; elle est nécessairement transcendante en tant que fin. Elle sera donc une forme extrinsèque c'est-à-dire une norme. Dans le cas particulier, la connaissance, en perpétuel devenir, devient à chaque pas davantage elle-même. Au fur et à mesure qu'elle s'approche plus étroitement de son idée-fin, elle réalise plus adéquatement son essence, c'est-à-dire ce qui fait qu'une science est formellement une science. Cette forme extrinsèque, cet *en soi* transcendant est ainsi le principe qui permet de mesurer la perfection essentielle de chaque étape du devenir de la connaissance : elle est mesure, valeur et norme. C'est précisément ce que nous rendons par le mot d'*exemplaire :* le télos conçu à la fois comme forme (essence) et comme fin ne peut être

1. *F.T.L.*, p. 23, l. 28; p. 25, l. 19 sq.; p. 66, l. 2 sq.; p. 240, l. 24-27, et passim.

qu'exemplaire. Cet exemplaire est l'*ipséité* de la connaissance, son *Selbst*, comme aime à le dire Husserl [1].

C'est ainsi que l'on peut comprendre l'ambiguïté propre de l'idée, à la fois immanence intentionnelle et transcendance irréale. L'idée est essence, forme du fait, le fait donc participe de l'idée, c'est-à-dire possède intrinsèquement une participation de l'idée, c'est ici l'immanence de l'idée. Or précisément le fait n'est pas son essence, il l'a seulement, il en participe. L'*en-soi*, la forme essentielle du fait est donc extérieur au fait lui-même, l'idée est donc transcendante, et par là mesure et norme à priori du fait. C'est la difficulté que les Anciens avaient déjà rencontrée : Platon parlait déjà de la présence et de la possession de l'idée auprès de et par la chose. Aristote montrait que l'un est à la fois immanent et transcendant au multiple qu'il mesure : étant mesure, l'un est transcendant; étant premier terme de la série multiple, l'un est immanent; il fait et ne fait pas partie à la fois du multiple. En anticipation idéale, on peut concevoir que la transcendance de l'idée sera réduite ou plutôt que l'immanence de la réalisation l'aura absorbée. La définition de la connaissance sera non plus une définition extrinsèque (par participation), mais intrinsèque (par détermination immanente). Si au cours du devenir même, l'essence (idée) est une fin transcendante et par là une norme à priori du devenir qui tend vers elle, au terme (idéal) de ce devenir elle sera devenue une fin immanente. Ou plus exactement, puisque l'idée n'est fin que parce qu'elle est détermination formelle extrinsèque, elle ne sera plus fin, mais uniquement détermination formelle intrinsèque. Par définition le mouvement sera alors achevé, l'essence pleinement réalisée, la dialectique résorbée dans l'identité. Identifier la fin et la forme, revient nécessairement donc à concevoir une finalité immanente, qui est *provisoirement* transcendance dans la dia-

1. La science en son état de réalisation idéale est tout à fait elle-même (selbst). Cette expression est empruntée à la description téléologique de la perception de l'objet. Dans *E.U.*, Husserl montre comment dans le processus réel de l'expérience, l'objet se détermine progressivement jusqu'à rejoindre son ipséité. Le terme où l'objet est alors donné en lui-même, tel qu'il est lui-même, en chair et en os, est évidemment un terme idéal. L'objet donné originairement est donné « in der Fülle des Selbst » (*E.U.*, p. 321, l. 35). Il est anticipé comme tel et constitue une idée de la raison (p. 346, l. 16 sq.). « Der Gegenstand selbst aber, das Original, ist seinerseits eine Idee » (p. 358, l. 27-30). Il en va de même pour l'objet idéal qu'est le *Sachverhalt* (p. 291, l. 33 sq.; p. 342, l. 31 sq.; p. 346, l. 28 sq.). On voit l'idéalisme latent dans la formule réaliste d'apparence « zu den Sachen selbst », qui lie cet impératif à la rationalité, donc à l'idéalité. Cf. S. Bachelard, op. cit., p. 29.

lectique du devenir, donc provisoirement exemplaire et norme [1].

En effet la signification de l'intentionnalité réside ici, comme nous allons encore le voir : réduire la dualité des deux membres de la dialectique fait-idée à l'identité. Mais il s'agit précisément d'un sens idéal. Ce qui implique 1) qu'actuellement l'essence-fin n'est pas pleinement réalisée (ce que révèle déjà la description immédiate), 2) qu'elle ne sera jamais réalisée, sinon à l'infini. Elle reste idéale, irréalisée donc, limite du processus de réalisation. Elle joue le rôle de fin, mais n'est pas pourtant une fin au sens fort, car elle ne termine pas absolument, elle est une fin idéale (ideales Ziel). Elle est à priori et originaire, elle est portée (réalisée) dans le devenir historique concret. Celui-ci, pris en lui-même, l'anticipe « réalement » et permet de ce fait à l'analyse intentionnelle de la dégager idéalement, lui accordant le rôle de fin, mais surtout la rétablissant dans son originarité essentielle. Ce qui peut paraître donc fin du point de vue du devenir actuel est donc en réalité premier et absolument premier, au niveau de l'idéalité. C'est la priorité de l'essence possible, idée-valeur absolument actuelle. Loin de poursuivre une fin, le devenir réalise une idée: la connaissance est motivée à priori, pré-scrite par l'idée. Elle est mesurée par un principe exemplaire qui à chaque étape de son développement l'oriente comme un fil conducteur et juge de son degré relatif de perfection.

La téléologie de la connaissance n'a donc pas de terme réel, mais un terme idéal qui est l'idéalisation d'un devenir infini (sous la forme déterminée et univoque de l'*etc.*) : « Ich kann mich aber überzeugen, dass keine Bestimmung die letzte ist, dass das wirklich Erfahrene noch immer, endlos, einen Hori-

1. Il faut remarquer que cette identification se vérifie dans le cas de la *vie*. Le vivant en effet tend vers son plein épanouissement. L'enfant par exemple tend vers l'état adulte, qui réalise en cas normal les virtualités essentielles de la nature humaine. La fin est ici immanente puisqu'elle est l'essence pleinement réalisée. C'est là qu'il faut chercher la raison pour laquelle certaines philosophies ont une *résonance biologique :* on trouvera le plus souvent à la base une conception de l'être sur le modèle du physique vivant, c'est-à-dire une identification de la fin et de la forme. C'est le cas du *bergsonisme* et de l'*évolutionnisme* en général illustré encore ces derniers temps par Teilhard de Chardin. Husserl d'ailleurs permet aussi de concevoir le développement de la science comme le développement d'un grand vivant, ou mieux, d'une espèce vivante. De même que le germen se perpétue quasi éternellement, en tout cas identiquement, dans les divers somas, l'instinct qu'est le motif transcendantal de la science authentique se perpétue omnitemporellement et identiquement dans les diverses générations de savants. Le dynamisme biologique est le moyen idéal de maintenir une uniformité univoque dans un mouvement multiforme et de manifester par là que le terme de celui-ci est une identité absolue. En fait, la *finalité* dans ce cas devient pure *efficience.*

zont möglicher Erfahrung hat von Demselben »[1]. Aucune détermination n'est définitive : voilà l'affirmation corrélative de l'idéalisation du devenir. De fait la science n'est jamais terminée, elle se réalise asymptotiquement (manière mathématique de dire qu'elle n'atteint jamais son terme). Aussi seules les dernières déterminations sont-elles valables. La science et par suite la connaissance est infinie, elle *commence*, elle *continue*, mais elle n'a *pas de fin*. L'idée de la science implique un commencement et un devenir (Anfang und Fortgang) seulement, un « ordre de connaissances antérieures en soi rapportées à d'autres en soi postérieures » selon les deux dimensions essentielles du temps, le passé et l'avenir qui se nouent intentionnellement dans l'instant. L'idée (de la science) implique un devenir (elle est l'idéation du devenir dans sa totalité) et comme telle indique un ordre de l'antérieur au postérieur, une dialectique de l'*Ur-* au *Nach-*, c'est-à-dire la dialectique même de la participation de l'idée et du fait [2]. Elle est l'origine d'un devenir qui est le processus de sa propre réalisation : elle se norme exemplairement elle-même, c'est-à-dire qu'elle subsiste sous deux modalités : l'une pure et idéale, l'autre « engagée » et empirique [3]. Se réalisant elle-même, elle se trouve être *point de départ et point d'arrivée* aussi. C'est ici l'idéalisation ultime de la constatation empirique faite à propos des étapes successives de la science : chacune est terme et nouveau point de départ. En idéalisant cette relativité essentielle, c'est-à-dire en la dégageant idéalement du temps où elle est engagée, en faisant « comme si » le temps était achevé, nous apercevons que le point de départ idéal et le point d'arrivée idéal coïncident. En fait cependant nous sommes dans l'histoire et dans l'histoire ce qui est un au niveau du principe idéal se distingue en étapes successives. Si la téléologie est infinie, le progrès de la connaissance ne cesse d'être opération d'approximation et ne rejoint jamais son essence. L'idéalisation de son devenir permet de lui conférer une certaine structure unitaire, mais ne lui assigne pas de terme réel. La connaissance est ainsi nécessairement devenir, son être est devenir. La connaissance universelle est l'opération de la raison universelle et cette raison se manifeste et se révèle dans l'histoire de la connaissance. Mais il s'agit d'une explicitation de soi (Selbstenthüllung) infinie où le soi (Selbst) ne sera jamais rejoint : « Vernunft ist das Spezifische des Menschens, als in personalen Aktivitäten und Habitualitäten lebenden Wesens. Dieses Leben ist als personales ein ständiges Wer-

1. *E.U.*, p. 27, l. 28-31.
2. Cf. *C.M.*, p. 53, l. 15-19; *Krisis*, p. 274, l. 2-13.
3. Cf. *Krisis*, p. 97, l. 25 sq.

den in einer ständiger Intentionalität der Entwicklung. Das in diesem Leben Werdende ist die Person selbst. Ihr Sein ist immerfort Werden » [1]. Cette affirmation capitale s'étend universellement à toute chose, puisque la subjectivité transcendantale est universellement constituante et donatrice-de-sens, et Husserl ne se fait pas faute de le dire : « Alles, was ist, ist, sofern es in infinitum wird und in das Kontinuum der entsprechenden Vergangenheiten verströmt » [2].

L'ultime conséquence de l'*identification de la forme et de la fin* est *l'identification de l'être et du devenir*. Par là on en revient à un flux « héraclitéen » infini, et l'on tente d'y échapper en l'idéalisant. En effet c'est l'aboutissement de la méthode phénoménologique : elle part du devenir; cherchant à lui échapper, elle pense trouver un élément stable en l'idéalisant en totalité et par là elle reste nécessairement enfermée en lui. Elle définit le même par le même différemment conçu [3]. C'est dire que finalement elle ne définit pas, elle décrit. De même que le devenir tend vers son télos et reste devenir à l'infini en raison de l'idéalité de son télos, de même la description qui tend vers la définition reste pure et simple (blosse) description en devenir infini : car la définition est le télos idéal de la description. Dès lors deux possibilités : la définition subsiste comme limite « pratique-logique » aux oscillations constantes des significations du langage, limite constituant une signification « normale » qui ne délimite pas la signification propre, mais qui nous permet au moins de nous orienter pratiquement dans les jugements qui s'appuyent sur cette signification. La définition donne ainsi une signification moyenne et représente un *Kunstgriff*, un « artifice » pratique destiné à permettre le progrès effectif de la connaissance [4]. — Ou bien elle aboutit à une pétition de principe : le devenir est le devenir, ce qui revient à concevoir le principe d'identité comme $A = A$, ce qu'il n'est pas, sous peine de perdre toute valeur, sauf dans une philosophie de type mathématique [5].

1. *Krisis*, p. 272, l. 21-25.
2. *E.U.*, p. 467, l. 13-15. On dira sans doute que dans le texte cité ici Husserl parle de la constitution d'un substrat identique qui pourrait donc jouer le rôle d'une *essence qui devient*. Mais précisément il ne s'agit pas d'une essence qui devient, mais du *devenir qui constitue une essence* (substrat identique). Si on veut conserver à l'idée le qualificatif de substrat, il faut voir en elle un X indéterminé qui se détermine dans le devenir et se constitue lui-même comme essence identique. C'est, nous le savons, un aspect de l'idée.
3. Ce sont toujours les deux modes de « subsister » de l'idée.
4. Cf. *L.U.*, II a, p. 301, l. 15-24.
5. Cf. *F.T.L.*, p. 172, l. 22 sq. et p. 296-298.

Du point de vue où nous nous situons maintenant, il apparaît déjà que Husserl tend à souligner le caractère immanent de l'idée : l'idée se résorbe dans le fait dont la totalité n'est autre que l'idée même. Le fait est l'idée réalisée et l'idée est le fait idéalisé. L'unité se résorbe dans la multiplicité, dans le devenir multiple qu'elle norme à priori. L'idée est ainsi une notion quantitative : cette conclusion s'impose, car l'idée est un infini négatif (non-fini), thématisation d'une absence de limite dans un processus. C'est un tout auquel on peut toujours ajouter quelque chose, ou du moins auquel on peut toujours concevoir (idéalement) que l'on ajoute quelque chose. L'idée est la forme eidétique de l'*etc.* Par là la doctrine de l'un et du multiple, que les Grecs considéraient comme une doctrine qualitative par excellence, se quantifie. En effet il est difficile de concevoir dans sa pureté la mathématique qualitative de Platon par exemple : l'un et le multiple sont plus aisément conçus quantitativement alors que les nombres idéaux étaient pour Platon de pures qualités indivisibles. Or une fois quantifiés, l'un et le multiple permettent l'établissement d'une dialectique à l'infini. L'un est certes l'élément, mais dans la quantité pure, où est l'élément ? car la quantité est divisible à l'infini. L'un semble se dissoudre dans le multiple. Il n'empêche qu'il faut une unité stable pour comprendre et définir le multiple. Le seul moyen dès lors de thématiser le multiple, et de le thématiser en unité, est de l'idéaliser dans sa totalité possible. Et puisque cette totalité est infinie négativement (non-finie), l'idée même, unité du multiple, est une unité intentionnelle, téléologique, dont la « définition » est idéale. Le processus est sans fin au sens propre et *de même que l'un se dissout dans le multiple, de même l'être s'identifie au devenir.* Le seul être un est donc la totalité infinie du devenir, c'est-à-dire le devenir lui-même [1].

La phénoménologie comme logique transcendantale : l'exemplarisme constitutif.

La science se définit ainsi par l'idée : l'explicitation de cette idée constitue la logique même, selon ses deux niveaux, formel et transcendantal. Et de même que l'idée norme le processus de sa propre réalisation, de même la logique norme la science. La définition de la phénoménologie comme logique va encore confirmer son caractère exemplariste. La logique en effet est une *science normative,* elle règle à priori la science de fait, n'étant autre elle-même que l'eidos de celle-ci, l'idée de son

1. Cf. p. 285.

en-soi (Selbst). Or précisément le caractère normatif de la logique semble dénié par Husserl : en effet celui-ci distingue fortement la logique formelle de la logique transcendantale et il refuse de définir la première comme purement normative, alors qu'il semble difficile d'attribuer un caractère normatif — du moins au sens habituel de ce mot — à la logique transcendantale.

Pour Husserl la logique formelle exerce une *fonction* logique, mais elle n'est pas *essentiellement* normative. Essentiellement, en soi, la logique est une science théorétique, et il le faut bien puisque Husserl nie que la logique formelle soit immédiatement logique formelle de la vérité possible. Cette dernière forme de la logique formelle est immédiatement normative en effet puisqu'elle décide de la valeur de vérité des configurations logiques. Si la logique formelle aboutit à cette fonction logique, cela suppose donc qu'elle consiste de soi dans la pure considération théorétique des formes possibles des significations prédicatives (ou du moins catégoriales) données dans l'évidence de la distinction. Autrement dit la logique de la vérité possible suppose un noyau théorétique qui est réalisé de fait dans la morphologie pure des significations (Reine Formenlehre der Bedeutungen) et la logique de la pure conséquence (Konsequenzlogik).

Cette distinction ne va pas sans difficultés : Husserl admet que l'intérêt pour l'objet (donc l'ontologie formelle et la logique de la vérité possible) est le seul intérêt logique proprement dit; cependant il ne nie nullement que la morphologie des significations et la logique de la conséquence ne soient des logiques. Or celles-ci ne s'intéressent qu'à la signification pure, c'est-à-dire à la signification comme signification, et non immédiatement à la signification comme signification d'objet. Aussi Husserl entreprend-il de justifier le parallèle souvent affirmé entre la logique formelle et l'analytique mathématique, et définit-il la pure logique formelle de conséquence comme une mathématique des sens.

Cependant si la logique formelle pure ne s'intéresse qu'à la signification comme signification, elle ne peut négliger absolument le fait capital — c'est l'intentionnalité même qui réapparaît ici — que la signification est nécessairement signification d'objet, que le rapport à l'objet peut tout au plus être indirect, mais non éliminé absolument. Dans la mesure où la logique formelle ne se préoccupe que de la signification pure, elle s'occupe nécessairement aussi de la signification comme signification d'objet. C'est ainsi que se justifie le dépassement de la logique formelle en ontologie formelle et que la logique formelle husserlienne se structure selon deux dimensions dont l'une est pure apophantique et l'autre pure ontologie formelle. Ces deux disciplines logiques manifestent toutes deux un mode originaire de donnée catégoriale, l'évidence de la distinction et l'évidence de la clarté, correspondant respectivement à la primauté de la signification comme telle, donnée de manière confuse dans les articulations verbales, et à la primauté de l'objectivité catégoriale proprement dite, c'est-à-dire de l'information prédicative des objectivités primaires de l'expérience. Signification et expérience : les deux dimensions de la logique formelle correspondent aux deux dimensions de l'intentionnalité, phénoménologique-descriptive et phénoménologique-transcendantale. Elles sont réciproques et s'impliquent mutuellement dans la mesure même où la signification elle-même les implique. En effet, le jugement comme tel, la pure signification prédicative proprement dite, est une objectivité catégoriale donnée évidemment dans la distinction de son sens. Il est donc le thème propre de l'apophantique formelle. Mais cette objectivité catégoriale est la même que celle qui se constitue dans l'évidence de la clarté. Seul diffère le mode de donnée; l'objectivité catégoriale reste identique à elle-même, de même que l'idée ne diffère que par son mode propre de subsister.

La logique formelle inclut donc une dimension objective et par là elle accède à la fonction normative propre à la logique traditionnelle. La logique formelle husserlienne n'*est* donc pas normative, mais elle le devient *fonctionnellement* de par son intentionnalité à l'objet. Et de fait dans son organisation interne, la logique formelle manifeste la structure exemplariste: toute forme de jugement renvoie par exemple à une forme-mère, tout caractère de présentation ou d'être, tout mode doxique renvoient à un caractère ou à un mode premiers qui jouent le rôle de mesure et de définition extrinsèque de ses propres dérivations. De même que l'idée norme sa propre réalisation, de même le premier mode ou le premier caractère norme exemplairement son propre devenir. Cependant en tant que la logique formelle n'est pas essentiellement normative, elle n'est pas norme de soi et elle n'est pas le dernier mot de la logique. Et c'est l'intérêt à l'objet qui va nous permettre de dépasser ce premier stade logique. Car l'intérêt à l'objet met en jeu l'intentionnalité, c'est-à-dire la constitution transcendantale. Tout objet est l'index de sa propre constitution, il renvoie à un à priori subjectif, c'est-à-dire finalement à l'*ego* transcendantal lui-même ou du moins, comme nous le savons, à la subjectivité transcendantale. Par conséquent l'ontologie formelle demande à légitimer son objet. Même si celui-ci est considéré dans sa formalité pure d'objet en général, il implique une référence intentionnelle à une constitution originaire. C'est l'analyse intentionnelle dans sa forme réflexive qui va nous faire remonter du jugement pleinement formalisé de la logique formelle, portant sur des objets également formalisés, à un premier jugement d'expérience singulier, puis à l'expérience; ce fond originaire de toute configuration théorétique, c'est la *Lebenswelt,* le monde de l'expérience vécue. Mais par delà celui-ci, il faut remonter encore jusqu'à l'évidence constitutive, jusqu'au *cogito,* acte propre de l'*ego* transcendantal. Une fois ces diverses réductions effectuées, il est possible de formaliser les résultats obtenus et de dégager ainsi l'eidos de la constitution transcendantale, l'idée de raison ou d'évidence. L'ontologie formelle et la logique formelle dans son ensemble sont ainsi dépassées en une logique transcendantale qui n'est autre que la phénoménologie proprement dite de la subjectivité transcendantale, la philosophie première, ultimement formalisée en phénoménologie eidétique.

En mettant au jour la forme excellente de l'intentionnalité constitutive, l'évidence, le voir originaire, la logique transcendantale manifeste donc l'exemplaire idéal (l'eidos) de toute constitution de fait. Cette idée de la constitution transcendantale s'explicite en *raison* et son corrélat infini est la *vérité* même. Il y a ici exemplarisme logique, certes, mais un exemplarisme propre à la logique transcendantale, un exemplarisme constitutif, puisque la raison est l'idée de toute constitution originaire et évidente, c'est-à-dire de la plénitude constitutive de l'*ego* à laquelle correspond la plénitude intuitive de la vérité. De même que la logique formelle norme la science de fait, de même la logique transcendantale norme la logique formelle, puisqu'elle explicite son idée même, c'est-à-dire son télos : il apparaît immédiatement que la logique transcendantale ou phénoménologie est donc norme ultime de la science, dans la mesure où la logique est l'idée de la science. Cependant la normation de la logique formelle est une normation analytique, statique, « logique »; la normation de la logique transcendantale est une normation constitutive, synthétique, dynamique, « phénoménologique » ou transcendantale. Et ajoutons immédiatement qu'il s'agit d'une normation ultime, d'une exemplarité téléologique, puisqu'infinie et idéale : la logique transcendantale se norme elle-même, la phénoménologie est à elle-même sa propre logique, elle est elle-même son idée, elle est son en-soi, elle a réalisé son essence, étant en effet l'entéléchie de la science en général. Ceci dit idéalement d'ailleurs, puisque la phénoménologie est l'idée (infinie) de la science.

Si donc la logique formelle a une *fonction* normative, la logique transcendantale est *essentiellement* normative. Il faut comprendre d'ailleurs la première affirmation dans son sens intentionnel plénier: la logique formelle est intentionnellement (fonctionnellement) normative parce qu'elle implique une référence intentionnelle à la logique transcendantale qui la clarifiera.

Ainsi nous retrouvons ici la *translation de l'intentionnalité:* la logique est l'idée de la science, mais cette idée est télos : la seule idée authentique de la science ne peut être que la logique transcendantale ou phénoménologie, puisque seule cette science est ultime et absolue. La découverte de l'idée de la science est donc une pièce maîtresse de la logique transcendantale, et puisque l'intentionnalité connaît plusieurs étapes, il est juste de distinguer le niveau de la logique formelle avant d'expliciter le niveau transcendantal ultime. Ce qui ne veut pas dire qu'il y a ici séparation, mais au contraire continuité intentionnelle.

Et si l'objet en général demande à justifier sa constitution par une réflexion intentionnelle sur la subjectivité transcendantale, c'est que seule cette réflexion peut lui donner l'évidence et l'originarité intuitive qu'il exige. L'évidence n'est donc autre que l'à priori subjectif, la forme subjective de l'objet en général. De même la logique transcendantale est l'à priori subjectif de la logique formelle. Il faut donc conclure que *la logique transcendantale est l'évidence de la logique formelle, sa motivation rationnelle infinie.*

Conséquences de l'exemplarisme constitutif : a) *l'idée est le transcendantal.*

Or nous n'avons pas résolu l'antinomie de l'idée et du transcendantal, au contraire, nous en restons, semble-t-il, à une vue dualiste de deux dimensions de l'analyse intentionnelle dont l'une pousse jusqu'à l'idée-télos et l'autre remonte au sujet pur de constitution. Nous avons cependant dans la relation même entre la logique formelle et la logique transcendantale le moyen de dépasser cette difficulté. Cette relation entre les deux formes de la logique peut être en effet envisagée différemment: Husserl commence par considérer dans un premier moment la logique formelle donnée dans sa facticité historique et par la soumettre à une analyse intentionnelle (progressive) qui vise à dégager son sens ou son idée. Il explicite celle-ci dans la mesure où il montre que la logique transcendantale est le prolongement nécessaire de la logique formelle. Autrement dit, de ce premier point de vue, il considère la logique transcendantale comme l'idée de la logique formelle, c'est-à-dire son télos idéal et son essence transcendante. Et dès lors la structure exemplariste trouve à s'appliquer : la logique formelle est l'exemple factice qui permet à l'analyse intentionnelle d'anticiper l'exemplaire idéal qu'est la logique transcendantale. Cependant tout en explicitant la logique transcendantale comme l'idée de la logique formelle, Husserl insiste sur le fait que la logique transcendantale est l'à priori subjectif où vient se constituer transcendantalement cette même logique formelle. La logique transcendantale est le système synthétique des intentionnalités constituantes où « apparaissent » transcendantalement les diverses configurations théorétiques de la logique formelle. C'est en ce sens que nous pouvons affirmer que la logique transcendantale est l'évidence de la logique formelle. *L'idée de la logique formelle coïncide donc avec son à priori constitutif.* Il faut même dire que l'idée de la logique formelle n'est autre que sa constitution achevée et thématisée idéalement sous forme d'évidence rationnelle. Nous tenons là une affirmation universelle, exemplaire au sens le plus fort de ce mot : car la logique transcendantale est la thématisation idéale (phénoménologie eidétique) de la constitution transcendantale, de la conscience intentionnelle en général, et donc ce qu'elle explicite à son degré de « formalité synthétique » est valable pour tous les cas de constitutions de fait. D'une manière générale donc *l'idée est la conscience transcendantale elle-même dans sa forme téléologique.* Elle est la thématisation exemplaire, eidétique, de l'infinité de l'évidence constitutive de l'objet en général. Et en effet l'idée de telle objectivité n'est autre que l'anticipation idéale de sa parfaite constitution et donation originaire. Seule l'idée est évidente et rationnelle en phénoménologie, le fait ne peut être qu'inévident et irrationnel; tout au plus peut-on dire que le fait est intentionnellement évident et rationnel, dans la mesure où il participe de son idée et tente de la réaliser à l'infini. Aussi bien seule la phénoménologie, et même seule la phénoménologie formalisée en phénoménologie eidétique, en logique exemplaire constitutive, est-elle évidente, rationnelle et nécessaire.

Cette phénoménologie eidétique est parfaitement réalisée dans *Formale und transzendentale Logik.* Cette œuvre logique, *le* livre de Husserl [1], représente la phénoménologie en général, l'élucidation intentionnelle de la constitution évidente et rationnelle en général. Elle a un caractère eidétique qui spécifie sa portée logique subjective. *Formale und transzendentale Logik*

1. S. Bachelard, *La logique de Husserl*, p. 14.

est en effet une logique formelle subjective, donc transcendantale, puisque le transcendantal, étant identique à l'idée, à l'eidétique même, est formel, formel constitutif, exemplaire motivant. La logique transcendantale réalise ainsi cette logique formelle, cette ontologie formelle « qui se réfère à tout être en quelque sens que ce soit, donc aussi bien à cet être qu'est la subjectivité transcendantale qu'à ces êtres qui se constituent en celle-ci » [1]. Le formel en logique transcendantale ou phénoménologie eidétique est conçu comme le corrélat constitutif du formel de l'analytique pure [2] : il est la *forme subjective*, corrélat constitutif, motivation transcendantale de la *forme objective* et définit le caractère exemplariste de la logique transcendantale. L'exemplaire est donc constitutif.

Pour mieux comprendre la portée de cette conclusion, il faut comparer *Formale und transzendentale Logik* à *Krisis*. Ce dernier ouvrage réalise la phénoménologie de la science objective, donc *une* phénoménologie qui fonde par une analyse intentionnelle telle objectivité idéale dans la subjectivité transcendantale. Puisque donc la logique est la science de l'idée de la science, *Formale und transzendentale Logik* traite eidétiquement de ce qu'expose facticement *Krisis*. En effet *Formale und transzendentale Logik* dégage l'eidos de la démarche suivie par *Krisis*. Au lieu d'être *une* phénoménologie, une logique matérielle subjective, *Formale und transzendentale Logik* est *la* phénoménologie, la logique formelle subjective. C'est pourquoi aussi la phénoménologie eidétique est logique transcendantale.

Ainsi l'idée est nécessairement transcendantale, l'analyse progressive et l'analyse régressive s'identifient, l'antinomie est dépassée. Le fait qui est l'exemple factice de l'idée est de soi immédiatement l'index de sa propre constitution subjective. L'idée qui est l'exemplaire idéal du fait est de même immédiatement sa constitution transcendantale, son évidence rationnelle. L'analyse intentionnelle dans ses deux phases remonte toujours au même fondement transcendantal, la conscience. Simplement le mode d'explicitation de ce fondement varie : tantôt il est saisi téléologiquement comme anticipation idéale de l'objet en général, tantôt il est saisi originairement comme le moi dans sa pure fonction de subjectivité transcendantale. *Origine et télos coïncident donc en phénoménologie :* l'idée est à la fois point de départ et terme, étant à la fois norme à priori et fin idéale. Cette coïncidence fondamentale est donc la consé-

1. *F.T.L.*, p. 239, l. 26-29.
2. *F.T.L.*, p. 188, l. 19-24. Cf. *C.M.*, § 36; p. 108, l. 6-11.

quence nécessaire de l'exemplarisme phénoménologique, de l'identification de la forme-eidos et de la fin-télos en une seule et même norme exemplaire idéale. L'accent certes peut se poser différemment, souligner l'aspect originaire ou téléologique, il n'empêche que la réalité fondamentale est identique. C'est la conscience transcendantale, conscience constituante de l'objet, qui, étant l'idée même, c'est-à-dire la raison ou l'évidence à priori de l'objet, est la norme synthétique de celui-ci. *L'exemplarisme,* que nous découvrons chez Husserl et qui semble de prime abord logique-objectif seulement, *s'étend au subjectivisme transcendantal : la subjectivité transcendantale est forme subjective, norme synthétique, exemplaire constitutif de l'objet en général.* C'est ici l'ultime justification du caractère logique transcendantal de la phénoménologie eidétique, l'*idée de la phénoménologie.*

L'analyse intentionnelle ainsi atteint le seul principe, le seul à priori absolu et remarquons qu'elle l'atteint à partir de l'étude de l'objet donné dans le devenir historique. Les deux dimensions de l'analyse que nous avons distinguées jusqu'ici sont toutes deux parties intégrantes de l'une des dimensions de l'intentionnalité proprement dite. C'est le fait empiriquement donné qui permet à l'analyse de remonter soit au moi pur soit à l'eidos-télos, jusqu'au moment où elle s'aperçoit que ces deux dimensions s'identifient dans la dimension phénoménologique-descriptive de l'intentionnalité. La dimension (phénoménologique-transcendantale) représente l'intentionnalité constitutive dans le sens conscience-objet. L'intentionnalité elle-même est donc double. De l'objet à la conscience, le phénoménologue suit la voie phénoménologique-descriptive, de la conscience à l'objet le phénoménologue suit la voie phénoménologique-transcendantale. Cette dualité se retrouve également dans la logique transcendantale qui est explicitée tour à tour selon les deux voies intentionnelles (*F. T. L.* et *E. U.*). A chaque dimension de l'intentionnalité correspond donc un mode de la recherche intentionnelle. Cependant l'un de ces modes connaît à son tour une dualité. L'essentiel de la voie phénoménologique-descriptive est en effet de prendre appui sur l'expérience originaire du fait. Selon que le phénoménologue voit en celui-ci l'exemple factice de l'idée, ou l'index de sa constitution transcendantale, la voie phénoménologique-descriptive est progressive ou régressive, et la preuve qu'il s'agit bien de la même dimension intentionnelle, nous l'avons ici même, dans la mesure où nous venons de montrer que l'analyse progressive est identique à l'analyse régressive.

Il faut donc distinguer fondamentalement les *deux dimen-*

sions de l'analyse intentionnelle, fondées immédiatement sur les deux dimensions de l'intentionnalité elle-même, et les *deux modes de l'analyse intentionnelle phénoménologique-descriptive,* fondées immédiatement sur les deux fonctions que peut revêtir le fait donné dans l'expérience historique.

Et si idée et transcendantal s'identifient, c'est que l'exemplarisme constitutif husserlien n'a rien d'une métaphysique de type platonicien. Si la notion d'exemplarisme et de mutuelle exemplarité est mise en jeu, c'est uniquement pour mieux pénétrer la notion d'intentionnalité et de ses deux dimensions nécessaires. On pourrait aussi employer le terme — plus équivoque il est vrai — d'idéalisme.

L'intentionnalité peut se définir désormais de deux manières : d'une part comme la *téléologie intentionnelle réciproque du fait et de l'idée* — ici c'est l'aspect normatif, exemplaire, « logique » de l'idée que nous soulignons — d'autre part comme la *corrélation conscience-objet* (noèse-noème), c'est-à-dire comme la *constitution transcendantale* elle-même. Ces deux formules expriment la même réalité sous deux éclairages : la première s'applique plus particulièrement à la dimension phénoménologique-descriptive de l'intentionnalité, c'est en effet dans cette dimension qu'apparaissent le plus souvent les termes d'exemple, d'exemplaire, de téléologie comme en témoignent *Krisis* et *Formale und transzendentale Logik.* La seconde s'applique plus particulièrement à la dimension phénoménologique-transcendantale. Aussi bien, si les deux formules suivantes ne sont pas identiques, sont-elles au moins équivalentes.

En effet on peut dire : 1) l'idée est l'exemplaire, la norme, la forme subjective essentielle du fait; 2) le sujet transcendantal est l'évidence et la raison de l'objet. Or tant l'idée que le sujet transcendantal représentent la possibilité essentielle, l'actualité téléologique du fait (ou de l'objet) : l'exemplaire est constitutif, la forme est subjective, la raison est normation synthétique. En un mot donc *le sujet transcendantal est l'idée de l'objet en général.* Dans cette affirmation s'explicite aussi bien la *formalité subjective* de l'évidence en général, donc l'*exemplarité constitutive* de l'*ego* que la référence téléologique d'une multiplicité constituante à une unité intentionnelle : et dans la mesure où l'objet est le sens de la conscience, il est la mesure, fin-idéale de l'intentionnalité constituante, l'*unité exemplaire de sa multiplicité.* C'est bien la *mutuelle exemplarité* que nous retrouvons ici, mais celle de la conscience et de l'objet. Cette exemplarité ne peut évidemment être affirmée que dans le cadre d'une logique transcendantale conçue comme phénoménologie eidétique. Elle exprime cette réciprocité phénoménologique fondamentale selon laquelle la constitution intentionnelle de l'objet équivaut intentionnellement à l'auto-constitution du sens de la subjectivité dans la conscience transcendantale.

Conséquences de l'exemplarisme constitutif : b) *Identité du point de vue phénoménologique-descriptif et du point de vue phénoménologique-transcendantal : la question du réalisme et de l'idéalisme phénoménologiques.*

Cependant nous retombons de nouveau sur une dualité : un dernier effort va nous permettre de la dépasser. En effet le point de vue phénoménologique-descriptif va absorber d'une certaine manière le point de vue phénoménologique-transcendantal selon que l'idée se constitue dans sa réalisation factice même.

C'est ici que se greffe et se résout l'irritante question du réalisme ou de l'idéalisme de la phénoménologie husserlienne : l'idée constitue-t-elle d'une manière absolument première le fait ou le fait motive-t-il premièrement l'idée ? Où est la priorité définitive ? Or faut-il absolument chercher une priorité soit de l'idée soit de sa réalisation ? Car Husserl affirme à la fois l'une et l'autre. Et il insiste si fort sur la réciprocité des deux points de vue que l'on en vient à se demander s'il y a vraiment entre eux un ordre de préséance. A affirmer exclusivement la priorité de l'idée, on en revient à une conception kantienne de la conscience : conscience vide, purement idéale, abstraite et donc intemporelle. Cette conception, Husserl la récuse : la conscience est pour lui une subjectivité concrète, pleine de sens, vivante, bien plus un flux temporel de conscience qu'un principe vide à priori. Mais inversément, à insister uniquement sur le « réalisme » de ce flux, on fausserait également la pensée de Husserl en l'inclinant vers une sorte d'empirisme subjectiviste qu'il refuse avec autant de vigueur.

Il faut sortir de cette alternative : la vieille querelle du réalisme et de l'idéalisme peut prétendre être liquidée comme un faux problème en phénoménologie husserlienne grâce à la notion de la *constitution de l'idée dans sa réalisation.* C'est en effet l'ambition de la phénoménologie d'être au-delà de cette alternative qui trouble encore tant d'esprits : est-ce un réalisme ou un idéalisme qui peut affirmer que l'idée se réalise dans la même mesure où le réel s'idéalise au point qu'au terme idée et réel s'identifient ? Idée et fait sont en effet simultanés et impliqués constitutivement l'une dans l'autre. Les deux dimensions de l'intentionnalité ne doivent pas nous amener à un choix arbitraire entre le fait et l'idée : l'un et l'autre sont réciproques, participent de la même unité dialectique et donc de la même identité « réelle ». L'ordre phénoménologique-transcendantal est conservé dans sa priorité, mais il se manifeste seulement dans l'ordre phénoménologique-descriptif de la réalisation factice. L'idée resterait à jamais vide, stérile et inconnue si elle ne motivait pas un processus de réalisation qui permet à l'analyse intentionnelle de la redécouvrir (Nachverstehen). C'est en celui-ci qu'elle se manifeste (Kundgabe), qu'elle trouve son expression appropriée, comme son langage. Les deux ordres de priorité sont donc indispensables l'un à l'autre, puisque ni l'un sans l'autre ni l'autre sans l'un ne pourraient subsister. C'est la mutuelle exemplarité du fait et de l'idée: d'une part l'antériorité du fait par rapport à l'idée, et d'autre part l'antériorité de l'idée par rapport au fait. De plus l'une et l'autre antériorité fondent le caractère constitutif soit du fait soit de l'idée: le devenir du fait en effet constitue anticipativement-téléologiquement l'idée et l'idée constitue normativement-transcendantalement le fait. Or l'idée en général est un motif transcendantal, non encore clarifié, qui se clarifie soit par et dans l'évolution concrète de l'histoire soit par une analyse intentionnelle qui — à partir d'une portion de cette évolution — l'anticipe idéalement dans sa totalité. Si donc il y a téléologie, le phénoménologue ne peut en décider ultimement que lorsque le fait aura atteint son plein état d'achèvement. L'idée peut être « tirée » du fait actuel, mais ne sera pleinement motivée par lui qu'à la fin de son devenir. (Autre manière de parler, car la fin du devenir du fait n'est autre que l'idée.) Le processus de réalisation révèle ainsi l'idée à elle-même, donc la raison même. L'idée, constituée implicitement dans et par la conscience transcendantale, se remplit et s'explicite par le fait lui-même [1].

Si l'on dit que l'idée est à priori, il faut donc bien s'entendre sur ce point : car *à priori* peut ici se comprendre dans un sens historique ou dans un sens idéal. L'idée de la connaissance par exemple précède historiquement le développement effectif de la science, de la même manière que la première démarche scientifique précède les démarches ultérieures. Mais cette première démarche, qui est celle de la première ébauche de solution

1. *Krisis*, p. 273, l. 13-20. C'est pourquoi l'exemplarisme husserlien est réciproque : le fait constitue l'idée comme l'idée constitue le fait. L'exemplarisme platonicien connaît lui aussi deux dimensions, mais l'une est absolue, c'est la dimension de la participation fondant l'intelligibilité de la chose dans l'idée, et l'autre n'est que la voie d'accès aux idées pour l'intelligence humaine.

scientifique ou philosophique, c'est en elle que se constitue implicitement l'idée de la science. Il s'agit d'une constitution de l'idée par la réalisation concrète, constitution au sens propre, mais anonymement exercée, non explicitée par l'histoire. Seule l'analyse intentionnelle peut dégager l'idée comme un à priori séparé. Seule elle permet d'expliciter l'exemplarité constitutive (normation synthétique) qu'exerce l'idée. En elle-même, *l'idée subsiste dans sa réalisation* [1], c'est-à-dire indissociablement de l'acte concret de normer exemplairement son propre devenir. Or ce devenir est sa propre réalisation : l'idée qui se réalise dans le devenir factice se constitue en et par lui. Il faut certes un minimum de réalisation pour que l'analyse intentionnelle puisse explicitement dégager l'idée. Et plus la réalisation est avancée, plus l'intérêt humain de connaissance s'est développé, plus la motivation de l'idée est digne de foi, plus elle a de poids et de force contraignante [2]. Théoriquement le premier acte de connaissance provoqué par le premier étonnement scientifique implique l'idée de la science, mais celle-ci se trouve dans un état si embryonnaire qu'il est fort difficile de la distinguer dans sa pureté idéale. Il faut une série de tâtonnements successifs, qui — du fait même que l'idée qu'ils impliquent est fort confuse — peuvent être aussi bien des échecs que des succès, pour préciser peu à peu cette idée directrice. D'où il appert clairement que la fin du processus de réalisation, une fois épuisées les possibilités d'erreurs, de déviations, d'inhibitions de la tendance de connaissance, manifestera seule avec éclat et évidence (Einsichtigkeit) cette idée latente en elle depuis son origine, manifestera en particulier si elle est vraiment l'absolu qu'elle prétend être [3].

On voit par là que la simultanéité de la constitution et de la réalisation de l'idée permet d'affirmer en même temps l'à priori de l'idée : la réalisation effective de l'idée recouvre la constitution de l'idée, motif transcendantal infini, à laquelle

1. En ce sens la réalisation est un moment de l'idée, alors que l'analyse intentionnelle permet de dégager l'idée comme « partie séparable » (Stück) du devenir, cf. § 12.

2. Cf. *Ideen*, II, p. 45, l. 11.

3. De fait toutes les possibilités d'erreurs, etc., n'ont pas besoin d'être épuisées. Car la réalisation progressive de l'idée permet d'en prendre plus clairement conscience (l'histoire en ce sens est une authentique *Klärung*), si bien que le mouvement d'approximation s'accélère, et que la tendance de connaissance se dirige de manière de plus en plus rectiligne vers son télos. Le processus de réalisation croît en approximation à l'idée en une progression quasi géométrique, ce que rend bien le terme d'asymptotique. — Cf. *Krisis*, p. 13, l. 2 - p. 14, l. 2; p. 74, l. 5-23. — Il y aurait lieu ici de faire apparaître les similitudes entre la dialectique intentionnelle de Husserl et la dialectique historique de Marx.

elle ne sera jamais adéquate parfaitement. Et même plus la réalisation tendra à sa perfection, plus l'idée manifestera son caractère d'à priori, c'est-à-dire sa transcendance. D'une manière très évocatrice, nous voyons donc la transcendance se constituer dans l'immanence : cette transcendance est en effet incluse irréellement dans l'immanence de la réalisation, c'est une *Transzendenz irreellen Beschlossenseins*, selon l'excellente expression des *Méditations cartésiennes.* Et puisque la réalisation est nécessairement historique, c'est donc que *l'histoire même est constitution transcendantale* dans la mesure où elle est téléogie infinie thématisée unitairement en idée. Nous retombons sur cette notion de devenir infini qui n'est que pure opération (Leistung) intentionnelle. *Au début est l'action : Am Anfang ist die Tat.* Husserl paraphrase le cri de Faust, et par delà celui-ci, le *Au commencement était le Verbe* de Saint Jean [1]. *Au terme est l'action*, puisque nulle détermination n'est ultime, c'est-à-dire qu'il n'y a pas de fin au processus de détermination.

Les résultats de ces dernières réflexions peuvent encore s'expliciter en termes intentionnels proprement dits, après avoir été explicités en termes d'exemplarisme. En effet le couple fait-idée coïncide avec le couple objet-conscience. La réalisation de l'idée est une *Leistung* de conscience, et la transcendance de l'idée est une transcendance immanente — intentionnelle — de la conscience, de la subjectivité transcendantale. De même donc que la mutuelle exemplarité idée-fait se résorbe en une unité dialectique, de même les deux dimensions conscience-objet et objet-conscience de la corrélation noèse-noème s'identifient. Ainsi peut s'établir l'identité, en termes exprès de *conscience* intentionnelle, des deux points de vue phénoménologiques descriptif et transcendantal.

Car la constitution de l'objet n'est autre que l'auto-constitution du sujet transcendantal (conscience transcendantale) : la *Sinngebung* est une *Besinnung.* L'objet est défini par Husserl comme le sens de la conscience, ce vers quoi tendent les significations immanentes de la conscience. La constitution de l'objet coïncide donc nécessairement avec l'auto-donation originaire du sens de la subjectivité transcendantale. En constituant l'objet, la subjectivité se donne son sens et se constitue donc elle-même. Ainsi la réduction transcendantale fait aboutir d'une part la recherche constitutive de la donation de sens (Besinnung) à un présupposé absolu qui se donne son sens à lui-même (Selbstbesinnung), et d'autre part elle aboutit à un sujet norme en soi, une norme intentionnelle (synthétique

1. *Krisis*, p. 158, l. 27-33.

infinie), à une conscience à priori de soi (Selbstnormierung). La réduction apparaît sous deux modes fondamentaux : l'un qui s'exprime en termes de conscience et qui manifeste la constitution de toute objectivité dans la subjectivité transcendantale, l'autre idéal, eidétique, qui s'exprime en termes de logique et qui manifeste la normation à priori constitutive de toute objectivité par la subjectivité transcendantale. Mais d'une manière comme de l'autre, les deux dimensions de l'intentionnalité s'identifient : nous venons de le voir pour le couple idée-fait, nous pouvons le dire maintenant pour le couple conscience-objet : la conscience transcendantale de soi est le terme de la démarche réflexive (phénoménologique-descriptive) qui fonde le sens de l'objet dans la subjectivité transcendantale, la constitution transcendantale de l'objet est le terme de la dimension phénoménologique-transcendantale. Si les deux dimensions intentionnelles s'identifient, leurs termes coïncident intentionnellement et ainsi se résout l'antinomie conscience-objet, c'est-à-dire un autre aspect — plus classique — de l'opposition idéalisme-réalisme. Faut-il donner la préséance à la connaissance sur l'être ou à l'être sur la connaissance, l'être mesure-t-il la connaissance, ou la connaissance mesure-t-elle l'être ? Cette opposition est trop grosse et simpliste : il est une voie intermédiaire qui est celle de l'intentionnalité, celle qui montre la simultanéité, la corrélation nécessaire de l'acte de connaissance et de l'objet dans la constitution de l'objectivité idéale de la signification [1]. Il n'y a plus à choisir entre l'acte de connaissance (idéalisme) ou la chose (réalisme) [2]. Puisque la chose n'est pour nous que dans l'expérience originaire, il faut prendre l'une et l'autre, et c'est la position (synthétique) de la phénoménologie.

Ces dernières considérations indiquent une *tendance* de la phénoménologie, mais cette tendance est déjà parfaitement marquée dans la pensée husserlienne. Ce n'est pas seulement une tendance que l'historien découvre en l'œuvre de Husserl, mais c'est une intentionnalité proprement dite, essentielle à celle-ci : *l'identité fait-idée, la coïncidence de la constitution transcendantale de l'objet et de la conscience transcendantale de soi sont en eux-mêmes déjà télos d'une intentionnalité infinie.* Husserl l'indique lui-même dans la mesure où il met l'accent sur la dimension phénoménologique-descriptive. Aussi ne faut-il pas nous étonner si les disciples avoués de Husserl développent surtout cet aspect de l'intentionnalité. Il semble désor-

1. Cf. plus haut, § 22.
2. Cf. SARTRE, *Situations*, I, p. 32 : « la conscience et le monde sont donnés d'un même coup ».

mais que le point de vue phénoménologique-descriptif l'emporte, c'est-à-dire la description de la téléologie, et que la constitution de l'idée soit purement et simplement abandonnée à cette téléologie concrètement réalisée par l'histoire ou le devenir en général. L'analyse intentionnelle semble ainsi négligée et la phénoménologie contemporaine renonce peu à peu à l'affirmation husserlienne de la transcendance de l'idée.

Trois exemples vont nous permettre de faire comprendre ce prolongement de la phénoménologie husserlienne, dans le domaine éthique et esthétique.

Perspectives contemporaines.

De même que l'intentionnalité permet de surmonter l'opposition théorique idéalisme-réalisme, de même elle permet de dépasser l'opposition de la morale « réaliste » du bonheur et de la morale « idéaliste » du devoir [1]. Ici aussi en effet la phénoménologie refuse d'entrer dans l'alternative. Pour Merleau-Ponty par exemple, l'opération humaine se caractérise essentiellement par sa liberté, sa spontanéité : rien donc ne la détermine à priori, ni finalité ni exemplarité morales, ni bien ni loi morale. Ce qui ne revient pas à la vouer à l'arbitraire ou au hasard : elle est téléologiquement orientée et motivée. Car du seul fait qu'elle est, si peu d'ailleurs que ce soit, l'opération humaine a une direction, elle est un *projet existentiel.* Mais elle refuse en tant que telle tout autre projet, tout projet intellectuel, par exemple, qui serait une présupposition à priori de l'action. Certes l'analyse intentionnelle peut dégager ce projet existentiel et le poser en soi, auquel cas il peut prendre figure d'à priori. Mais cela revient par là même à admettre qu'il n'a pas de valeur en soi, mais seulement dans sa réalisation, et que toute sa valeur est d'être vécu. C'est l'intentionnalité qui fonde cette simultanéité, cette absence d'à priori « réels » c'est-à-dire dans le cas présent, cette absence de fins ou de lois morales; l'intentionnalité qui est *à* son objet, avec lui (Mit-sein), plutôt qu'elle ne le norme ou l'oriente comme « von oben her », comme à priori. Merleau-Ponty refuse donc toute prédétermination de l'action humaine (si elle doit être libre, comment serait-elle déterminée), exclut toute finalité réelle ou idéale sous l'appel-

1. Ce qui prouve que l'intentionnalité n'est pas une structure de conscience limitée au seul domaine théorétique, mais qu'elle s'étend universellement à toute *Leistung* soit théorétique soit pratique. De fait l'intentionnalité ne se différencie pas en théorétique, éthique, esthétique, cf. *Krisis*, p. 275, l. 37-8.

lation générale de *projets intellectuels* et ne veut tenir compte que du « projet existentiel qui est la polarisation d'une vie vers un but déterminé-indéterminé dont elle n'a aucune représentation et qu'elle ne connaît qu'au moment de l'atteindre » [1].

Est-ce dire ici autre chose que lorsque Husserl affirme que seul l'achèvement du devenir téléologique permet de décider de manière ultime et absolue si le télos (qui semblait être poursuivi et que l'analyse intentionnelle avait idéé) est un authentique motif transcendantal [2] ?

L'esthétique de M. Dufrenne reproduit la même structure de pensée, du moins pour ce qui est de la création et de l'exécution artistique [3]. Le télos de l'opération artistique est l'œuvre et c'est l'œuvre qui donne son sens au processus même de la création. Cependant le dynamisme de la création n'est pas celui de l'artiste qui veut l'œuvre, mais celui de l'œuvre elle-même, qui, demandant à se réaliser, se veut à travers l'artiste. L'œuvre au départ est pure exigence inexistante; au terme du faire créateur, elle est existence concrète, la création esthétique étant création *ex nihilo*. Par conséquent la création n'est pas le fait même de l'artiste, mais de l'œuvre elle-même, ou du moins de l'inspiration qui aboutit téléologiquement en œuvre. L'artiste lui-même ne sait pas quel sera le terme de son faire, il ne le saura que lorsque l'œuvre sera achevée et posée ultimement dans l'existence. Autrement dit, de même que l'homme dans l'acte moral de Merleau-Ponty, l'artiste ne connaît pas le terme de son entreprise et seul le devenir le lui révélera. En ce sens le télos est à la fois déterminé, car il est la fin du faire créateur (le faire lui-même pré-scrivant nécessairement en soi un but à atteindre), et indéterminé puisqu'il n'est pas connu de l'artiste. Dufrenne nie donc la présence de l'idée directrice de l'œuvre ou du moins de l'opération créatrice : il refuse cette idée comme Merleau-Ponty refuse tout projet intellectuel à l'agir humain [4].

1. *Phénoménologie de la perception*, p. 509. Il est clair que dans ces conditions l'action morale n'implique plus de choix, dans la mesure où la délibération est exclue (p. 500). Comment délibérer à propos de l'acte humain à poser, s'il n'y a pas de représentation du but à atteindre avant l'accession même à celui-ci ? — Il faudrait montrer ici comment cette conception de l'acte moral humain résulte de la transposition d'un schème de pensée esthétique en domaine éthique, cf. plus bas.

2. *Krisis*, p. 12-14 et passim.

3. *Phénoménologie de l'expérience esthétique*, I : *l'objet esthétique*, p. 62 sq.

4. Cette idée serait un objet esthétique imaginaire (op. cit., p. 63), ce qui corrobore notre position exprimée plus haut, § 11 : seul le point de vue phénoménologique-descriptif (celui du « réalisme » phénoménologique) permet d'affirmer que l'idée est l'imaginaire.

En ce sens l'artiste ne fait que porter une inspiration artistique dont il n'est pas le maître et qui l'entraîne fatalement dans un processus de création (d'où le thème devenu classique de l'artiste maudit). C'est l'œuvre qui exige d'être réalisée et qui demande donc que l'artiste se réduise à la pure fonction d'instrument. Certes, Dufrenne ne nie pas que l'opération créatrice ne soit consciente. Cependant profondément il pense que tout se passe *comme si* elle était inconsciente, *pure téléologie de l'œuvre elle-même.* Le faire artistique exclut donc le choix, tout comme l'acte moral de Merleau-Ponty, et la fonction critique que le choix exerce est attribuée à la série des ébauches nécessaires à la création de l'œuvre : de même que Husserl considère que l'histoire a une fonction critique par rapport au motif transcendantal qu'elle porte en elle et réalise. Car si l'œuvre est pure exigence de réalisation, le processus de création n'aboutit pas nécessairement et immédiatement à l'œuvre achevée. Certaines formes imparfaites doivent être éliminées avant que ne soit atteinte la forme ultime et parfaite. Le choix qui critique l'inspiration éliminait certaines de ces formes comme possibles, les ébauches imparfaites permettent d'éliminer certaines de ces formes comme réalisées. Et ce qui avertit l'artiste que telle ébauche n'est pas encore l'œuvre, c'est la conscience d'inadéquation qu'elle provoque (conscience tout à fait semblable à la *conscience de reste* que nous avons déjà rencontrée) [1], conscience « inconsciente » d'une certaine manière, puisque l'œuvre est seulement possible et en aucun cas anticipée, fût-ce imparfaitement, sous forme d'idée directrice.

Merleau-Ponty et Dufrenne représentent la même position philosophique, l'un en éthique, l'autre en esthétique : à force d'insister sur le fait que l'*opération* humaine est libre essentiellement, ces auteurs en viennent à supprimer la liberté même de l'*homme* qui devient ainsi le porteur d'une téléologie intentionnelle universelle, comme les savants le sont de l'intérêt de connaissance scientifique universelle qui les dépasse. Cette liberté est une curieuse liberté qui hypostasie l'opération humaine en empêchant l'homme d'en être véritablement responsable. Car je ne suis pas responsable d'une œuvre dont je ne suis que l'instrument. Cependant Dufrenne touche des vérités importantes et il serait possible de corriger sa position en usant de la structure exemplariste que nous avons découverte dans la phénoménologie. Il y a certainement une représentation (idée) antérieure à l'œuvre. Cette idée est potentielle quant à l'existence, puisqu'elle représente l'œuvre même comme pos-

1. Cf. plus haut, § 12.

sible. Mais elle est également potentielle quant à la détermination, et c'est là qu'il faut assouplir le cadre — trop rigide dans le cas particulier — des deux dimensions de l'intentionnalité. Il est clair que du point de vue phénoménologique-descriptif l'idée de l'artiste est potentielle puisqu'elle est l'œuvre en tant que possible. Mais il faut ajouter que du point de vue phénoménologique-transcendantal l'idée de l'artiste n'est pas en acte, elle n'est pas un acte-valeur. Car il faut soutenir avec Dufrenne que l'artiste ne connaît pleinement le terme de son œuvre qu'au moment où il l'a achevée, puisque l'artiste n'est artiste que par son acte [1]. Mais parce qu'il ne connaît pleinement le terme de son œuvre qu'une fois celle-ci achevée et parfaite, cela ne revient pas à dire qu'il n'en a aucune représentation si imparfaite soit-elle. L'idée de l'artiste est doublement potentielle, quant à l'existence de l'œuvre qu'elle pré-scrit, quant à la détermination exemplaire même. Si l'on tente donc de transposer le schème intentionnel dans l'opération créatrice, il faut certes le modifier quelque peu, mais non pas le transformer au point de nier jusqu'à la présence de l'idée [2].

Les exemples de Merleau-Ponty et de Dufrenne montrent à quel point l'école phénoménologique qui suit Husserl se révèle sensible au point de vue phénoménologique-descriptif de l'intentionnalité. C'est là une forme ultime du refus de platoniser, c'est-à-dire d'admettre la réalité des idées métaphysiques. Les idées de ce point de vue sont en-deçà du réel et seule la réalité du monde s'impose immédiatement. D'où le « réalisme » de la phénoménologie contemporaine. Elle se meut uniquement au niveau de l'*acte-existence* : l'existence précède l'essence et ce

1. Cf. op. cit., p. 68.

2. Le cas du faire créateur de l'*artiste* est même le seul cas où il soit légitime de prétendre que le télos n'est déterminé dans sa valeur absolue de télos qu'au terme seulement de la téléologie. L'intention morale permet au contraire d'anticiper le télos de l'opération éthique dans son absolu même, sans cependant le vivre concrètement, évidemment. Puisque l'idée est potentielle même quant à sa détermination exemplaire, cela suppose en effet que le processus de création la clarifie d'une certaine manière et que *l'idée sera pleinement idée au moment où elle sera pleinement œuvre.* C'est dans le processus de création artistique que se vérifie au mieux cette identification du fait et de l'idée, du point de vue descriptif et transcendantal. Aus prinzipieller Notwendigkeit, pouvons-nous dire comme Husserl. Un horizon très intéressant s'ouvre à nous après ces dernières réflexions. Il serait utile de montrer comment la phénoménologie husserlienne possède une structure « esthétique » dans la mesure même où elle est exemplariste. Et Dufrenne qui pense appliquer une méthode théorétique d'investigation à un domaine particulier ne fait que ramener la méthode phénoménologique à son domaine originaire, d'où le caractère si pertinent de son ouvrage.

« précéder » implique une véritable dévaluation de l'essence. L'existence constitue l'essence et comme il n'est pas d'essences universelles, il n'y a pratiquement que l'*existence qui devient.*

On en revient donc toujours à cette conclusion fondamentale : rien n'est étranger au devenir, tout est devenir, dans la mesure où il est. Car forme et fin s'identifient. En effet la transcendance qui « surgit » elle-même de l'immanence du processus de réalisation s'avère la fin de celui-ci, fin idéale et à priori : chaque étape de la science se finalise elle-même en s'assignant constitutivement son télos intentionnel, en déterminant mieux l'idée-fin qui la motive et la dirige à priori. D'une manière générale on peut donc dire que le processus de réalisation de l'idée se finalise lui-même, il est à lui-même sa propre fin pour autant qu'il détermine et constitue son idée-fin. *Le devenir se finalise lui-même,* il n'a pas d'autre fin que lui-même, ce qui recoupe des résultats déjà découverts : 1) le devenir est infini, 2) l'idée est l'idéalisation du devenir total, 3) le devenir se définit par lui-même. Dans ce dernier cas, nous avions l'aspect formel (wesensmässig), ici nous avons l'aspect final (téléologique) du devenir, deux aspects qui, comme nous le savons, coïncident dans l'identité. Aussi bien revenons-nous au même résultat en fin de compte. L'exemplarisme phénoménologique aboutit ainsi nécessairement à l'unité.

Considérons enfin la transposition sartrienne de la phénoménologie de Husserl. Elle est peut-être plus fidèle encore que les deux précédentes, quoique poussant également la dimension phénoménologique-descriptive. Nous retrouverons ici aussi, mais sous une forme originale, le primat de la subjectivité motivante, c'est-à-dire de la liberté, la tendance (téléologique) de la subjectivité à s'expliciter dans le devenir historique, c'est-à-dire l'épanouissement progressif de la liberté dans son exercice d'être (existence), le processus à l'infini de la réalisation, c'est-à-dire l'infinie transcendance de la liberté qui se poursuit elle-même. Pourtant à côté de ces notes communes, des caractères aussi proprement sartriens : il souffle dans cette œuvre un vent d'âpre lucidité qui refuse toute satisfaction euphorique, ce que l'on ne pourrait prétendre toujours de celle de Husserl.

Or que donne l'expérience descriptive de l'homme ? Nous révèle-t-elle immédiatement l'essence de l'homme comme un à priori nécessaire ? non pas, mais elle donne uniquement le devenir de l'homme, sa réalisation fluante, sa vie ou son exercice d'exister. Cette réalité fluante ne peut être définie par un concept qui délimiterait une essence : mais conformément à la doctrine phénoménologique, le devenir est une *Leistung* subjective qui comme telle doit s'enraciner dans une subjectivité constituante. Si ce qui apparaît de l'homme est son opération humaine et par là son existence active, il faut que cet agir soit enraciné dans une subjectivité. Celle-ci est saisie comme essentiellement liberté, car dans le *cogito* dans lequel elle s'exprime, elle se saisit elle-même sans intermédiaire, donc sans à priori, seulement elle-même comme source vive de spontanéité, acte pur, exister libre. Par là toute l'opération humaine est suspendue à cette première évidence dont l'aspect pratique apparaît immédiatement : immédiateté concrète du moi autonome et libre. Le principe phénoménologique de la primauté absolue de la subjectivité est sauvegardé sous un mode purement pratique. Aussi bien le point de vue transcendantal va-t-il être immédiatement résorbé dans le point de vue descriptif. Car la subjectivité, la liberté n'est pas plus séparable de l'action libre que la conscience transcendantale n'est séparable du flux de ses vécus : elle est nécessairement *engagée* et c'est dans cet engagement qu'elle se détermine et se définit. C'est ici la transposition de la simultanéité de la constitution et de la réalisation de l'idée. La liberté n'est que dans la mesure où elle s'exerce : elle n'est jamais dégagée de son exercice. La subjectivité ne sera jamais dégagée de son existence. Il n'y a pas d'essence indépendante de l'existence. Au contraire l'essence même de l'homme est d'exister et par le fait même aucune essence n'est là à priori (ne précède) pour orienter cet exercice d'être. L'existence sera essentiellement liberté. L'homme donc existe avant d'être tel ou tel, mais qui détermine ce qu'il veut être sinon lui-même c'est-à-dire sa liberté ? C'est donc l'existence qui détermine l'essence de l'homme, *l'existence précède l'essence*, ce qui est déjà une affirmation authentiquement husserlienne, dans la mesure où la phénoménologie réduit la dualité des dimensions de l'intentionnalité à la seule dimension descriptive ou plus exactement identifie l'une et l'autre dimension. L'existence pré-scrit l'essence, comme le devenir l'idée. Le devenir de cette existence étant l'épanouissement de la liberté, l'homme devient ce qu'il veut être. Il se crée librement, il est à lui-même sa propre mesure, comme la phénoménologie est à elle-même sa propre logique, comme la subjectivité transcendantale est la mesure de toute objectivité constituée. L'homme est « son artiste » et son agir moral prend ainsi un mode esthétique et exemplaire.

A la vérité, Sartre, pas plus que Merleau-Ponty ou Dufrenne, ne comprend par volonté une décision consciente puisqu'alors au sens strict ce serait donner à l'acte une intention antérieure. La liberté de l'homme n'est pas de se vouloir tel, c'est d'exister purement et simplement sans aucune prédétermination par des normes à priori suspendues à un dieu ou à une tradition sociale. C'est un état d'indifférence essentielle, un pur exercice et par conséquent un pur exister gratuit. La liberté de l'homme c'est cet exercice même, cet exister pur, qui n'est pas nécessairement réfléchi, il est vécu, il est vie. L'homme est sa vie, c'est pourquoi aussi la mort lui paraîtra souverainement absurde. Comme tel, l'homme est seul, n'ayant ni derrière ni devant lui des justifications ou des excuses sous forme de valeurs données telles quelles : sa seule valeur c'est lui-même, sa propre humanité, qui n'est pas celle des autres; l'homme n'étant que pur exister, il n'a pas de nature commune avec autrui [1]. En d'autres termes, il est à lui-même sa propre fin, ce qui rejoint nos considérations sur la vie et la finalité immanente. D'où il suit encore que tout ce qu'il fait est sous la mouvance immédiate de sa responsabilité : il est pleinement responsable de son existence. Ce qu'il est dans la progression du temps, il l'est par lui-même. Son devoir principal — et là est le seul « impératif catégorique » de la morale sartrienne — est donc de conserver cette souveraine liberté intacte, de ne pas la laisser se contaminer par des préjugés ou des circonstances extérieures. A cette seule condition (impossible à réaliser, évidemment) il pourra dire que son action est autonome, que son existence est authentique, enfin que sa liberté s'objective c'est-à-dire se constitue au moment même où elle se réalise effectivement. Mais cette liberté ne s'épuise pas dans un seul acte, l'existence humaine comporte une certaine durée. Chaque acte s'inscrit dans le temps, résultat d'actes précédents et motivation d'actes ultérieurs (nous connaissons cette relativité pour l'avoir rencontrée dans le cas de la dialectique de la science). Autrement dit la liberté est une tendance infinie de se réaliser elle-même, tendance qui est concrétisée *hic et nunc*, donc partiellement nécessairement. En ce sens l'homme en tant que pur exister demande à exister toujours et encore; il se jette dans l'avenir et anticipe sans cesse; il est projet. Ceci d'autant plus que l'homme n'ayant pas d'essence qui lui dicterait à priori la modalité de son exister, il est *condamné* à être libre, c'est-à-dire, s'il veut être tant soit peu quelque chose, condamné à exister, à s'inventer sans cesse. De même que l'artiste est condamné à créer s'il veut être artiste, l'homme doit exister s'il veut être homme. Dans

1. Ni de nature communicable par conséquent. La génération humaine est condamnée, et les pratiques anti-conceptionnelles philosophiquement justifiées. C'est ce qui se manifeste dans certains romans de Sartre, tels que *L'âge de raison.* Le fruit, la fécondité propre de l'amour évidemment détruit la gratuité de ce mode particulier de l'agir humain et donc la souveraine liberté de l'homme.

la mesure où il est jeté dans le monde où il existe, il est nécessairement libre. Son être est liberté.

Ici on trouvera que le parallélisme avec la phénoménologie ne se justifie plus. Celle-ci inscrit dans le devenir une sorte de nécessité de réaliser l'idée. Cette nécessité (motivation obscure) malgré certaines déviations toujours possibles ne manque pas d'arriver à son terme. Mais il faut savoir que l'identification de l'être et du devenir (de la forme et de la fin) permet d'affirmer équivalemment la pure nécessité (déterminisme absolu) et la pure liberté (jusqu'à l'arbitraire). Il n'y a dans ce cas aucune nécessité à admettre l'une plutôt que l'autre. Sans nature humaine il revient au même de dire que l'opération humaine est gratuite ou déterminée, sans l'acte librement volontaire et réfléchi de l'artiste, il revient au même de dire que la création esthétique est le résultat nécessaire de l'exigence esthétique ou le produit du hasard [1]. De fait remarquons que la liberté de l'homme est une nécessité consécutive à l'apparition de l'homme au monde. Naître-au-monde, ce qui, selon Merleau-Ponty, est la caractéristique principale de la liberté, est en même temps sa négation la plus radicale. L'homme condamné à être libre nie par là sa propre liberté ou du moins nie que sa liberté soit absolue : la liberté est ou n'est pas, elle ne saurait être relative. La liberté de Sartre ne peut demeurer aussi absolue et prend de fait des formes dérivées : elle résidera par exemple dans l'attitude subjective que je puis prendre par rapport à tel fait qui n'est pas de mon ressort, telle circonstance en dehors de mon pouvoir, et principalement devant mon apparaître-au-monde.

Ainsi nous avons ici d'une manière générale le parallèle de la motivation de l'idée par sa réalisation : de même que chaque étape de réalisation de la science détermine davantage son idée-fin, et par là, l'anticipant, tend vers elle, de même chaque acte d'exister libre de l'homme est un projet vers un exister ultérieur. Le projet est ainsi un acte d'exister libre qui anticipe un autre acte d'exister. C'est l'homme qui vit subjectivement sa tendance de liberté absolue, concrètement limitée pour l'instant à tel ou tel projet. De projet en projet, l'homme exerce son exister, il épanouit donc sa liberté et se réalise lui-même. L'homme constitue son essence dans la mesure où il exerce son exister, c'est le résultat où nous sommes aussi arrivé dans le cas de l'idée husserlienne : celle-ci se constitue dans la mesure où elle se réalise dans le devenir. La liberté n'est rien en dehors de l'engagement dans l'action : elle demande à

1. DUFRENNE, op. cit., p. 68.

s'épanouir dans cette action de façon plénière. L'acte d'exister n'est donc finalisé que par la liberté elle-même. *La liberté ne vise que la liberté* et par là elle vise aussi bien l'essence de l'homme que sa fin. C'est le devenir qui se finalise et se définit lui-même. La forme ici aussi est la fin. Fin immanente puisque l'exister est vie. La liberté est donc la définition de l'homme, elle en est l'essence, *essence* qui n'est rien d'autre qu'une *création* de l'exercice de son exister, par là la *fin* de cette création libre. C'est l'indétermination qui se détermine et dans cette détermination elle ne cherche que sa propre plénitude, l'état où elle sera le plus elle-même (Selbst). Mais il n'y a aucun terme à ce processus. Le devenir qui se finalise lui-même demande à se poursuivre indéfiniment. Aussi la mort est-elle l'échec ultime. La volonté qui se cherche elle-même, l'exister qui se poursuit lui-même, la liberté qui se projette elle-même à l'infini pour se réaliser pleinement, sont radicalement contrés par cette mort qui devient l'absurdité même, étant la négation de l'homme [1]. La mort reprend ainsi sa place dans les préoccupations philosophiques de notre temps, manifestant la couleur stoïcienne de l'existentialisme, en plus de son très net volontarisme. La mort redevient ainsi l'énigme des énigmes et c'est là un fort bon signe dans une pensée qui sort avec peine d'un climat idéaliste. Si l'on supprime l'amour, ce que fait l'idéalisme sous toutes ses formes, en identifiant fin et forme, l'« expérience-limite » de la mort reste le seul garant — négatif, mais d'autant plus sensible et plus « absolu » pour nous — d'un sens philosophique du réel et du vrai.

1. Remarquons que si la mort peut paraître une absurdité, elle nous sauve d'une autre absurdité, celle du devenir infini qui ne peut manquer d'entraîner le désespoir.

L'ÉLABORATION HUSSERLIENNE DE LA NOTION D'INTENTIONNALITÉ

Esquisse d'une confrontation de la phénoménologie avec ses origines scolastiques

La phénoménologie a connu une si rapide évolution que notre génération en est déjà à s'interroger sur la véritable pensée husserlienne. De l'empirisme de l'école française ou de l'ontologie de l'école heideggerienne, quel est l'héritier légitime du maître de Fribourg ?

Un examen détaillé des sources doctrinales de la phénoménologie permet de mieux discerner l'authentique position husserlienne. La présente étude aimerait contribuer à cette clarification.

I. Evolution de la notion d'intentionnalité avant Husserl

L'intention morale chez les scolastiques

Husserl reprend, à travers Franz Brentano, la notion d'intentionnalité à la tradition scolastique, ce qui ne laisse pas de compliquer notre recherche. Car la notion d'intention est chargée, par le langage courant déjà, d'une signification principalement morale. L'intention, c'est le projet, l'esquisse intérieure d'une action future, c'est donc un acte de la volonté. Or, cette acception, avant tout réaliste, de la notion est reprise et élaborée par les philosophes du moyen âge dans le cadre de leur morale.

Pour saint Thomas par exemple, l'intention est la tendance de la volonté vers un but réel. L'intention veut *avoir* la chose désirée ; elle ne la possède pas, elle n'en jouit pas encore réellement, *in re*, mais elle la possède dans sa tendance même, inchoativement. L'intention n'est pas encore *Selbsthabe*. Elle est certes l'acte d'une volonté réelle, mais la réalité de cet acte est encore bien imparfaite en comparaison de la possession, de la jouissance de la chose désirée (fruitio). Toute la vie morale est ainsi décrite comme la tendance d'une volonté vers un but, comme la réalisation des moyens qui permettent d'atteindre ce but, et enfin comme la possession de ce but. Elle est donc un mouvement de perfectionnement, partant d'un état d'imperfection indéterminée et aboutissant à un état de perfection pleinement achevée. Passage de la puissance à l'acte, selon la *causalité finale*, l'intentionnalité est essentiellement mouvement : l'intention est le premier acte moral, fondement premier de toute vie d'amour, considérée principalement dans le cas de l'amour de l'âme pour son Dieu. On comprend facilement que l'intentionnalité demande à s'achever dans une possession immédiate de son objet, dans la *présence* transparente de sa fin.

L'intentionnalité de la connaissance chez les scolastiques

Cette notion morale a été transposée par la scolastique dans le domaine de la critique de la connaissance rationnelle. Car l'intelligence elle aussi tend vers un objet : elle aussi est dans un état d'imperfection potentielle, tant qu'elle ne le possède pas ; elle aussi s'achève donc dans la possession de la chose même. C'est ainsi que la connaissance a été définie comme une intention, une tendance de l'intelligence spéculative vers un objet.

Si apparemment il y a, de part et d'autre, tendance intentionnelle d'une faculté de l'âme vers un objet, de la volonté vers la chose aimée et de l'intelligence vers l'objet connaissable, le but de la volonté et l'objet de la connaissance diffèrent pourtant dans leur manière de spécifier l'activité correspondante. Le but de l'acte moral est un but réel, que la volonté veut et peut étreindre immédiatement : Platon ne disait-il pas déjà qu'en matière de bien, personne ne se contentait d'apparences ? Le connaissable n'est pas atteint en tant que chose, mais au contraire en tant qu'objet, non pas directement, en lui-même, mais par et dans un intermédiaire, le concept, la *représentation* intérieure.

Pourtant, l'acte moral et l'acte intellectuel demandent l'un et l'autre à être immédiats. L'un aboutit, terminalement, mais réellement, à la possession du but désiré ; l'autre aimerait aboutir à l'intuition absolue de la réalité. L'acte intellectuel aimerait aboutir à une intuition : chacun sait que c'est ici une des principales questions à propos desquelles les philosophes se sont heurtés. Y a-t-il une intuition intellectuelle ou non ? S'il y en a une, peut-elle être autre chose qu'une possession absolue, une saisie quasi mystique de la réalité ? Platon, le platonisme, l'idéalisme allemand, répondent affirmativement. Aristote et Kant rejettent vivement une telle affirmation [1]. Entre

[1] Le refus de l'intuition intellectuelle chez Kant est à peine indiqué, bien qu'il sous-tende toute la doctrine de la synthèse de connaissance. Cf. notre étude sur *La conscience transcendantale dans le criticisme kantien, Essai sur l'unité d'aperception*, Paris, Aubier, 1958.

les tenants de la *raison* et de l'*intuition*, la pensée contemporaine hésite et choisit bien souvent une solution intermédiaire, celle d'une intuition sensible dans le cadre d'un empirisme renouvelé.

Pour la philosophie médiévale, la question est résolue. Ses plus grands interprètes refusent dans leur majorité une intuition intellectuelle absolue et immédiate. Cette attitude négative exerce une influence déterminante sur la notion d'intentionnalité. L'intention, transposée en contexte critique, dont le sens indique qu'elle tend vers, décrit en réalité un tout autre mouvement. La connaissance prend son objet en elle, elle se l'assimile et lui donne une existence immanente différente de l'existence réelle, et c'est à cette existence immanente, idéale en quelque sorte, qu'elle se termine désormais. L'intentionnalité devient donc une tendance de la conscience vers la représentation, et, celle-ci représentant l'objet, la conscience est renvoyée à l'objet qu'elle ne possède pas réellement.

Le principal effet de la transposition critique de la notion d'intentionnalité est donc pour la scolastique de *rendre impossible la possession immédiate et intuitive de la chose par l'intelligence*, et particulièrement, bien entendu, la possession immédiate et intuitive de Dieu. *La connaissance humaine reste pure intention*, puisque sa quête ne saurait se terminer immédiatement à la chose même. Contrairement à l'intention prise dans son sens moral, l'intention qui définit la connaissance intellectuelle n'aboutit pas à la jouissance de la chose connaissable (fruitio). Elle demeure pure relation à l'objet, sans jamais être coïncidence immédiate avec lui.

Il faut introduire ici quelques nuances afin de ne pas donner de l'intentionnalité scolastique une image trop sommaire. Car sur la question de la représentation, plus exactement du concept, nous pouvons considérer trois tendances, qui sont celles de saint Thomas d'Aquin, de Duns Scot et du nominaliste Suarèz. Ces trois courants se proposent de résoudre la même difficulté : comment garantir à la connaissance intellectuelle l'immédiateté de l'objet, tout en maintenant la distinction spécifique entre l'intellectuel spéculatif et le volontaire pratique ?

L'école thomiste répond par une doctrine très délicate. Le concept qui termine l'acte de l'intelligence est certes une représentation de l'objet, mais il ne fait ni obstacle à l'intelligence ni nombre avec l'objet : par lui, l'intelligence atteint l'objet lui-même. L'intelligence n'est donc pas arrêtée en un premier moment par le concept, comme par un premier objet de connaissance, qu'elle devrait dépasser pour atteindre en un deuxième moment l'objet. L'appréhension est au contraire immédiate, tout en restant fondée sur une abstraction antérieure, et l'intelligence s'identifie vraiment avec l'objet réel. Le concept joue le rôle de signe formel pur et permet de définir l'acte de connaissance comme une *identité par représentation*. Car l'intentionnalité spéculative est pour l'école thomiste une identité intentionnelle selon la forme, non selon l'être. Elle met en jeu l'analogie de l'être et se définit, dans la ligne de la *causalité formelle*, comme l'information du sujet par l'intelligible.

L'école scotiste fait apparaître immédiatement la difficulté d'une telle position : celle-ci est apparemment contradictoire, puisqu'elle admet à la fois l'immédiateté et la médiateté de la connaissance objective. Scot développe alors une théorie, commune également à Guillaume d'Occam. Il distingue dans l'intelligence une connaissance intuitive et une connaissance abstractive. La première n'utilise aucun concept et l'intentionnalité intellectuelle vers l'objet se rapproche de l'intentionnalité morale décrite plus haut : la connaissance intuitive de l'intelligence devient une sorte de connaissance affective. La deuxième connaissance, abstractive, porte sur le concept et la représentation elle-même, l'objet pouvant être absent ou présent indifféremment. Nous trouvons ici, chez Scot, l'intentionnalité de la conscience, telle que nous l'avons décrite schématiquement plus haut.

Suarèz, voulant éviter la confusion de la connaissance intuitive avec la connaissance affective, définit enfin la connaissance intellectuelle exclusivement comme une intentionnalité à la représentation. Le premier objet connu (id quod cognoscitur) n'est plus tel aspect formel de la chose, atteint immédiatement par le concept (conceptus formalis), comme l'affirme l'école thomiste, mais le contenu objectif du concept (conceptus objectivus), c'est-à-dire l'aspect formel de la chose en tant qu'objectivé par la pensée et réifié en entité idéale. Désormais la voie est ouverte au disciple de Suarèz, à l'élève des Jésuites de La Flèche, René Descartes, pour qui la première connaissance est celle des représentations intérieures, appelées, ce terme n'est pas sans importance, *idées*.

L'évolution doctrinale de saint Thomas à Descartes montre donc que le souci d'assurer l'immédiateté de la connaissance en maintenant la distinction de celle-ci par rapport à l'intentionnalité morale entraîne la dissociation de l'intentionnalité intellectuelle d'avec son terme naturel, la chose connaissable.

Disparition de l'intentionnalité

Or, si la connaissance de l'objet réel extérieur ne peut être que médiate, l'intentionnalité n'est plus intention d'objet, mais intention de soi. Certains se sont avisés, dans les Ecoles parisiennes du XIVe siècle, que la représentation pouvait être considérée purement et simplement comme l'existence immanente de l'objet dans la conscience, et que par là elle pouvait permettre au moins une connaissance par coïncidence immédiate, celle du sujet par lui-même. Le *cogito* et le privilège de l'expérience interne, déjà présents chez des nominalistes comme Jean de Mirecourt, rendent possible une philosophie basée sur la connaissance immédiate et absolue du moi, qui saisit son objet dans sa réalité originelle, sans intermédiaire, dans une simple conscience réflexive de soi.

L'intentionnalité devient alors intention de soi à soi, ou mieux, coïncidence parfaite et absolue de soi avec soi, identité et possession immédiate du moi. L'intentionnalité, définie plus haut dans son sens intellectuel comme une relation, devient ainsi une identité absolue, non plus selon la forme, mais selon l'être. Ici déjà la dualité scolastique de l'intentionnalité morale et intellectuelle semble dépassée : l'intention de soi à soi est une coïncidence immédiate de soi avec soi, elle est déjà par elle-même *possession, sans intermédiaire conceptuel*, et pourtant elle est *possession intellectuelle.* Mieux vaut ne plus parler d'intentionnalité : la dualité de l'intentionnalité est supprimée, car l'intentionnalité même est supprimée. De fait, l'école cartésienne abandonne cette notion. La preuve en est la démonstration de l'existence des choses extérieures chez Descartes.

Même si le moi trouve une connaissance absolue et immédiate dans le *cogito*, dans la parfaite identité du moi transparent à lui-même, il ne renonce pas à la connaissance des choses extérieures : cette connaissance, appuyée sur le *cogito*, est évidemment médiate. Elle considère que les sensations sont des effets subjectifs, dont la seule cause productrice réelle est la chose elle-même. La représentation sensible ne *représente* plus rien *formellement*, c'est-à-dire *objectivement*, mais elle est l'effet produit sur la conscience par des réalités extérieures. La connaissance cartésienne se décompose en deux moments : conscience de l'identité du moi (et des représentations qu'il contient), remontée analytique de l'effet subjectif dans la conscience à la cause extramentale. Descartes rejette l'intentionnalité et conçoit la connaissance de l'existence de la chose extérieure comme Aristote concevait la démonstration de l'existence de Dieu : chez l'élève du Jésuite Suarèz, *l'intentionnalité est remplacée par la causalité efficiente.*

La philosophie moderne débute donc avec Descartes en rejetant l'intentionnalité, et plus fondamentalement la finalité. Elle s'enferme dans une sphère d'immanence, soit purement matérielle, soit purement spirituelle. Soit elle abandonne toute critique de la connaissance pour se lancer dans une reconstruction mécaniste du monde, soit elle s'infléchit dans le sens d'une pure explicitation immanente du moi par lui-même. Le positivisme et la métaphysique allemande du XIXe siècle exploitent les deux voies inaugurées par Descartes. Ici et là, l'intentionnalité est absente, et la critique idéaliste l'ignore complètement : la critique transcendantale kantienne n'a que faire de l'intentionnalité. Il faut attendre l'aube du XXe siècle pour voir refleurir, dans la philosophie d'inspiration scientifique, un nouveau finalisme, et réapparaître, dans la critique de la connaissance, la notion d'intentionnalité. Bergson d'une part et d'autre part Brentano et Husserl sont des manifestations d'une même réaction philosophique.

II. L'intentionnalité husserlienne

Ce que nous venons de voir explique la complexité de la phénoménologie husserlienne : elle est d'une part, bon gré mal gré, l'héritière à travers Brentano de toute la spéculation morale et critique du moyen âge, et d'autre part elle se situe au carrefour des deux tendances de la philosophie moderne, issues de Descartes, que nous appellerons pour simplifier *idéalisme* et *positivisme*. Mais loin de s'en référer directement à ses origines premières, elle continue le développement de la pensée moderne en s'opposant à une théorie qui prétend concilier les deux inspirations antagonistes du système cartésien : le *psychologisme*.

Le psychologisme, considéré surtout chez ses représentants anglo-saxons, Stuart Mill et Herbert Spencer, affirme que tout concept, tout jugement, tout raisonnement, toute conclusion, sont des phénomènes psychiques résultant uniquement d'une opération psychique, et relevant de ce fait de la psychologie, science des états subjectifs internes. Ce que la logique, et d'une manière générale, la critique de la connaissance, revendiquaient comme leur objet propre, c'est la psychologie qui désormais le revendique, car seule la psychologie peut obtenir une connaissance vraie de ces phénomènes internes, étant seule à se baser systématiquement sur la connaissance immédiate du moi par le moi.

Or, selon Husserl, la psychologie ne peut prétendre à ce rôle, parce qu'elle néglige l'hétérogénéité essentielle entre la conscience et son objet, hétérogénéité qui fonde leurs relations, et par conséquent l'intentionnalité. Il suffit dès lors de montrer cette hétérogénéité, c'est-à-dire la distinction absolue entre l'immanence réellement vécue et la transcendance de l'objet visé, pour réintroduire l'intentionnalité et du même coup réaffirmer l'autonomie de la logique et de la critique de la connaissance par rapport à la psychologie. Il semble même que ce soit là le but ultime de la pensée husserlienne : réhabiliter la logique, et fonder à nouveau la critique de la connaissance, et donc la notion de transcendantal, sur l'intentionnalité.

L'intentionnalité perceptive

Pour comprendre ce qu'entend Husserl par intentionnalité, reprenons son exemple, la perception du cube.

Soit donc un cube en face de moi. Je vais décrire la manière dont il m'apparaît. Il ne me présente en aucun cas ses six faces simultanément, pour des raisons faciles à comprendre. Au contraire, il présente d'abord deux ou trois faces, selon l'angle sous lequel mon œil le saisit. Ces deux faces ne sont pas encore le cube entier, mais elles sont cependant parties du cube. Si la perception continue, d'autres faces apparaîtront également, qui ne sont pas davantage le cube lui-même, mais qui seront comme les premières les modes d'apparaître dans lesquels il s'esquisse.

Cet exemple, dans sa simplicité même, nous révèle un fait important : la perception du cube n'est jamais achevée parfaitement. Car si je tourne autour du cube, les trois faces primitivement perçues disparaissent et font place à trois nouvelles faces inconnues. Si je continue à tourner autour du cube, les premières faces réapparaîtront, et les trois autres disparaîtront. En un mot, je n'arriverai jamais, par ma simple perception quotidienne, à me placer à un point de vue absolu, d'où j'aie la possibilité de saisir à la fois toutes les faces du cube. Il semble donc d'après cette description *empirique* que ma perception n'est pas achevée, que je ne perçois que quelques faces d'un objet coloré. Et pourtant je sais que je perçois le cube lui-même : ma conscience *contient* donc actuellement plus qu'elle ne *perçoit* actuellement.

Pour expliquer ce phénomène, la description empirique s'avère impuissante, et avec elle la méthode psychologique, qui cède le pas à la méthode phénoménologique de l'*analyse intentionnelle.* Celle-ci va découvrir le travail inconscient et automatique du moi. Dans la perception des quelques faces du cube se produit, au sein même de cette perception, une anticipation constituante de la conscience, qui rattache toutes les esquisses partielles à un objet unique, en unifiant intentionnellement ses divers « apparaître » empiriques. L'expérience concrète ne me donne que des éléments épars et sans ordre apparent, c'est la conscience elle-même qui constitue l'ordre de ces éléments en les référant à un objet qui n'apparaît jamais comme tel dans son entière *Selbstheit,* mais dont elle possède cependant le sens.

C'est ici que l'originalité de Husserl apparaît : l'intentionnalité scolastique vise un terme réel extramental dont la conscience ne saurait en aucun cas constituer le sens de transcendance réelle. L'intentionnalité husserlienne, dans le cas présent, vise, à travers un amas de données de sensations confus et sans ordre, un objet transcendant dont elle constitue elle-même le sens de manière immanente.

Car c'est bien la conscience qui élabore le donné de sensations, qui donne leur sens aux « apparaître » successifs de l'objet, en les unifiant dans une unité intentionnelle, c'est donc elle qui constitue le sens de l'objet.

Comme ce sens de l'objet dépasse la sphère des données sensibles, qu'il n'est pas adéquatement donné par elle, Husserl peut parler d'une transcendance. Cette transcendance est « irréale », car elle n'est pas réellement vécue par la conscience. Ce que vit la conscience réellement dans la perception du cube, c'est la succession des sensations de couleur réparties sur des surfaces changeantes, en un mot, le *contenu réel de la conscience*. Pourtant cette transcendance n'est pas extramentale, car elle est constituée par la conscience comme le sens, l'unité intentionnelle des esquisses successives. Il s'agit paradoxalement d'une transcendance immanente, de ce que Husserl appelle une transcendance intentionnelle, une *Transzendenz irreellen Beschlossenseins*, selon les *Cartesianische Meditationen*, ou encore le *contenu intentionnel de la conscience*. Ainsi s'explique que la conscience contienne plus qu'elle ne perçoit : elle se transcende elle-même, dans la constitution du sens. Le contenu intentionnel du vécu transcende son contenu réel, celui-ci pré-constitue celui-là et l'implique intentionnellement.

Essence et individu

Lorsque Husserl songe à mieux définir ce sens objectif, contenu intentionnellement dans la perception réelle, il parle de son identité. L'anticipation constitutive, qui dégage à partir de la perception réelle le sens de l'objet, fait apparaître celui-ci dans ses grandes lignes seulement, c'est-à-dire dans son type eidétique. Il est impossible en effet qu'une perception partielle et finie fasse apparaître l'objet, tel qu'il est réellement en lui-même dans son infinie concrétion. Pourtant, en percevant plus ou moins exactement des aspects partiels d'un objet, la conscience conclut : « C'est un cube, c'est un arbre. » En dégageant le sens de l'objet, elle manifeste du même coup son eidos, son essence. La phénoménologie husserlienne apparaît par conséquent comme une *philosophie des essences*, comme l'ont indiqué Edith Stein et Merleau-Ponty, après avoir donné l'apparence d'une *discipline descriptive pure*. Elle est en réalité l'une et l'autre : *l'analyse intentionnelle dégage à partir de la description de la vie réelle de la conscience les types essentiels qui la règlent et la norment*. Ces types, résultats d'une anticipation constitutive, sont identiques et quasi intemporels par opposition aux données de sensation, multiples et changeantes dans le flux de conscience.

C'est un des traits les plus nouveaux et les plus surprenants de la philosophie husserlienne que de voir apparaître ici une théorie des essences. Bien des critiques ont vu là un retour offensif du platonisme. Mais Husserl s'en défend vivement dans *Ideen zu einer reinen Phänomenologie* (I), bien qu'il revendique pour ses essences le nom d'*idea*, en un sens platonicien purifié de toute contamination métaphysique. L'eidos husserlien n'est aucunement une essence réalisée en soi dans un ciel intelligible et idéal. C'est une structure de la conscience, que nous considérons ici comme l'unité terminale de la constitution subjective.

Nous touchons en effet, à propos de l'exemple cité, au cœur de la phénoménologie husserlienne, et aussi à l'un des points les plus difficiles de la doctrine.

Husserl distingue dans l'intentionnalité trois éléments : les données de sensations dans lesquelles s'esquisse l'objet, le sens de l'objet qui est constitué par l'expérience donatrice de sens et explicité par l'analyse intentionnelle, enfin l'objet lui-même qui est le télos de toute la *Leistung* subjective. Dans le cas cité, l'objet est un objet empirique sensible et individuel : tel cube perçu singulièrement. Il apparaît immédiatement que le sens de l'objet ne s'identifie pas avec l'objet lui-même, puisque le premier est une essence et le second un individu. Pourtant le sens-eidos se dégage de l'expérience perceptive et vise l'objet lui-même : sens et objet sont en continuité intentionnelle.

L'accusation de platonisme tombe donc d'elle-même, car la critique réelle que l'on peut adresser à Husserl sur ce point est au contraire d'avoir donné dans une sorte d'aristotélisme. Le sens-eidos que la perception permet de dégager de manière immanente ne serait autre que le concept de la métaphysique scolastique, thomiste en particulier. Cette critique est à la fois plus subtile et plus forte que la précédente : elle repose sur une analyse plus précise de l'acte subjectif de connaissance, et permet de mieux rendre compte de l'ambition réaliste de la phénoménologie.

En effet, l'analogie s'impose, semble-t-il : de même que l'eidos est pré-constitué dans la perception et dégagé par l'analyse intentionnelle, de même le concept n'est autre que la nature ou l'essence universelle abstraite de la chose individuelle et pensée (concepta) par l'intelligence. L'abstraction thomiste et aristotélicienne dégage ce que l'on peut appeler à la rigueur une idée subjectivisée (Aristote ne reproche-t-il pas à Platon d'avoir réifié une représentation interne ?), comme l'idéation husserlienne explicite une forme fondamentale de l'objet perçu. L'intelligence aristotélicienne pense la chose individuelle à travers la représentation conceptuelle de la nature que cette chose recèle, de même que la conscience husserlienne vise un objet individuel à travers la norme à priori de l'expérience donatrice de celui-ci. De part et d'autre nous voyons la pensée viser intentionnellement la chose réelle, par l'intermédiaire d'une forme subjective. Husserl est en ce sens bien plus aristotélicien que platonicien : c'est une réponse qu'il aurait pu donner à l'accusation de platonisme.

Pourtant la différence est grande entre la doctrine aristotélicienne et thomiste du concept et celle, husserlienne, de l'eidos. Certes, il y a de part et d'autre intentionnalité et intermédiaire intentionnel, mais là l'intentionnalité est abstraite [1], et ici elle est concrète et exemplaire. L'intelligence aristotélicienne ne peut connaître le réel empirique que selon un mode abstrait — ce que manifeste le langage — la conscience husserlienne rejette cette limitation à sa connaissance et tend à rejoindre immédiatement l'objet individuel. Husserl, en effet, ne fait plus intervenir qu'une différence de degré et non de nature entre la connaissance intellectuelle et la connaissance sensible. Celles-ci sont spécifiquement une et intentionnellement multiples. Aussi bien l'idéation qui dégage l'eidos, parallèlement à l'abstraction qui dégage la nature, est-elle l'œuvre de la libre imagination et non plus l'acte fondamental, encore qu'inconscient, de l'intelligence. L'eidos n'est donc plus le seul moyen pour l'intelligence de penser l'objet individuel, il est la norme à priori, la structure transcendantale, de l'expérience qui doit faire apparaître à la conscience comme telle, non plus intellectuelle ni sensible, la chose dans sa concrétion existentielle. Le sens-eidos est donc destiné à être remplacé par une saisie immédiate de la chose même.

En effet, l'analyse intentionnelle ne dégage le sens-eidos qu'en raison de l'imperfection de la perception. Une perception achevée, totale, c'est-à-dire infinie, donnerait immédiatement l'objet individuel en lui-même. A une perception infinie correspond idéalement un sens objectif adéquat à son objet. Autrement dit, à l'infini, le sens et l'objet ne se distinguent plus : le sens est *rempli* par la *présence originaire* de l'objet, et la conscience possède réellement son objet. Il s'agit d'une limite idéale évidemment, d'une idée au sens kantien. De même que le sens-eidos est résorbé à la limite par la perception de la chose, de même la *philosophie des essences* rejoint à la limite un pur *nominalisme de l'individuel* [2].

[1] Elle produit, comme une sorte d'accident, l'*être de raison, ens rationis*, en particulier l'universel, *lequel n'apparaît que dans l'intentionnalité théorique*. Il faut donc distinguer selon l'école thomiste la *nature* comme telle (objet de la métaphysique), de l'*intentionnalité* qui la vise abstraitement (objet de la critique de la connaissance) et de l'*universel* lui-même, qui naît de la considération même de la nature par l'intentionnalité abstraite et qui est l'objet formel de la logique, en tant qu'*intention seconde* ou *intention de raison* (cf. note, p. 14).

[2] La connaissance par présence, grand impératif du nominalisme médiéval qui rejette tout concept, ne se réalise de fait que dans l'expérience sensible et dans la connaissance surnaturelle. Il est symptomatique que l'idéalisme de Husserl aboutisse à un nominalisme, à une époque qui oscille entre un empirisme scientifique et un fidéisme théologique.

C'est ainsi que l'on doit comprendre la définition de la phénoménologie : Husserl entend fonder une science eidétique, philosophie des essences ou logique, qui soit intentionnellement, à l'infini, description de l'individuel. Cette téléologie, ou plus exactement la coïncidence qui la termine, Husserl la conçoit comme une idée. Cette doctrine manifeste à sa manière l'essentielle affinité qui lie secrètement l'idéalisme des essences (séparées ou non) et le nominalisme empirique. Elle fait comprendre pourquoi la philosophie des essences, l'eidétique husserlienne, n'est en fait qu'un palier intermédiaire, destiné à faire place à l'infini à une pure intuition des choses, ce que Husserl exprime dans sa fameuse formule : « zu den Sachen selbst ! » Car les choses ne peuvent être qu'individuelles, la connaissance parfaite, absolue, ne peut être que connaissance de l'individuel et coïncidence avec celui-ci. L'essence n'est qu'un moyen d'atteindre l'individuel, un intermédiaire que Husserl définirait volontiers comme un intermédiaire dialectique, c'est-à-dire comme un moment destiné à être dépassé par une pure vision.

Ainsi se précise encore la différence entre l'intentionnalité scolastique et l'intentionnalité husserlienne. L'intentionnalité scolastique requiert un *intermédiaire nécessaire* ; l'homme ne peut connaître intellectuellement sans la représentation conceptuelle, et par conséquent celle-ci ne peut en aucun cas être résorbée dans la présence de la chose connue. L'intelligence ne possède pas par elle-même de connaissance intuitive de la chose individuelle, elle doit s'exercer conjointement au sens (intellectus cum sensu). L'intermédiaire intentionnel dans la phénoménologie est un *intermédiaire dialectique* qui disparaîtra à l'infini et laissera la place de plein droit à la pure intuition.

Cette doctrine de la vision intentionnelle, de l'intuition dialectique, permet à Husserl d'inscrire dans le débat entre les tenants de la *raison* et de l'*intuition* sa position personnelle : comme Aristote et Kant, il nie une intuition immédiate et absolue ; comme Platon, il accorde une intuition immédiate, mais idéale, du réel. Cette apparente contradiction est résolue par la notion d'*intentionnalité* ou d'*idée* : vision intuitive à travers un intermédiaire dialectique [1]. L'intentionnalité permet de concevoir une *raison intuitive*. Car si la raison humaine use de l'intermédiaire de la connaissance eidétique, il s'agit

---

[1] Est *dialectique* toute opération de la conscience qui vise un terme immédiatement à travers un intermédiaire destiné à être résorbé (aufgehoben) au cours du processus intentionnel. Une pensée dialectique est de type héraclitéen, mais vise un idéal parménidien. Du fait qu'elle vise un terme qu'elle veut posséder immédiatement, elle revêt un caractère de déterminisme téléologique. C'est pourquoi la définition proposée ici convient aussi bien à la dialectique hégélienne et marxiste qu'à la dialectique husserlienne, celle par exemple de *Die Krisis der europäischen Wissenschaften*.

pour Husserl d'un état de fait : idéalement, à la limite, elle saisit immédiatement l'individu. *De fait, la connaissance est intentionnalité ; idéalement, elle est possession de l'objet individuel.* En ce sens, Husserl est un disciple de Descartes : Descartes et Husserl admettent l'un et l'autre une *intention* qui est *possession,* mais Descartes la limite au fait réel de la possession identique du moi par lui-même, Husserl l'étend idéalement à la possession de l'objet lui-même.

De là découle le paradoxe husserlien : la phénoménologie n'est intentionnelle que provisoirement ; *de droit, elle n'est pas une philosophie de l'intentionnalité.* Cette conclusion résulte d'un autre paradoxe étonnant : *c'est l'intentionnalité même qui permet à la phénoménologie de ne plus être intentionnelle.* Nous touchons là à l'extrême conséquence de la propriété dialectique de la conscience de se dépasser elle-même (autotranscendance) : l'intentionnalité à l'infini est coïncidence parfaite et immédiate avec la chose, au contraire de la connaissance intellectuelle thomiste, qui reste intentionnalité abstraite.

Certes, on parle d'*intuition* : il vaut mieux parler de contemplation. Car l'intuition est encore un mode de l'intentionnalité, elle est encore un mouvement de la conscience, et peut encore comme telle troubler la donnée originaire de la chose même. La dernière fonction de l'époché est donc de réduire l'intentionnalité elle-même. La phénoménologie tend vers une connaissance parfaitement objective où la conscience et la chose soient « face à face », où la chose soit pur *Gegen-stand.* L'intentionnalité veut aboutir à une *présence pure,* présence de la conscience à l'objet, présence de l'objet à la conscience. Au-delà de tout intermédiaire eidétique, au-delà de l'intentionnalité même, la conscience se tait devant l'objet, qui, lui seul, « parle » et se « révèle » à elle [1]. L'intentionnalité culmine donc dans une contemplation silencieuse de la conscience, qui se rapproche étonnamment de la contemplation esthétique et même de la contemplation mystique. L'empirisme que vise à l'infini la phénoménologie contemple le monde comme le spirituel aime Dieu [2]. « Face à face » de silence, ineffable, au-delà de tout concept, pure expérience vécue, incommunicable, la contemplation phénoménologique présente tous les caractères de la *fruition* du bien aimé.

La position de Husserl par rapport aux doctrines scolastiques de l'intentionnalité peut donc facilement se définir. Husserl rend à la connaissance le réalisme qui lui est dû et qu'elle avait perdu dans les doctrines de Suarèz et de Descartes. Ces deux auteurs, en voulant

[1] On reconnaît ici l'ontologisme heideggerien qui pénètre jusque dans la pensée d'un néothomiste comme Jacques Maritain.

[2] De même, Descartes démontrait l'existence de la chose comme Aristote démontrait l'existence de Dieu.

sauvegarder l'immédiateté et la spécificité des deux intentionnalités morale et intellectuelle, finissaient par nier la relation immédiate de l'intelligence à la réalité, si fortement, si subtilement, affirmée par saint Thomas. Cependant, en rendant à la connaissance son réalisme essentiel, Husserl ne se rapproche de saint Thomas que pour résorber dialectiquement l'intermédiaire conceptuel et confier l'immédiateté réaliste de la connaissance à un acte de la conscience spécifié par son objet comme l'amour thomiste est spécifié par sa fin. Par là il réduit à l'unité la dualité thomiste des intentionnalités morale et intellectuelle, et tend à confondre la connaissance avec l'amour [1]. L'objet connu est en effet télos, c'est-à-dire cause finale, et non plus cause formelle intentionnelle de la connaissance.

Pourtant il ne s'agit là pour Husserl que du terme idéal de l'intentionnalité : de droit, la connaissance se réduit à l'amour ; de fait, elle use d'un intermédiaire eidétique, constitué provisoirement par un acte spécifique de la conscience. Dans cette même mesure, l'objet en tant que connu, fin de l'acte de connaissance, ne peut jouer le rôle que d'une norme exemplaire, anticipée à priori sous forme d'idée. Nous retrouvons, en guise de confirmation de notre interprétation, un aspect de l'*exemplarisme* husserlien [2].

Cet idéalisme peut paraître étonnant et ne pas correspondre à la notion devenue courante de la phénoménologie. Il est cependant authentiquement husserlien. L'idéalisme husserlien est un réalisme intentionnel ou une intention de réalisme, et corrélativement un idéalisme dialectique de fait. La formule de Kant semble proche, en raison particulièrement de la réciprocité qu'elle exprime : idéalisme transcendantal et réalisme empirique. La différence pourtant est nette : entre l'idéalisme transcendantal et le réalisme empirique de Kant, il n'y a pas de continuité intentionnelle, mais au contraire conjonction synthétique dans le schème de l'imagination transcendantale.

III. L'extension universelle de l'intentionnalité

Cette structure de l'intentionnalité, Husserl l'étend universellement au-delà du domaine de la perception. Ainsi par exemple, au jugement.

[1] Gabriel Marcel, M. le professeur Mercier, sont autant de disciples de Husserl, qu'ils le veuillent ou non, lorsqu'ils affirment comme lui que la connaissance véritable est amour. La connaissance sartrienne également a la même structure, bien que l'amour pour ce philosophe de la liberté soit l'enfer même.

[2] Cf. notre ouvrage *L'idée de la phénoménologie, l'exemplarisme husserlien*, Paris, Presses Universitaires, 1958.

L'intentionnalité dans le jugement

Le jugement, exprimé dans le langage, a également une réalité intentionnelle. Les significations du jugement, comme telles identiques et identifiables à l'infini, visent intentionnellement un objet, plus exactement un état-de-choses (Sachverhalt). Les significations judicatives, en elles-mêmes vides, se remplissent dans l'expérience immédiate de l'objet, et acquièrent par adéquation à celui-ci leur caractère de vérité. Bien que la définition de la vérité comme *adaequatio rei et intellectus* soit une formule scolastique, son sens husserlien est bien différent. L'adéquation n'est nullement la mesure de l'intelligence jugeante par la réalité, mais le remplissement d'une anticipation vide du langage. L'intentionnalité judicative se définit, comme tout à l'heure l'intentionnalité perceptive, en termes de *contenant* et de *contenu*, plus exactement en termes d'anticipation pré-scrivante et de remplissement vérifiant. De même que le contenu réel de la conscience contient intentionnellement le sens de l'objet, qui donne à la conscience sa plénitude intuitive, de même la signification judicative contient intentionnellement l'expérience donatrice du *Sachverhalt* objectif. La conscience, sous quelque forme que ce soit, se remplit, et la vérité est bien plutôt vérification.

Pourtant Husserl indique une importante différence entre l'intentionnalité perceptive et l'intentionnalité judicative. Le jugement est une objectivité idéale qui demande à s'objectiver dans l'expérience antéprédicative. L'intentionnalité semble ici se renverser : tout à l'heure l'intentionnalité perceptive visait l'essence-sens à partir de la perception réelle inachevée ; maintenant, l'intentionnalité judicative vise la réalité perceptible objective dans son *Selbst* empirique et singulier. C'est au niveau du jugement que, dans la sphère de l'expérience quotidienne, apparaît pour la première fois la réciprocité de l'intentionnalité de la conscience : de la perception empirique à l'essence-sens, de la signification judicative à l'expérience pure et simple.

Cette mutualité essentielle structure la logique phénoménologique. Le livre *Erfahrung und Urteil*, dont le sous-titre indique *Genealogie der Logik*, montre comment les objectivités catégoriales de la sphère prédicative se dégagent intentionnellement de la sphère antéprédicative de la perception [1]. Au contraire, *Formale und trans-*

[1] Cet ouvrage est capital pour l'étude de l'intentionnalité husserlienne. Il permet d'affirmer que la phénoménologie ne connaît pas l'*être de raison*, ni par conséquent l'*intention seconde*, clé de la logique scolastique, car les objectivités catégoriales (sujet, prédicat, etc.) sont anticipées dans l'expérience. En phénoménologie, la logique ne peut que s'identifier, à l'infini, selon le schème indiqué dans cette étude, avec la métaphysique, ou mieux, avec l'ontologie, si nous

zendentale Logik montre comment les objectivités catégoriales se légitiment intuitivement dans l'expérience perceptive, forme première de la vie de conscience, comment, données dans l'évidence de la distinction, elles se vérifient et se remplissent dans l'évidence de la clarté.

La réciprocité de l'intentionnalité apparaît en réalité comme une continuité, du point de vue de la conscience transcendantale, bien que l'expérience quotidienne manifeste sa réalité de fait. L'homme concret apprend en effet à connaître à deux sources, la perception et le langage. De même que la perception permet le jugement, de même le jugement se remplit dans la perception. Du point de vue de la conscience transcendantale toutefois, l'étape prédicative n'est qu'une organisation d'eidos, moment dialectique appelant, elle aussi, l'immédiate vision du réel.

L'intentionnalité dans la science et la logique

Nous avons avec le jugement un premier exemple de l'application de l'intentionnalité au-delà de la sphère perceptive. Il s'agit pourtant d'un exemple qui ne dépasse pas le cadre d'une conscience individuelle. Or Husserl montre que l'intentionnalité n'est pas un trait essentiel de la seule conscience singulière, mais qu'elle est le caractère nécessaire de toute conscience en général, individuelle ou intersubjective, historique au sens étroit ou large. C'est ainsi que l'histoire de la science et de la logique elle-même manifeste une intentionnalité dont la structure est en tout point semblable à celle que nous avons découverte dans le cas de la perception empirique.

La *Krisis der europäischen Wissenschaften* est l'œuvre de Husserl qui présente probablement la plus grande apparence réaliste et empiriste. On se tromperait toutefois en croyant que Husserl, dans ce livre, opte pour un empirisme pur et simple. Cet ouvrage, au contraire, explicite l'intentionnalité secrète qui préside à la constitution de la science humaine. Il montre que la moindre manifestation de l'intérêt de connaissance humaine pré-scrit nécessairement sa forme terminale et idéale. De même que toute question contient intentionnellement sa réponse, tout commencement scientifique anticipe intentionnellement son terme. L'histoire de la science n'est donc pas une suite fortuite d'accidents incohérents, mais une téléologie nécessaire que l'analyse

groupons sous ce titre à la fois la métaphysique, science de la réalité comme être, et la critique, science de la réalité comme être appréhendé par l'intelligence. Il y a là le principe d'une accusation de « platonisme » autrement plus pertinente que celles, empiristes, portées contre l'auteur des *Logische Untersuchungen*. L'analyse comparés des doctrines thomiste et husserlienne du *jugement* est exposée dans notre article *Adéquation et intentions secondes*, à paraître à Bâle, *Studia Philosophica*, 1960.

intentionnelle peut mettre au jour et en quelque sorte même accélérer. Ainsi Husserl montre que la phénoménologie est la forme ultime de la pensée universelle, l'aspiration secrète des efforts théorétiques de l'humanité.

Il n'y a aucun orgueil dans cette affirmation de Husserl. La phénoménologie se contente d'ouvrir la voie. Elle est une science débutante, et tente de délimiter les cadres et les normes selon lesquelles les recherches ultérieures pourront se continuer. Husserl ne prétend pas avoir élaboré la phénoménologie comme le fruit ultime, définitivement possédé, de l'effort de la conscience humaine. Il pense pourtant avoir défini les grandes lignes, le type eidétique de cette science ultime et définitive. Ces grandes lignes sont exposées dans ce que Husserl appelle *phénoménologie eidétique* ou *logique transcendantale.* La similitude avec l'intentionnalité perceptive apparaît clairement : car de même que la perception réelle, dans sa visée de l'objet lui-même, en pré-constitue le sens, comme un intermédiaire dialectique nécessaire à sa connaissance intuitive, de même la connaissance humaine, dans sa tendance vers sa forme achevée et totale, pré-constitue une discipline intermédiaire, phénoménologie eidétique ou logique transcendantale, nécessaire pour définir a priori les normes de toute science possible. La téléologie de la science respecte la même structure que l'intentionnalité perceptive. Et de même que l'essence-sens vise intentionnellement et rejoint idéalement l'objet individuel, de même la logique transcendantale, structure a priori de toute science absolue, vise intentionnellement et rejoint idéalement la science descriptive du singulier. Ici aussi intentionnalité : *la logique husserlienne, discipline eidétique, est intentionnellement une description pure ; la logique des formes à priori de la conscience est une phénoménologie de la conscience vivante, la philosophie des essences est un nominalisme renouvelé.*

IV. Conclusion : Les intentionnalités et l'intentionnalité

En cherchant à déterminer l'amplitude que Husserl donne à la notion d'intentionnalité, nous avons considérablement élargi sa définition. Des disciples de Husserl ont tenté d'étendre encore l'intentionnalité aux domaines éthique et esthétique. Pour ne citer que des auteurs français, Merleau-Ponty, dans la *Phénoménologie de la perception*, Sartre, dans l'*Etre et le Néant*, Dufrenne, dans la *Phénoménologie de l'expérience esthétique.* Nul doute qu'une analyse de ces œuvres ne permette d'enrichir encore notre enquête, surtout en ce qui concerne les rapports de l'intentionnalité éthique et de l'intentionnalité esthétique.

L'intentionnalité comme genre

Mais il nous importe plus encore de rechercher pourquoi la même intentionnalité se retrouve comme forme déterminante de la conscience dans des domaines aussi divers que la perception, le jugement, la science et la logique. En d'autres termes, tentons de déterminer le rapport entre l'intentionnalité et ses diverses manifestations.

Ce faisant, nous continuerons la comparaison de la phénoménologie avec la pensée scolastique. Car Husserl assume la logique traditionnelle, la critique et l'explicite intentionnellement. Nous allons poursuivre, selon les principes mêmes de Husserl, cette critique sur un point précis, la doctrine du genre et de l'espèce.

La solution la plus simple en effet à la difficulté qui nous est proposée est de concevoir l'intentionnalité comme un genre et ses manifestations comme ses espèces. Ainsi l'analyse intentionnelle dégagerait une forme commune à toutes les espèces d'intentionnalités que l'expérience quotidienne décèle. Cette forme contiendrait génériquement ses espèces, c'est-à-dire n'aurait qu'une réalité abstraite déterminée par des différences spécifiques qui en feraient soit l'intentionnalité perceptive, soit l'intentionnalité judicative, soit l'intentionnalité éthique ou esthétique : le modèle classique de ces relations est celui du genre *animal* à la différence spécifique *raisonnable* et à l'espèce *homme*.

Cette solution est en réalité impossible. L'intentionnalité ne peut se définir qu'intentionnellement. Elle ne peut soutenir avec ses diverses manifestations qu'une relation intentionnelle et non une relation générique. Certes, Husserl nous avertit qu'elle est une forme fondamentale de toute vie de conscience, et donc qu'elle est commune à toutes ses réalisations. Mais cette forme fondamentale (Grundform) n'est un genre qu'au sens du *genos* platonicien.

Le genre, tel que la logique aristotélicienne l'interprète, est une forme abstraite qui n'a d'existence réelle que dans ses espèces. Cette forme abstraite est en elle-même un pur déterminable : elle est en puissance à l'égard de ses différences déterminantes, comme la matière est en puissance à l'égard de la forme. *Genus sumitur a materia, differentia a forma.* De même donc que la matière ne fait qu'*un* avec la forme, pour constituer l'individu existant, de même le genre ne fait qu'un avec la différence spécifique pour constituer l'espèce. Par exemple, le genre *animal* et la différence *raisonnable* constituent l'espèce *homme.* Le genre contient donc en puissance l'espèce, et la relation entre genre et espèce est une relation de *détermination immanente* et d'*identification.* Inversement, l'espèce comme telle contient actuellement le genre. La relation entre genre et espèce n'est donc pas réciproque en ce sens que le premier contient en puissance la seconde et que la seconde contient actuellement le premier.

Le genre, au sens du *genos* platonicien, est au contraire un pur déterminé. Il est doué d'une existence actuelle et séparée en réalité : c'est l'idée platonicienne. Le rapport qu'il entretient avec ses modes inférieurs ne peut être un rapport de détermination immanente et d'identification, mais de dénomination extrinsèque : l'idée est une forme pure qui n'est pas en puissance à l'égard de ses modes. Pleinement actuelle, elle ne s'identifie donc pas avec eux, comme le genre avec l'espèce. Au contraire, idée et mode sont *deux*. La relation est ici une *dialectique*. L'homme participe à l'animal, mais on ne peut dire que l'homme est animal. Plutôt que d'inclusion des espèces dans les genres ou des genres dans les espèces, il vaut mieux parler de la participation des modes à leur principe exemplaire (Urmodus), du mesuré à la mesure, du multiple à l'un. La participation est donc ici une relation réciproque : l'idée participe au mode comme le mode participe à l'idée.

Les différences qui séparent l'eidos husserlien de l'idée platonicienne étant bien gardées, il en va de même pour l'intentionnalité et ses modes. L'intentionnalité prise en elle-même est une idée exemplaire qui détermine extrinsèquement ses modes particuliers. Elle ne les contient pas en puissance, et donc possède une réalité indépendante d'eux, tout en restant avec eux en relation de participation. Mais ces modes, c'est-à-dire l'intentionnalité perceptive, judicative, etc., contractent et limitent l'intentionnalité. Elles sont des réalisations imparfaites de l'idée d'intentionnalité. Pourtant, elles la contiennent intentionnellement et permettent à l'analyse intentionnelle de la dégager à l'état pur. Si l'on tient à conserver le terme d'inclusion, parlons comme Husserl non d'une inclusion réelle, mais d'une inclusion intentionnelle de l'idée dans ses modes, et vice versa des modes dans l'idée. Seule l'idée d'intentionnalité, l'intentionnalité en soi, réalise donc pleinement la notion parfaite d'intentionnalité : elle est dans toute sa latitude relation constitutive du sujet à l'objet. Husserl utilise également les notions d'évidence et de raison pour ce même effet.

Intentionnalité et existence

Ainsi distinguée du genre aristotélicien, l'idée d'intentionnalité est la forme excellente, exemplaire de la conscience, que Husserl ne conçoit pas comme une structure abstraite, mais au contraire comme une structure idéale, exemplaire et absolue. L'abstraction scolastique est remplacée par l'idéalisation (Wesenschau, Ideenschau) phénoménologique. Le genre n'est pas pour Husserl une réalité de moindre valeur que le concret existant ; il est une idée qui par la *Leistung* constitutive de la conscience est douée d'une réalité normative a priori. L'idée de l'intentionnalité est ainsi la norme exemplaire de toute vie de conscience, c'est-à-dire la forme la plus pure selon laquelle la subjectivité transcendantale puisse vivre.

C'est pourquoi, même si les modes de l'intentionnalité sont théorétiques, éthiques ou esthétiques, l'intentionnalité en elle-même n'est ni théorétique, ni éthique, ni esthétique. C'est l'affirmation capitale de la *Krisis* : la raison n'est ni théorétique, ni éthique, ni esthétique.

Nous comprendrons maintenant pourquoi il ne faut pas définir les rapports de l'intentionnalité comme telle et de ses modes comme les relations du genre et de ses espèces : l'intentionnalité considérée comme idée est le concret par excellence, l'existence même. Car, par-delà son exercice pratique ou théorique, Husserl découvre un exercice fondamental et secret de la conscience. La *Leistung* primaire et originaire de la raison est la conscience de soi, simple et identique, qui n'est en elle-même ni théorique ni pratique, mais purement existentielle. Le *Je suis* est le fait primordial.

L'acte le plus simple, donc premier et originaire, est en effet pour toute réalité d'exercer l'existence et l'unité. La conscience de soi est donc déjà un acte fondé : acte second du point de vue existentiel, acte premier du point de vue de la constitution. Car la conscience de soi est l'acte premier et originaire de la raison en tant que raison qui prend conscience de son existence et de son unité, et par là se constitue comme sens ou essence. — L'existence précède ainsi l'essence. — Tout autre acte signifiant est un acte transcendantalement fondé. *La conscience de soi n'est qu'existentiellement fondée.* C'est donc l'identité du moi avec lui-même, obscurément vécue dans l'existence, explicitée dans une conscience de soi pure de toute valeur théorique ou éthique, qui fonde pour Husserl les deux modes de l'intentionnalité et permet leur réduction à l'unité. Le *Je suis*, exprimant l'idée de l'intentionnalité, résume en un raccourci saisissant notre interprétation de la doctrine husserlienne. *L'idée de l'intentionnalité est l'exister concret même.* L'essence s'identifie à l'individuel, la philosophie des essences à la description existentielle. L'idéalisme phénoménologique est un empirisme nominaliste.

Nous avons vu plus haut la réduction husserlienne des deux intentionnalités scolastiques, du point de vue des opérations de la conscience, c'est-à-dire du point de vue des objets de celles-ci et de leur manière d'être atteints par la conscience. Nous définissons ici la réduction des deux intentionnalités scolastiques d'un point de vue, celui de l'être, qui peut être appelé métaphysique. Une exégèse superficielle rapprocherait immédiatement notre dernière conclusion de l'adage de l'Arabe Avicenne : « Ens primo cadit in intellectu », la primauté de la notion d'être étant en effet établie au terme de l'analyse analogique, ou du principe thomiste : « Tout est intelligible par l'être », ce qui n'est pas n'étant pas intelligible. En réalité, il faut voir ici une prise de position idéaliste de la phénoménologie husserlienne. La saisie de l'objet en lui-même restant *de fait* une norme à priori de l'expérience constituante, la seule existence réelle accessible à la phénoménologie est évidemment celle du moi. Moi individuel, et non plus transcendantal au sens kantien : il ne s'agit plus d'une structure idéale de la conscience en général. Ici aussi le platonisme, l'idéalisme transcendantal de Kant, est réduit à un empirisme descriptif.

Adéquation et intentions secondes

Essai de confrontation de la phénoménologie husserlienne et de la philosophie thomiste sur le point du jugement

La phénoménologie husserlienne a réintroduit dans la pensée du XXe siècle une série de notions de la philosophie classique et de la pensée scolastique médiévale, telles par exemple celles d'intentionnalité et d'adéquation. Pour éviter les assimilations et les définitions hâtives[1], il convient d'entreprendre par le détail l'étude comparée des conceptions husserlienne et scolastique. Le présent essai n'est qu'une ébauche et un fragment d'une étude véritablement gigantesque. En consultant l'œuvre d'un scolastique tel que Saint Thomas, l'historien s'aperçoit que l'intentionnalité par exemple est une notion aux applications multiples, dont la doctrine morale et la critique de la connaissance intellectuelle ne sont que deux illustrations. La complexité de la recherche, même limitée au domaine critique, s'accroît encore si l'on considère que l'intention intellectuelle se dédouble d'une part en intention de l'appréhension conceptuelle et intention du jugement, l'une et l'autre différemment réalisées, ou même absentes, selon qu'il s'agit de la connaissance divine, angélique ou humaine, et qu'elle suppose d'autre part, dans son exercice même, des intentions de raison, objets propres de la logique.

Cet essai ne prétend donc pas épuiser une matière aussi vaste; il aimerait commencer de comparer les doctrines husserlienne et scolastique du jugement. Il s'agit ici d'une recherche de première main, aussi bien la bibliographie est-elle réduite au minimum. Notre

[1] Telles, malheureusement, celles de Edith Stein, la remarquable assistante de Husserl, morte pendant la guerre. Cf. *Husserls Phänomenologie und die Philosophie des hl. Thomas von Aquino*, dans *Festschrift Ed. Husserl*, Max Niemeyer Verlag, Halle a.d. Saale 1929.

article s'appuie, du point de vue phénoménologique, sur les œuvres maîtresses de Husserl, *Ideen zu einer reinen Phänomenologie*, *Formale und transzendentale Logik*, *Die Krisis der europäischen Wissenschaften*, *Logische Untersuchungen*, *Cartesianische Meditationen*, et principalement sur *Erfahrung und Urteil*, œuvre qui décrit, selon l'expression de Husserl lui-même, la généalogie de la logique et l'origine perceptive du jugement. Il utilise de plus les résultats de notre ouvrage: *L'idée de la phénoménologie, l'exemplarisme husserlien*, Presses Universitaires de France, Paris 1958.

Du point de vue scolastique, c'est la pensée thomiste qui a été le plus utilisée, soit dans les œuvres proprement critiques de Saint Thomas (*Summa theologica*, I a p., *De Anima; De Veritate; De Potentia)*, soit dans l'œuvre de Jean de Saint Thomas (Jean Poinsot): *Ars logica*, *Philosophia naturalis*. Cette dernière source est particulièrement intéressante. Elle dégage la philosophie que suppose la synthèse thomiste, en en montrant les origines purement aristotéliciennes et en s'opposant aux déformations qu'elle a subies de la part des théologiens nominalistes, de Duns Scot à Suarèz. C'est ainsi que dans une œuvre parue en Espagne, en plein XVIIe siècle, entre 1633 et 1635, l'historien découvre la réfutation thomiste des principales thèses métaphysiques et critiques qui font le fond de la philosophie moderne. L'intérêt philosophique de cette œuvre est d'autant plus évident que Jean de Saint Thomas ne pouvait connaître la pensée cartésienne.

L'intentionnalité dans le jugement

Le jugement, exprimé dans le langage, possède selon Husserl une réalité intentionnelle. Les significations du jugement, comme telles identiques et identifiables à l'infini, visent intentionnellement un objet, plus exactement un état-de-choses (Sachverhalt). Le jugement pur et simple (blosses Urteilen) ne fait que *signifier* cet état-de-choses dans l'évidence de la distinction. Le jugement évident (evidentes Urteil) permet de saisir dans une évidence de clarté la connexion nécessaire du sujet et du prédicat sur la base de l'expérience originaire de l'état-de-choses. Certes, tout jugement n'est pas immédiatement clarifié par une expérience immédiate, mais tout jugement se réduit nécessairement à un jugement premier, dont il tire intentionnellement son sens, et qui est, lui, immédiatement clarifié par l'expérience originaire. C'est la différence de principe qui sépare le jugement universel du jugement singulier. Du point de vue phénoménologique, il y a dans tout jugement une intentionnalité à l'état-de-choses visé par la signification prédicative, et cette intentionnalité peut être directe ou indirecte, selon que le jugement vise l'objet de manière singulière ou universelle.

Cette dualité dans l'intentionnalité selon que la visée intentionnelle est directe ou indirecte doit être cependant bien distinguée de la dualité de la signification prédicative en tant que claire ou distincte. Un jugement universel peut être clair, et un jugement singulier distinct seulement, si, dans le premier cas, la réduction à l'expérience vérifiante est actuellement opérée par la conscience jugeante, et si, dans le deuxième cas, la connexion du sujet singulier et du prédicat est seulement signifiée. Le jugement clair seul est *rempli* par une expérience qui donne originairement à la conscience l'état-de-choses tel qu'il est visé par le jugement distinct. L'intentionnalité judicative se définit en termes de *contenant* et de *contenu*, plus exactement d'anticipation pré-scrivante et de remplissement vérifiant (Erfüllung). La signification prédicative anticipe la donnée originaire de l'objet jugé: elle est un état de conscience vide, potentielle, par rapport à la plénitude donnée à la conscience jugeante par la coïncidence (Deckung) de sa signification prédicative avec l'expérience actuelle du signifié. Le jugement n'est donc parfaitement achevé, il n'a atteint sa parfaite entéléchie, que lorsque la conscience jugeante s'est remplie de la donnée originaire de la chose exprimée par le jugement distinct. Cette entéléchie a un nom, la *vérité*, laquelle peut se définir, d'après ce que nous venons de voir, comme le remplissement de la conscience jugeante par la donnée de la chose même, ou, également, comme l'*adéquation de la conscience jugeante à la chose même*[2]. Ici, comme dans le cas de la perception, Husserl définit donc l'intentionnalité comme une tendance de la conscience vers la chose même (zu den Sachen selbst!).

En définissant la vérité, la phénoménologie semble donc revenir à la formule scolastique: *adaequatio rei et intellectus*[3]. De part et d'autre, il y a une confrontation de l'intelligence à la réalité. Cette

[2] E. Husserl, *Formale und transzendentale Logik* (Niemeyer Verlag, Halle a.d. Saale 1929), pp. 111, 113, 142–3.

[3] Saint Thomas, *Summa theologica*, Ia p., q. 16, a. 1.

réalité, de plus, est considérée principalement comme un existant singulier, puisque pour Husserl comme pour Saint Thomas, le jugement premier est le jugement affirmant l'existence d'une réalité singulière, et que le jugement universel n'est pas immédiatement affirmation de l'être existant actuellement. L'école thomiste admet enfin une distinction parallèle à la distinction phénoménologique entre *jugement pur et simple* (blosses Urteilen) et *jugement évident*. Sous les termes différents d'*énonciation représentée* et d'*énonciation jugée*, elle admet également que l'adéquation de l'intelligence à la réalité peut être seulement signifiée ou représentée, sans exprimer encore la vérité formellement. L'énonciation (énonciation représentée) correspond donc au jugement pur et simple, c'est-à-dire à l'union prédicative de deux termes extrêmes, et le jugement ou énonciation jugée au jugement évident, c'est-à-dire à l'affirmation de la vérité. Pour Husserl comme pour Saint Thomas, le jugement peut être considéré comme une pure signification, en elle-même ni vraie ni fausse, jouissant d'une identité objective quasi intemporelle. Pour Husserl, le jugement prédicatif comme tel est une *objectivité idéale* (Idealobjektivität), atteinte par une *intuition catégoriale*, de même que pour l'école thomiste le jugement peut être saisi dans une sorte d'appréhension complexe qui se rapproche comme telle de la première opération de l'esprit[4].

Ces similitudes pourtant ne doivent pas cacher les profondes dissemblances qui séparent la conception thomiste de la conception phénoménologique de la vérité, ou du jugement vrai. Le jugement pour Saint Thomas est vrai grâce à un acte purement intellectuel qui affirme que la chose jugée est bien telle que l'intelligence se la représente. L'intentionnalité intellectuelle thomiste est analogique, *assimilation de la forme intelligible de la chose* dans l'appréhension abstraite, aussi bien qu'*adhésion concrète à l'exister inassimilable de la chose* dans le jugement. Entre l'appréhension première et le jugement, il y a pour Saint Thomas une différence de nature, car chacun de ces actes intellectuels saisit un autre aspect spécifique de la réalité.

Au contraire, le jugement évident de Husserl est vrai parce que l'expérience actuelle du signifié vient remplir la signification de la conscience. C'est l'expérience qui garantit à la conscience sa vérité.

---

[4] Jean de Saint Thomas, *Ars logica* (2e éd., Marietti, Turin 1948), I a pars, q. 5, a. 1.

Le jugement n'est donc pas un *acte spécifique de l'intelligence*, par opposition à un acte spécifique de la connaissance sensible. Il y a une continuité intentionnelle entre le jugement et l'expérience, continuité qui n'est autre que l'expression de l'unité de la conscience. Le jugement est un *acte de la conscience*, qui ne diffère de la perception, autre acte de la conscience, que dans la mesure où il est plus explicite que celle-ci. La saisie empirique globale de l'objet (Erfassung) se continue en une explicitation (Explikation) grâce à laquelle la conscience distingue dans l'objet un aspect fondamental de substrat et de multiples déterminations «périphériques». C'est donc dans l'expérience même qu'apparaissent les *catégories logiques*, sujet et prédicat, que revêtent dans un jugement distinct les significations vides attendant d'être remplies par une vérification expérimentale[5]. Pour Husserl, le jugement évident ne représente donc que le retour de la conscience à l'expérience originaire, afin de vérifier si l'explicitation de l'objet que la conscience a opérée au sein de l'horizon perceptif et exprimée dans la prédication est bien conforme à la réalité. La vérité du jugement de ce fait est bien plutôt vérification de la vérité implicite de la perception.

L'expérience est donc intentionnellement déjà le jugement, et inversement le jugement se réduit intentionnellement à l'expérience[6]. Entre l'un et l'autre, il n'y a qu'une différence de degré et non de nature. Comme dans le cas de la perception et de l'eidos qui s'en dégage par idéation, nous nous apercevons ici que Husserl ne reconnaît pas une différence spécifique entre la connaissance intellectuelle et la connaissance sensible, mais qu'il les réduit l'une et l'autre – intentionnellement, c'est-à-dire à l'infini – à l'unité. Car le jugement, dans sa formulation prédicative, est composé d'eidos: «l'homme est bon», par exemple, est un jugement composé d'une essence «homme» et d'une essence «bon», car aucune réalité ne correspond immédiatement ni à «homme» ni à «bon». De même que l'eidos s'identifie intentionnellement à l'individu, de même le jugement s'identifie intentionnellement à la perception ou expérience originaire. Le jugement est une expérience parfaitement explicitée, exprimée eidétiquement en prédication, en attendant de se réduire

---

[5] E. Husserl, *Erfahrung und Urteil* (Claassen Verlag, Hamburg 1954), p. 112, sqq.

[6] E. Husserl, *Formale und transzendentale Logik*, p. 186.

à la limite à la pure et simple expérience. De droit, le jugement s'identifie avec l'expérience originaire, de fait il s'en distingue et tend à se remplir et à coïncider avec elle *(Erfüllung* et *Deckung).* De là découle l'affirmation husserlienne que, de droit, la réalité est telle que la conscience la connaît, c'est-à-dire que, *de droit, la connaissance exprime adéquatement la réalité telle qu'elle est, et non pas seulement telle qu'elle la connaît.*

Or c'est là une affirmation que la scolastique, la philosophie thomiste surtout, ne peut admettre. Elle pense au contraire que la réalité extramentale et l'intelligence n'ont pas la même nature, et que si l'intelligence veut connaître la réalité, elle le peut si elle transforme la réalité de façon à se la rendre assimilable. C'est ainsi que l'individu n'est assimilable que si l'intelligence, par un acte spécial, l'appréhension, en abstrait l'intelligibilité: son essence ou nature. Dans ce cas, l'intelligence reçoit en elle le connaissable en réduisant d'une certaine manière la chose à sa mesure, en l'appauvrissant, et donc en la connaissant inadéquatement. De même, l'intelligence affirme l'existence ou l'existence déterminée de telle manière, en décomposant ce qui est un dans la réalité. Le jugement ainsi saisit de manière multiple l'unité de la réalité. L'intelligence manifeste donc qu'elle ne peut exprimer le réel adéquatement tel qu'il est concrètement, mais seulement tel qu'elle le connaît[7].

Dès lors, la notion d'adéquation comporte un tout autre sens dans la doctrine scolastique et dans la doctrine husserlienne. Même si la vérité est définie par Saint Thomas comme une adéquation, cela ne signifie pas que l'intelligence dans le jugement exprime la réalité telle qu'elle est concrètement en elle-même, comme pour Husserl le jugement qui s'identifie intentionnellement à l'expérience, mais que l'intelligence, après avoir transformé la réalité à sa mesure en la connaissant, la reconstitue synthétiquement pour affirmer que ce qu'elle exprime de manière multiple et abstraite correspond bien à

---

[7] Paradoxalement, la doctrine thomiste paraît plus idéaliste que la critique phénoménologique, puisqu'elle semble atteindre le réel selon qu'elle le connaît, alors que la phénoménologie vise une parfaite adéquation de la connaissance avec la chose elle-même. En réalité, l'intelligence pour Saint Thomas atteint le réel en lui-même et le connaît en lui-même, tout en l'exprimant de manière différente de ce qu'il est concrètement. Si la connaissance thomiste est inadéquate au réel, elle connaît sa propre inadéquation, comme nous le verrons plus bas.

ce que la réalité est de manière une et concrète. L'adéquation du jugement est une adéquation de l'intelligence qui se mesure à l'être et se laisse mesurer par lui en l'affirmant. L'adéquation scolastique est une *mensuration de l'intelligence par le réel*, et non un *remplissement du jugement par le réel*, comme l'adéquation phénoménologique. La première affirme paradoxalement que l'intelligence, même en se mesurant adéquatement à l'être, est nécessairement inadéquate dans sa manière de l'exprimer. La seconde affirme que la conscience jugeante est adéquate de droit au réel, même si de fait elle ne peut que tendre vers cette adéquation à l'infini. L'adéquation scolastique suppose l'hétérogénéité de la pensée et de l'être, aussi bien que la spiritualité de l'intelligence qui pallie ce défaut. L'adéquation phénoménologique suppose l'homogénéité de la conscience et du réel, c'est-à-dire une quasi connaturalité de l'une et de l'autre, ce que laissent entrevoir les termes fréquemment utilisés de *contenant* et de *contenu*.

Il semble d'ailleurs que ces dernières expressions ne sont que de simples métaphores descriptives, incapables de définir comme telles l'acte de juger. La doctrine husserlienne est en effet très confuse sur ces points essentiels. La connaturalité qui fonde l'adéquation de la conscience et du réel permet seule d'éviter l'interprétation métaphorique des expressions rappelées ici; elle est acquise par l'époché qui réduit le réel à sa signification pure, et permet à celle-ci de remplir effectivement la conscience, car, pas plus que Saint Thomas, Husserl ne prétend que le réel ne pénètre réellement dans la conscience. Or, l'époché rend la relation de la conscience au réel inintelligible, et Husserl se voit dans l'obligation, pour combler le fossé qu'il a lui-même ouvert, d'introduire la fiction dialectique, aussi peu intelligible d'ailleurs, de l'*etc.* Le seul point clair et net reste ici que l'adéquation husserlienne n'est pas une adhésion spirituelle à l'exister réel, mais un processus dialectique infini d'approximation à l'expérience immédiate de celui-ci. L'acte d'adhésion intellectuelle de la critique thomiste est conçu désormais comme un mouvement de translation téléologique, et non plus comme un acte spirituel d'affirmation. De la doctrine thomiste du jugement, seul le nom d'*adéquation* subsiste encore.

Pourtant il semble que, si, du point de vue thomiste, l'intelligence et la réalité ne sont pas de plein pied, certains aspects de l'être peuvent être parfaitement assimilés. Une *forme*, par exemple, est essentiellement intelligible, au point que l'intelligence s'identifie spirituellement à elle. Mais elle n'est intelligible que dans la mesure où l'intelligence la rend actuellement intelligible et en fait son objet adéquat[8]. Même la connaissance de la forme, l'appréhension simple, ne correspond donc pas immédiatement au réel: elle suppose l'abstraction qui transforme et réduit la chose à la mesure de l'intelligence[9]. L'intelligence thomiste n'est donc immédiatement adéquate qu'à l'*abstrait* qu'elle se donne elle-même, elle n'est pas immédiatement adéquate au *concret*, c'est-à-dire à l'*exister* réel de la chose connue.

De même l'exister proprement dit est inassimilable pour l'intelligence: celle-ci ne peut le réduire à sa mesure, c'est-à-dire ne peut l'abstraire, sous peine de détruire la réalité même de cet exister qu'elle veut saisir. Au lieu de réduire l'exister à sa mesure comme la forme intelligible de la chose, l'intelligence se mesure à lui, en affirmant la réalité concrète de la liaison des termes de l'énonciation entre eux[10]. En ce sens, il y a certes adéquation de l'intelligence à la réalité, non une adéquation simple, comme l'appréhension de la forme intelligible, mais une adéquation complexe qui suppose nécessairement l'abstraction antérieure.

Sous quelque forme que ce soit, l'intelligence humaine reste donc du point de vue thomiste inadéquate au réel: *elle n'épuise pas en un coup la totalité du réel*, elle se dissocie en plusieurs actes complémentaires et spécifiquement distincts, car ils saisissent chacun un aspect spécifique et irréductible de l'être[11]. La connaissance opère donc en acte l'analyse analogique de l'être, car, de même que celui-ci laisse distinguer métaphysiquement un aspect formel (détermination essentielle, quidditative) et un aspect d'exercice (existence), de même la connaissance se structure selon deux opérations principales: l'appréhension de la forme et le jugement de l'exister. Et puisque l'une et

---

[8] C'est la doctrine de l'*intellect agent* (Saint Thomas, *Summa theologica*, Ia p., q. 79, a. 3; *De Anima*, a. 4).

[9] Receptum est in recipiente per modum recipientis (Saint Thomas, *Summa theologica*, Ia p., q. 84, a. 1).

[10] Pour l'école thomiste, l'être (esse) ne peut être conçu, mais seulement jugé. L'exister n'est pas une forme, mais un exercice. Concevoir l'être comme une forme, ou une idée, revient donc de ce point de vue à formaliser l'être, à essentialiser l'existence.

[11] Nous ne considérons pas ici le raisonnement, la troisième opération de l'esprit, qui ne saisit pas un aspect spécifique de l'être, mais se contente d'expliciter le savoir en reliant les vérités acquises entre elles.

l'autre opération exigent l'abstraction, on comprend facilement que le principe de l'inadéquation de l'intelligence au réel est la nécessité pour l'intelligence de s'exercer selon un mode abstractif.

Or l'abstraction suppose nécessairement une distinction de nature entre la connaissance intellectuelle et la connaissance sensible, et c'est parce que la phénoménologie rejette l'abstraction qu'elle rejette également la distinction de nature entre la connaissance intellectuelle et la connaissance sensible, et qu'elle en arrive à définir la vérité comme l'actualisation ultime de la continuité intentionnelle qui existe de droit entre l'une et l'autre. L'école thomiste rencontre pourtant, elle aussi, la difficulté de la présence du jugement dans l'expérience. Mais cette présence ne signifie pas pour elle que l'expérience s'explicite dans le jugement, qui ne serait donc que l'expérience même à son plus haut degré d'actualité. Elle signifie que, un seul acte de connaissance n'étant pas exhaustif du réel, l'intelligence elle-même contribue à l'expérience, en affirmant son objectivité. *Formellement*, *in actu signato*, selon Saint Thomas, l'intelligence et le jugement sont distincts de la sensibilité, mais *réellement*, *in actu exercito*, ils coopèrent avec celle-ci dans l'expérience. Au contraire, selon Husserl, l'unité selon l'exercice concret entraîne l'unité selon la notion (secundum rationem): le jugement est formellement, c'est-à-dire essentiellement, identique à l'expérience, dont il ne diffère qu'en degré d'explicitation. Malgré les apparences, Husserl n'admet pas une pluralité qualitative d'actes de connaissance, mais réduit les opérations distinguées formellement[12] par Saint Thomas, par exemple la sensation, l'appréhension simple, le jugement, à l'unité de la même intuition, fût-ce intentionnellement à l'infini. C'est ainsi que Husserl peut affirmer qu'à la limite la connaissance est parfaitement adéquate à la réalité et qu'elle la saisit telle qu'elle est en elle-même. La conscience n'a plus même à exprimer sa connaissance de la chose, elle n'a qu'à refléter silencieusement le réel saisi immédiatement en lui-même.

Nous retrouvons ici un aspect de la doctrine du concept[13]. La

---

[12] C'est-à-dire en raison de leur objet respectif, puisque l'acte d'une faculté est spécifié par l'objet qu'il considère.

[13] Les rapports du *concept* scolastique et du *concept* husserlien ont été présentés dans un article récent de la *Revue de Théologie et de Philosophie*, Lausanne 1960 - IV.

connaissance husserlienne n'a plus à être qualifiée d'intellectuelle. La vie de connaissance n'est pas définie par Husserl comme une vie spirituelle, ce terme en effet suppose établie une différence spécifique entre une connaissance sensible et une connaissance intellectuelle. Husserl se contente du terme de *conscience*. Celle-ci n'est pas rattachée à tel ou tel niveau de la vie de connaissance, elle n'est pas limitée non plus à la vie théorique, mais peut s'étendre également à la vie affective et amoureuse. C'est pourquoi, en concevant la connaissance comme l'acte de la conscience comme telle, Husserl en vient à définir la connaissance intellectuelle comme Saint Thomas définissait l'amour. Dans les deux cas, dans la définition de la connaissance husserlienne et dans celle de l'acte volontaire selon Saint Thomas, l'intermédiaire conceptuel est inutile: il n'y a plus expression, mais pur «face à face», et donc pure adéquation au réel.

Car pour Saint Thomas, l'intelligence est inadéquate à la réalité, dans la mesure où elle doit l'exprimer dans un concept. Puisqu'elle ne peut saisir immédiatement le réel tel qu'il est concrètement en lui-même, elle ne peut que se formuler à elle-même et en elle-même la connaissance abstractive et composée qu'elle en prend. Cette formulation est le *concept* ou *verbe intérieur*, terme de l'opération de connaissance au niveau de l'appréhension ou du jugement. Il y a en effet un verbe propre pour l'appréhension et un verbe propre pour le jugement[14].

Si Saint Thomas parle encore d'identité de l'intelligence avec l'objet connu (dans l'appréhension) et d'adéquation à l'être existant (dans le jugement), il ne s'agit pas d'une identité ni d'une adéquation réelles, mais d'une identité et d'une adéquation intentionnelles. C'est la spiritualité de l'intelligence qui rend raison de la capacité étonnante de l'intelligence de devenir l'objet connu dans l'appréhension (l'âme est d'une certaine manière toutes choses, selon Aristote), et d'exercer spirituellement dans l'affirmation l'exercice concret d'exister de la réalité même. L'intelligence en effet conçoit, c'est-à-dire engendre en elle, une similitude spirituelle de la réalité connue, qui permet son identification spirituelle avec la forme intelligée ou

---

[14] L'école thomiste, historiquement, a surtout mis l'accent sur le verbe de la première opération de l'esprit, négligeant quelque peu, dans sa critique, la doctrine du verbe de la deuxième opération. Cf. pourtant Jean de Saint Thomas, *Ars logica*, Ia p., q. 5; *Philosophia naturalis*, IVa p., q. 11, a. 2.

son adéquation spirituelle à l'exister[15]. D'elle-même, l'intelligence n'est donc pas *réellement* adéquate à la réalité connaissable – sans quoi elle n'aurait pas à acquérir sa connaissance –, elle est au contraire inadéquate à la réalité et se la rend adéquate dans une opération spéciale qui aboutit, non à la chose connaissable elle-même, mais au verbe, considéré comme une *res* dans laquelle coïncident intentionnellement le connu et le connaissant à l'intérieur même du connaissant. C'est en engendrant le verbe en elle que l'intelligence devient adéquate au réel, soit sous le mode de l'appréhension de la forme, soit sous le mode de l'affirmation proprement dite de l'exister. *L'adéquation intentionnelle de l'intelligence et du réel suppose donc leur inadéquation réelle*, et le pouvoir spirituel de l'intelligence de se rendre identique et adéquate à la réalité.

Cette conclusion, reposant sur la distinction métaphysique entre substance et accidents, refuse de considérer, comme le nominalisme que la connaissance ou la conscience, épuise la substantialité de l'intelligence[16]. Seule l'opération de connaissance intellectuelle est identique ou adéquate au réel; l'intelligence comme telle ne peut que le devenir, dans et par l'acte de concevoir ou de juger. En ce sens, l'intelligence est accidentellement identique ou adéquate au réel, et, puisque l'identité ou l'adéquation au réel sont des modes de l'intentionnalité intellectuelle, il apparaît que l'aristotélicien Saint Thomas considère l'exercice intentionnel de la connaissance comme un accident de l'intelligence, alors que le nominaliste Husserl y voit l'essence même de la conscience. Dès lors, la vérité et l'erreur, chez Husserl, cessent d'être des contradictoires pour s'identifier dialectiquement. Si l'intelligence se définit essentiellement par son opération intentionnelle, elle devient elle-même substantiellement vérité, et l'erreur se réduit à un moment dialectique de la quête de cette vérité absolue. Comme nous le verrons plus bas encore, cette théorie, où se reconnaît une des principales tendances de la pensée contemporaine, qu'elle soit hégélienne, marxiste, bergsonienne ou phénoménologique, réduit l'analyse de l'être à la description de l'exercice concret. Car, si l'erreur peut être dans certains cas concrets une étape dans l'acqui-

---

[15] Le concept est *quoddam constitutum* par l'intelligence (Saint Thomas, *De Potentia*, q. 8, a. 1; *Quodlibet* 5, q. 5, a. 9).

[16] Saint Thomas, *Summa theologica*, Ia p., q. 84, a. 3 ad 2.

sition d'une vérité nouvelle, il est clair pourtant que ce n'est pas là sa définition essentielle.

L'identité et l'adéquation intentionnelles de l'intelligence et de la réalité n'équivalent pas par conséquent à une connaissance de la réalité telle qu'elle est concrètement en elle-même, mais telle qu'elle est saisie selon les moyens dont dispose l'intelligence, c'est-à-dire l'analyse analogique de l'être en détermination quidditative et exercice existentiel. C'est ainsi qu'il faut comprendre l'étonnante affirmation thomiste, selon laquelle l'intelligence termine au *verbe*, comme à une *chose* (res) engendrée par elle pour penser l'objet[17]. L'intelligence intercale entre le réel et elle-même une «chose», très spéciale il est vrai, qui lui permet de s'identifier ou de se mesurer adéquatement au réel. Cette «chose» est en effet un *signe formel*, *signe pur*, *dont toute l'essence est de signifier* l'objet connu en lui. En terminant au verbe, l'intelligence termine donc immédiatement à la chose que le verbe exprime[18]. L'intelligence connaissante «parle», profère un verbe intérieur, qui lui donne de s'identifier ou de se mesurer au réel signifié. Il ne s'agit pas d'une expression externe, vocale, mais intellectuelle, spirituelle, de la *species expressa*, qui formule, dans l'immanence de l'intelligence, les connaissances que celle-ci prend des différents aspects irréductibles de l'être.

Pour Husserl, au contraire, la connaissance aboutit de droit à une pure présence de la chose à la conscience ou à une pure présence de la conscience à la chose. L'intentionnalité au sens husserlien s'est elle-même transcendée: l'itinéraire intentionnel est parcouru, la tendance est arrivée à son terme, il y a plénitude de présence. De

---

[17] Saint Thomas, *De Veritate*, q. 4, a. 2; cf. la réponse à la septième objection.

[18] Jean de Saint Thomas, *Ars logica*, IIa pars, q. 21 sqq. Le réalisme de la connaissance thomiste est donc, malgré les apparences, immédiat et actuel, grâce à la vitalité spirituelle de l'intelligence. *La chose connue est la forme même de l'intelligence*: forma autem intellectus est res intellecta (Saint Thomas, *De Potentia*, q. 8, a. 1). L'intentionnel intellectuel thomiste est, non une tendance, c'est-à-dire une actualisation progressive de l'intelligence, mais une identité actuelle grâce à l'intention de connaissance qui permet l'identité spirituelle de l'intelligé et de l'intelligent. Réalisme actuel et immédiat qui suppose l'information spirituelle de l'intelligence par l'objet grâce à la similitude intentionnelle de celui-ci engendrée par l'intelligence, réalisme intentionnel, *qui n'a de commun avec le réalisme intentionnel de Husserl que le nom*, comme nous l'avons vu à propos du jugement.

même, l'intentionnalité au sens thomiste est dépassée. Il n'y a pas expression intellectuelle, mais affrontement immédiat de la conscience et de la chose. L'époché a purifié la conscience des intermédiaires de toute espèce (eidos, connexion prédicative d'eidos) qui lui masquaient la chose, et révèle à la conscience son adéquation essentielle à celle-ci. *L'adéquation husserlienne de la conscience à l'être se veut en effet une adéquation réelle*, et n'a que faire d'une adéquation intentionnelle par le moyen d'un verbe conçu dans l'intelligence. De ce point de vue apparaît de nouveau le caractère platonisant de la pensée phénoménologique. La connaissance, bien plus qu'une intentionnalité progressive, notion communément acceptée par les phénoménologues d'aujourd'hui, bien plus qu'une identité ou une adéquation intentionnelles par un verbe signifiant au sens thomiste, est purification de soi (katharsis). C'est au terme d'une réflexion sur soi que la conscience s'aperçoit qu'elle est réellement adéquate à l'objet[19]. Si de fait elle ne l'est pas, l'époché lui apprend que de droit elle l'est. La pensée phénoménologique est en effet une pensée dialectique qui résorbe les intermédiaires dont elle use, dans la présence immédiate de l'objet, par opposition à la pensée thomiste qui ne peut saisir le réel que *dans* un verbe spécialement conçu à cet effet. La connaissance phénoménologique, comme l'amour de Saint Thomas, est une *opération* qui aboutit, non pas à une *res* intermédiaire, intentionnellement significative de la chose, mais à la chose immédiatement[20]. S'il y a expression, il ne peut s'agir désormais d'une expression conceptuelle immanente, mais d'une expression extérieure, vocale. Le problème de la signification, problème d'intelligence selon Saint Thomas, se déplace, et devient exclusivement problème de langage dans la phénoménologie. C'est le langage, et non plus l'intelligence,

---

[19] Nous retrouvons aussi un aspect de l'aperception kantienne, l'aperception transcendantale étant à la fois conscience de soi et aperception de l'objet. Cf. notre étude: *La conscience transcendantale dans le criticisme kantien, Essai sur l'unité d'aperception*, Aubier, 1958, Paris.

[20] Du point de vue où nous nous situons maintenant, le texte cité de Saint Thomas, *De Veritate*, q. 4, a. 2, ad 7, est particulièrement éclairant: il définit le verbe de la connaissance comme une *res procedens ab intellectu*, et l'amour comme une *operatio procedens a voluntate*. C'est par cette *res* qu'est connu immédiatement l'objet: le verbe est un *medium quo res cognoscitur*, Saint Thomas, *Quodlibet* 7, q. 1, a. 1.

selon Husserl, qui signifie et exprime: l'intelligence «contemple»[21]. Mais puisque le langage humain, tel qu'il est parlé, est nécessairement lié à un statut abstractif et compositif, il cesse d'être lié intimement à la pensée. Sa signification devient, pour le phénoménologue, inadéquate à la pensée, et par conséquent à la chose que cette pensée «contemple» adéquatement, alors qu'au contraire la pensée pour l'école thomiste est réellement inadéquate à la chose, bien qu'adéquatement exprimée par le langage. La phénoménologie se voit obligée de créer un nouveau langage, soit en s'inspirant du langage mythique propre à la dialectique platonicienne ou à l'image bergsonienne[22], soit en créant une nouvelle logique, conçue exclusivement comme une logique du langage, c'est-à-dire comme une sorte de grammaire spéculative, et non plus comme une logique de l'intelli-

---

[21] Indépendamment de tout concept: ce qui revient à définir toute connaissance soit comme une connaissance sensible, soit comme une connaissance mystique. Cf. article cité.

[22] Le mythe n'a qu'une valeur d'illustration pour Platon, puisque le conceptualisme absolu de celui-ci lui permet d'admettre l'adéquation réelle entre le verbe intérieur et l'idée. Au contraire, l'image chez Bergson est un procédé de méthode. Rejetant l'intelligence abstractive, Bergson ne peut sans contradiction exprimer en termes statiques une réalité fluente saisie dynamiquement et adéquatement par l'intuition. Il reste cependant que l'image est exprimée dans un langage humain qui suppose l'abstraction et la composition prédicative. – Il est curieux de constater que l'intelligence n'est considérée par ces deux auteurs que dans ce que l'école thomiste appelle la première opération de l'esprit, là pour être érigée en une intuition absolue et unique, ici pour être jugée inadéquate au réel et rejetée au profit d'une intuition «biologique». Par conséquent, le jugement se définit dans la pensée platonicienne comme une intuition complexe de la relation de deux idées, et reste, dans le système bergsonien, bien que constamment utilisé, totalement inexpliqué. Une philosophie telle celle de Bergson en effet en arrive nécessairement à se contenter d'une «naïveté critique» qui recourt à un langage non clarifié critiquement, admis pourtant par une simple convention pratique. Il en va de même pour les philosophies de l'être absolu et du devenir absolu. Le Platon du *Sophiste* savait bien que le jugement est tout aussi impossible chez un Parménide que chez un Héraclite. Et pourtant Parménide comme Héraclite parlaient et écrivaient la même langue que Platon. La méthode de l'image bergsonienne, comme la méthode de l'*etc.* husserlien, réduisent le langage à un simple véhicule approximatif de la pensée. Elles représentent une tentative d'escamoter la difficulté critique, parce qu'elles réduisent la connaissance à une saisie intuitive, de droit inexprimable dans le langage où pourtant elle s'exprime de fait.

gence[23]. Nous retrouvons ici un aspect du nominalisme husserlien, qui réduit d'une part le verbe intérieur à la pure présence de la chose, et d'autre part l'expression conceptuelle à l'expression vocale.

L'intentionnalité husserlienne et les intentions secondes scolastiques

La conséquence directe des doctrines exposées plus haut est l'absence de toute intention seconde dans la connaissance phénoménologique. L'intentionnalité scolastique est abstraite, et de ce fait inadéquate au réel concret. Elle n'est cependant pas dupe de son inadéquation et peut la penser d'une certaine manière. C'est ainsi qu'en considérant la nature abstraite à partir de l'individuel, l'intelligence pour Saint Thomas constitue une forme de pensée, l'*universel*, qui lui permet de penser le rapport de l'essence abstraite aux individus dont elle est abstraite. L'universel est ainsi une *intention seconde*, qui naît de la considération abstraite de l'intelligence, afin de pallier, dans la connaissance actuelle, *in actu exercito*, son inadéquation au réel, et de lui permettre de connaître celle-ci, *in actu signato*, dans la réflexion logique. De même, dans le jugement, l'intelligence pense des termes qui sont un dans la réalité. Elle les considère nécessairement sous une forme abstraite, tout en les composant pourtant afin de les mesurer à l'être concret dont ils sont tirés. Cette composition est possible à condition que l'intelligence constitue des formes de pensée qui permettent d'unir sur le plan logique ce qui est un et identique dans l'être réel. Ces formes sont les intentions secondes de *sujet* et de *prédicat*, qui ici également permettent à l'intelligence de mesurer son inadéquation à la réalité[24].

---

[23] Cette entreprise a commencé d'être réalisée par J.-Claude Piguet, *De l'esthétique à la métaphysique*, Phaenomenologica 3, Nijhoff, La Haye 1959. Elle présente le très grand mérite de refuser la solution de facilité, l'utilisation pratique du langage considéré comme simple véhicule approximatif de la pensée (cf. note précédente). Elle recherche au contraire un langage parfaitement adéquat à la pensée. De ce point de vue, elle s'écarte tant de Husserl que de Bergson, pour rejoindre Aristote ou Saint Thomas. Mais en prétendant, comme Husserl et Bergson, à une connaissance pure de tout concept, immédiatement adéquate au réel, elle s'oppose à Aristote et à Saint Thomas, et aboutit vraisemblablement à une forme nouvelle de nominalisme, originale en ce qu'elle admet, contrairement au nominalisme historique d'Occam, un *langage naturellement signifiant*.

[24] Il y a d'autres intentions secondes du jugement, soit du point de vue des termes proprement dits, comme la supposition, l'ampliation, etc., soit

Les intentions secondes ne sont pas pour l'école thomiste des êtres réels, mais des *êtres de raison*, feints en quelque sorte (ficta). Elles sont l'effet propre de la connaissance abstraite. L'universalité n'est pas une relation réelle, mais une relation de raison entre la nature et les individus singuliers, du fait de l'abstraction de la première à partir des seconds[25]. De même, les intentions secondes de sujet et de prédicat ne sont pas des relations réelles, mais des relations de raison qui naissent de la considération abstraite de certains termes, un dans l'être réel et composés logiquement[26]. Ces intentions secondes du jugement ne sont donc pas impliquées déjà dans l'expérience. Elles sont des formes logiques de l'intelligence, et non des structures réelles de la perception. Certes, elles ont un fondement dans la réalité. Elles ne sont pas absolument «feintes», elles sont des *entia rationis ratiocinatae*, et non des *entia rationis ratiocinantis*, comme la chimère[27]. Ainsi l'universel est fondé de manière lointaine sur la nature même, non parce que celle-ci est universelle en puissance, mais parce qu'elle est une détermination formelle indivise en chaque individu. De même, la fonction de sujet est fondée ultimement sur la chose elle-même en tant qu'elle a un aspect plus fondamental que les déterminations secondes. C'est cependant la connaissance abstraite et compositive qui est le fondement prochain de ces diverses intentions de raison. Nécessaires à l'intelligence humaine, elles sont impliquées dans tout acte intellectuel dans la mesure où celui-ci est spécifiquement distinct de la connaissance sensible et donc nécessairement abstrait. C'est l'analyse de la connaissance intellectuelle qui les révèle, et non l'explicitation de la saisie perceptive (Explikation). Pourtant, en

---

du point de vue de la proposition elle-même, comme l'opposition, la conversion, etc. De même, l'intention seconde de l'appréhension se divise en genre, espèce, différence spécifique, propre et accident, c'est-à-dire les cinq prédicables de Porphyre.

[25] Si du point de vue aristotélicien déjà, les idées platoniciennes sont le résultat de la réification d'un concept (intention première réelle), la participation platonicienne est la réification d'une relation de raison (intention seconde de la première opération de l'esprit).

[26] D'une manière générale tout être de raison est soit négation ou privation, soit relation de raison. La relation étant le seul prédicament dont la notion puisse se réaliser véritablement dans l'être de raison également. Il n'y a donc pas de substance, ni de qualité de raison par exemple (Jean de Saint Thomas, *Ars logica*, 287 a 10 et 581 a 38).

[27] C'est d'ailleurs un mauvais exemple, puisqu'il s'agit d'une image.

tant que relations de raison, elles ne sont pas connues dans l'acte même de connaissance objective, mais de manière seconde (en intention seconde), lorsque l'intelligence réfléchit sur les moyens et les conditions de son savoir. De même donc qu'à l'intention première, qui est la connaissance proprement dite de la chose, correspond d'une part la *métaphysique*, science de l'être, et d'autre part la *critique*, science de la connaissance de l'être, de même à l'intention seconde, qui est le moyen nécessaire de la connaissance abstraite de la chose, correspond une discipline propre, la *logique*.

Au contraire, chez Husserl, de même qu'il n'y a qu'une différence de degré entre la perception et le jugement, de même les intentions de sujet et de prédicat sont des structures de l'expérience perceptive elle-même, parfaitement explicitée pourtant dans la logique du jugement. Sujet et prédicat ne sont donc pas des intentions secondes, des êtres de raison, mais des aspects réels de l'objet donnés dans l'explicitation de la perception. Ils sont des êtres de première intention, explicités immédiatement dans l'analyse de l'acte de connaissance. Par conséquent les formes logiques du jugement sont des thèmes nécessaires non de la logique, mais de la critique de la connaissance. Et comme elles explicitent la fonction constitutive du sujet transcendantal même, la critique elle-même se fonde sur une métaphysique du moi. C'est la *logique transcendantale*, c'est-à-dire la *phénoménologie eidétique*, qui résume en une seule doctrine ces trois aspects que la pensée scolastique, particulièrement celle de Saint Thomas, distinguait soigneusement.

A vrai dire, la doctrine des intentions secondes n'est même pas mentionnée par Husserl. Celui-ci ne semble pas savoir que la logique scolastique se définit par son objet formel, les intentions secondes, c'est-à-dire les formes de raison constituées par l'intelligence afin de pouvoir même penser. La «logique traditionnelle» dont parle Husserl dans *Formale und transzendentale Logik*, comparée à la logique aristotélicienne et thomiste historique, n'est en fait qu'un très maigre résidu[28]. Le silence d'un auteur sur un point de doctrine ne signifie

---

[28] Husserl n'y voit qu'une logique du jugement d'une part, et d'autre part qu'une logique de la vérité possible, donc une logique normative. Alors que la logique authentiquement aristotélicienne et thomiste traite des trois opérations de l'esprit, appréhension, jugement, raisonnement, et se définit comme une science théorique, spéculative pure, possédant un mode artistique (régulateur). Le jugement erroné que Husserl porte sur la «logique

pas cependant que la doctrine en question soit rejetée. Ainsi en va-t-il peut-être de l'intention seconde en phénoménologie husserlienne. Jamais Husserl ne parle d'intention seconde. Il définit pourtant, dans la théorie du jugement, les fonctions de sujet et de prédicat, comme des *Sinnesformen*, des *formes de signification*[29], et laisse ainsi supposer que, de même qu'il reprend la notion d'intentionnalité au sens de connaissance de... (intention première), de même il reprend la notion d'intention seconde. L'analogie est en effet fort tentante. Il faut pourtant remarquer ce qui suit.

Jamais ailleurs que dans la doctrine du jugement, Husserl ne fait allusion à des formes de signification, qui pourraient être rapprochées des intentions secondes scolastiques. Dans la théorie de l'eidos, Husserl ne conçoit en effet pas que l'universalité puisse être une pure relation de raison. Pour lui, l'essence est en elle-même universelle, car l'idéation fait *voir* ce qu'elle est en elle-même. Au contraire l'école thomiste insiste fort sur ce que l'essence, la nature, n'est ni singulière ni universelle par elle-même[30], qu'elle est universelle accidentellement, de par l'acte de connaissance abstraite de l'intelligence[31]. Il y a certainement de ce point de vue un *platonisme husserlien*,

---

traditionnelle» est d'autant plus étonnant que Husserl tente lui-même de montrer que la logique objective est spéculative (nomologique) et que seule la logique transcendantale est essentiellement normative. Ce serait une intéressante étude que de montrer l'origine de l'indéracinable lieu commun selon lequel la logique est essentiellement régulatrice. Il y a certainement là une influence platonisante qui réduit la *forme* à la *norme*.

[29] E. Husserl, *Erfahrung und Urteil*, p. 127.

[30] Au point qu'elle est quasi impossible à concevoir (Jean de Saint Thomas, *Ars logica*, 354 a 49 – 354 b 6). Ce passage nous intéresse particulièrement, car il montre quel intérêt comporte du point de vue thomiste la méthode phénoménologique. Le réel selon la phénoménologie ne peut être pensé en dehors de ses modes de donnée. De même la nature comme telle n'est donnée que sous l'état de singularité ou d'universalité. Penser la nature comme telle est quasi impossible du point de vue psychologique ou logique, mais non du point de vue métaphysique. Jean de Saint Thomas illustre ainsi l'émergence nécessaire du point de vue métaphysique au-dessus du point de vue phénoménologique-descriptif, critique et logique, en même temps qu'il souligne le caractère non intuitif, nécessairement abstractif, de toute métaphysique aristotélicienne, par opposition à la pensée platonicienne.

[31] Aussi bien l'universalité est-elle un accident de raison de la nature, selon l'école thomiste. Cf. Jean de Saint Thomas, *Ars logica*, IIa p., 318b 31, *passim*.

bien éloigné du platonisme académique que reprochaient à Husserl ses accusateurs empiristes, platonisme non métaphysique, mais «critique», l'acte de connaissance de l'idéation saisissant l'eidos comme *une* nature *universelle*, immédiatement, dans une intuition directe et non dans une abstraction[32]. La connaissance husserlienne ne nécessite donc nullement l'intention seconde d'universalité.

Une connaissance intuitive est en effet nécessairement adéquate au réel, et n'a que faire des intentions secondes, des formes logiques, pour saisir son objet. C'est ainsi que pour Saint Thomas, la connaissance divine et angélique présente un caractère concret qui rend inutiles les intentions secondes. La première exclut même toute espèce d'intentionnalité, puisqu'elle s'identifie actuellement, comme Parménide l'avait bien vu déjà, à la substance divine. La seconde, tout en étant intentionnelle, c'est-à-dire puissance d'objet, est immédiatement actualisée par une connaissance infuse, adéquate, qui n'a pas besoin non plus d'intention seconde. De même, la sensation, l'amour volontaire, impliquent une intentionnalité première qui, pour atteindre l'objet en lui-même, n'usent pas d'intentions secondes, lesquelles marquent, répétons-le encore une fois, une inadéquation, une médiateté de principe dans la saisie de l'objet.

On comprend ainsi que la connaissance phénoménologique, dans la mesure où elle tend à être intuitive, rejette l'intention seconde, aussi bien dans le cas de l'eidos qui intentionnellement s'identifie à l'être singulier, que dans le cas du jugement qui intentionnellement s'identifie à la perception pleinement explicitée. Sujet et prédicat ne peuvent donc être compris comme des intentions secondes. Ils représentent au contraire des structures objectives de la chose explicitées par le jugement à partir de l'expérience. De même que l'idéation dégage l'eidos, c'est-à-dire le *quid essentiel et absolu* de la chose, de même le jugement, au sein de l'horizon intérieur de la chose, dégage des *aspects relatifs*, comme celui de fondement ou substrat et ceux de déterminations secondaires ou propriétés. De même donc que la

---

[32] Ce platonisme «critique» trouve sa source dans la théorie de Duns Scot, selon laquelle la nature comme telle est en elle-même positivement une, *ex natura rei*, alors que, pour l'école thomiste, elle n'est que négativement une, étant en elle-même simplement indivise, puis accidentellement conçue sous le statut d'universalité (Jean de Saint Thomas, *Ars logica*, IIa pars, q. 3, a. 3 et 6).

conscience idéante est immédiatement adéquate à l'eidos, de même le jugement est immédiatement adéquat à la chose en tant qu'explicitée dans ses aspects relatifs. Autrement dit, Husserl, après avoir rejeté la nécessité pour la conscience d'exprimer conceptuellement le réel, rejette la distinction d'un ordre logique et d'un ordre réel ou métaphysique.

Pour comprendre comment chez Husserl l'ordre logique du jugement peut être parfaitement adéquat à l'ordre métaphysique du réel, c'est-à-dire pourquoi l'analogie entre les *Sinnesformen* husserliennes et les intentions secondes du jugement thomiste n'est qu'apparente, il faut préciser un peu mieux la doctrine thomiste du jugement et distinguer entre jugement nécessaire et jugement accidentel.

Pour l'école thomiste, il est certain que la connaissance intellectuelle, et le jugement en particulier, use d'un ordre logique qui n'est pas le parallèle parfait de l'ordre de l'être. Ainsi dans un jugement nécessaire tel que: «l'homme est un animal», l'ordre logique des termes ne suit l'ordre métaphysique des choses signifiées par les termes que du point de vue existentiel. De ce point de vue, l'homme est le suppôt de l'animalité, de même que le terme «homme» est le sujet de son prédicat essentiel «animal». Mais du point de vue essentiel, l'ordre logique du jugement est l'inverse de l'ordre métaphysique. Ainsi, logiquement, le sujet déterminé est le terme «homme» et le prédicat déterminant le terme «animal», alors que métaphysiquement le sujet déterminé est la nature animale et le déterminant la nature humaine, puisque l'espèce est dans le genre et le détermine. «Homme» reçoit donc dans le jugement un caractère de sujet qu'il n'a pas absolument dans la réalité: du point de vue existentiel, il est suppôt de «animal», mais, du point de vue essentiel, il est compris dans «animal». Il en va de même pour le prédicat qui reçoit un caractère qu'il n'a pas absolument dans la réalité. De toute façon, même du point de vue existentiel, le parallèle entre l'ordre logique du jugement et l'ordre métaphysique des choses ne signifie pas une adéquation, parfaite de l'un à l'autre, ni un «décalque» exact qui permettrait à l'un de «refléter» parfaitement l'autre. La fonction de sujet de la nature humaine dans l'être réel et l'intention seconde de sujet que revêt cette nature humaine dans l'ordre logique du jugement ne sont pas identiques. Celle-ci correspond à celle-là dans la mesure où l'intelligence pense abstraitement la nature humaine en relation de raison avec ses déterminations.

L'intention seconde de sujet n'a donc d'existence que logiquement dans le jugement posé par l'intelligence.

Dans un jugement accidentel au contraire, l'ordre logique semble le parallèle parfait de l'ordre métaphysique. Ainsi dans le jugement: «l'homme est blond», le sujet de la proposition signifie dans la réalité une substance «homme», et le prédicat signifie une détermination accidentelle «blond». Or le prédicat inhère logiquement au sujet, comme l'accident inhère métaphysiquement à la substance. Il peut paraître donc que l'ordre logique décalque exactement l'ordre métaphysique. Il semble que la fonction de sujet logique de la proposition ne fait qu'exprimer la fonction de suppôt de l'individu «homme», et que la fonction de prédicat revêtue par la détermination accidentelle «blond» ne fait qu'exprimer la fonction de cette détermination comme accident métaphysique d'un substrat individuel. La pensée logique apparaît comme un miroir non déformant de la réalité. Le jugement accidentel est un jugement purement existentiel, qui ne comporte pas comme le jugement nécessaire un aspect essentiel, parce qu'il n'exprime pas la connexion formelle de deux termes, mais la *dénomination* d'un sujet individuel. Aussi bien n'use-t-il apparemment pas d'intentions secondes.

En réalité, le jugement accidentel use d'intentions secondes tout comme le jugement nécessaire. Il faut répéter ici ce que nous venons de dire: la fonction de sujet individuel de «homme» dans l'être réel et l'intention seconde que revêt l'individu «homme» dans le jugement ne sont pas identiques. Dans le jugement, la fonction de sujet de la proposition n'a qu'un être logique et ne correspond qu'à une relation de raison, constituée par le jugement même, entre l'aspect fondamental de l'individu «homme», abstraitement considéré, et ses déterminations secondaires. C'est donc, ici comme dans le cas du jugement nécessaire, la considération abstractive de l'intelligence qui dissocie l'unité concrète de l'homme blond en ses divers aspects, fondamental et accidentels, pour les composer à nouveau grâce à des formes logiques constituées à cet effet par le jugement. Même si l'intention seconde de sujet est fondée ultimement sur le suppôt individuel, il n'en reste pas moins que son fondement prochain et nécessaire est l'acte de l'intelligence.

Une intelligence intuitive ne peut ni n'a besoin de faire ces distinctions subtiles: pour elle le jugement se réduit à une intuition complexe ou à une expérience explicitée. Par exemple, pour Platon, le jugement n'est que l'intuition de la participation des idées entre elles[33], et pour Husserl il n'est que l'explicitation de la perception, comme nous l'avons vu. L'ordre logique du jugement décalque donc adéquatement l'ordre métaphysique des choses. Ici, de nouveau, la notion d'*adaequatio rei et intellectus* peut être interprétée réellement.

Ce qui est vrai d'ailleurs du jugement accidentel se vérifie également du jugement nécessaire. La connaissance phénoménologique considère que dans un jugement nécessaire la conscience jugeante est adéquate à l'ordre de l'être réel. Cela revient à concevoir le jugement d'un point de vue exclusivement existentiel, puisque c'est du point de vue existentiel seul que la fonction de sujet logique revêtue par le terme «homme», par exemple, peut être définie apparemment comme l'expression adéquate de la fonction de suppôt métaphysique exercée par la substance «homme». Ne considérant que l'aspect existentiel du jugement, la phénoménologie est nécessairement amenée à réduire tout acte de connaissance à une intuition ou à une expérience immédiate, non seulement pourtant à ramener tout acte de connaissance à l'expérience comme à sa source première, ce qu'un penseur aristotélicien accorde volontiers, mais encore à identifier intentionnellement l'acte du jugement, par exemple, à l'expérience originaire. Car comme nous l'avons vu, Husserl pense que l'unité selon l'exercice entraîne une identité formelle selon la notion, cette identité ne fût-elle que dialectique. De même donc que l'eidos se réduit intentionnellement à l'individu, et le jugement à l'expérience concrète immédiate, de même la philosophie des essences husserliennes se réduit intentionnellement à un nominalisme empirique que nous pouvons désormais définir comme un *existentialisme*.

De ce point de vue, la phénoménologie s'oppose au platonisme comme s'opposent les contraires dans un même genre. L'une et

[33] Il faut prendre cette affirmation à la lettre, car la participation est elle-même une idée, l'idée du mouvement selon le *Sophiste*. Le jugement ne peut donc pas se définir comme l'identification de deux termes entre eux grâce à la copule «est», qui exprime l'identité métaphysique de l'être, mais il se définit comme la relation des idées entre elles, saisie immédiatement par l'âme intuitive. Pour Platon comme pour Husserl, différemment il est vrai, le jugement diffère de l'intuition simple en degré seulement. De droit, l'intuition d'une seule idée implique la saisie intuitive et immédiate de toutes les idées. La dialectique des cinq genres du *Sophiste*, seul exemple donné par Platon de dialectique descendante, illustre bien cette nécessaire involution des idées.

l'autre conçoivent le jugement comme une intuition immédiate explicitée ou complexe, qui, du point de vue thomiste, correspond à une *énonciation représentée incluant l'affirmation de l'exister*, mais l'une réduit l'ordre essentiel, eidétique, à l'ordre existentiel, individuel, et l'autre ramène l'ordre existentiel à l'ordre essentiel, séparé, puisque l'être même, au sens concret d'exister, est une idée-forme pour Platon. C'est pourquoi d'une manière ou d'une autre, phénoménologie et platonisme admettent une connaissance intuitive, exhaustive et unique du réel: l'intuition, qui n'use pas d'intentions secondes, parce qu'elle est immédiate et nécessairement adéquate et qu'elle n'est pas abstraite. Phénoménologie et platonisme sont l'une et l'autre des doctrines synthétiques, qui n'ont que faire de l'analyse, particulièrement de l'analyse de l'être en essence et en existence, le concret étant nécessairement et simultanément telle essence existant réellement.

Conclusion: connaissance et amour
Analogie thomiste et téléologie husserlienne

L'étonnante dialectique intentionnelle, découverte à propos de l'analyse du concept husserlien[34], se vérifie à nouveau dans le cas du jugement: le jugement est un intermédiaire eidétique destiné lui aussi à faire place intentionnellement à une expérience immédiate et réellement adéquate[35]. La connaissance ne connaît de droit que dans un seul acte, pure «contemplation» au-delà de tout moyen conceptuel. Le principal bénéfice de l'époché doit être, pour le phénoménologue, ce pur dévoilement de l'être même, devant une conscience silencieuse. La connaissance renonce donc pour Husserl à toute phase d'assimilation. Certes, par ce terme, un Saint Thomas ne comprend pas une absorption de l'objet par le sujet, mais une

---

[34] Cf. article cité.

[35] Deux témoignages contemporains confirment cette conclusion, de manière d'autant plus intéressante qu'il s'agit d'auteurs partis de préoccupations bien différentes: «il n'y a connaissance que dans une communauté du jugeant et du jugé poussée si loin que le jugement devienne inutile» (André Mercier, *De l'amour et de l'être*, p. 120, Nauvelaerts, Louvain 1960). «Tout se passe comme si la série des jugements portés sur tous les aspects de l'œuvre, à tous les points de vue, cédait le pas à la compréhension intuitive» (J.-Claude Piguet, *De l'esthétique à la métaphysique*, p. 109, Nijhoff, La Haye, Phaenomenologica 3, 1960).

identification spirituelle de l'intelligence à l'objet par le moyen d'une similitude intentionnelle (species expressa). Or on ne saurait dire que la conscience phénoménologique contienne une «représentation» quelconque de l'objet connu. La conscience ne signifie pas l'objet, elle ne le pense pas davantage: elle est, selon les expressions descriptives et métaphoriques usitées de nos jours, écoute silencieuse, néant tendu vers l'être.

Si le phénoménologue maintient encore la notion d'intentionnalité, il se voit obligé de la concevoir comme une expérience affective pure, comme un amour volontaire. Loin de renouer avec la critique intellectuelle thomiste, Husserl assume à sa manière la notion d'intentionnalité morale, telle qu'elle est exprimée dans l'éthique thomiste, pour la transposer directement dans sa propre critique de la connaissance.

L'amour selon Saint Thomas renonce en effet à posséder le bien aimé, de même que la connaissance phénoménologique refuse tout intermédiaire qui pourrait «représenter» subjectivement l'objet connu. L'amour selon Saint Thomas communie à la présence de l'aimé dans un «face à face» silencieux, de même que la connaissance phénoménologique dépasse le langage abstrait pour goûter immédiatement l'ipséité de l'objet. L'amour selon Saint Thomas renonce à forcer en une quelconque manière le bien à l'aimer, lui demandant au contraire une pure spontanéité amoureuse en retour de son amour même, de même que la connaissance phénoménologique renonce à questionner l'objet, se tait en suspendant son langage interrogateur dans l'époché, pour laisser parler l'objet lui-même en toute liberté. Enfin, l'amour selon Saint Thomas comme la connaissance phénoménologique se définissent comme une opération, pur jaillissement de l'âme, qui ne peut terminer qu'à la chose même, et non à une «chose» que la conscience produirait elle-même pour s'assimiler à l'objet connaissable[36].

Pourtant il faut restreindre notre conclusion sur un point important. Husserl ne connaît pas Saint Thomas, il ne peut donc, en toute rigueur de termes, lui «reprendre» sa doctrine de l'intentionnalité morale. S'il aboutit à confondre la connaissance avec l'amour, c'est qu'il traite d'une manière différente – contestable – une distinction qui lui est commune avec Saint Thomas. Celui-ci, en effet, comme

---

[36] Cf. texte cité de Saint Thomas, *De Veritate*, q. 4, a. 2 ad 7.

toute l'école aristotélicienne, distingue entre le point de vue de l'*analyse* et le point de vue de l'*exercice*, en affirmant l'analogie des causes formelle, efficiente et finale. Du point de vue de l'exercice, la connaissance est une approche du réel, qui considère la possession de l'objet, la vérité comme une fin, c'est-à-dire comme un bien aimé[37]. Il est clair que cette approche peut s'égarer et subir ce que Husserl appelle des *Hemmungen*[38]. Il s'agit cependant ici du *comment* de l'acte de connaître et non de son *constitutif formel*. Au contraire, la critique thomiste, en définissant la connaissance comme une identité spirituelle de l'intelligence et de l'objet au niveau de l'appréhension, et comme une adhésion intentionnelle de l'intelligence à l'exister au niveau du jugement, s'attache à dégager *ce qu'est* l'acte de connaître. D'une manière bien grossière, on peut dire que Saint Thomas, en décrivant l'exercice de la connaissance, décrit l'*existence concrète* de l'acte de connaître et qu'en définissant le verbe de l'appréhension et du jugement, il analyse l'*essence* de l'acte de connaître. Il apparaît donc que la phénoménologie se préoccupe exclusivement de l'existence concrète de la connaissance et non de son «essence». Elle vise en effet à décrire la manière concrète que toute réalité a d'apparaître, et en particulier le mode subjectif de donnée de la connaissance. Ainsi, la critique de la phénoménologie, du point de vue thomiste même, aboutit à définir la pensée de Husserl comme elle se définit elle-même[39]. Ce recoupement doctrinal garantit d'une part la vérité de notre interprétation et d'autre part permet d'expliciter l'*existentialisme nécessaire de la phénoménologie*.

Cette dernière conclusion n'infirme pas cependant les prétentions «essentialistes» de la pensée husserlienne, car l'essence soutient un rapport bien différent avec l'existence dans la phénoménologie husserlienne et dans la pensée thomiste. Alors que pour Saint Thomas l'essence et l'existence sont analogiquement proportionnelles, de même que leurs principes propres, les causes formelle, efficiente et finale, l'essence est pour Husserl le terme ultime de l'explicitation de l'existence. C'est l'existence pleinement épanouie qui définit pour Husserl l'essence, l'ipséité d'une chose étant la totalité de sa manifestation concrète – l'existence précédant l'essence. Par là l'essence

---

[37] Saint Thomas, *Summa theologica*, I a p., q. 82, a. 4 ad 1.

[38] *Erfahrung und Urteil*, p. 93.

[39] *Krisis*, § 38; *Ideen*, I, §§ 136 sq.; *Formale und transzendentale Logik*, § 59.

husserlienne se définit comme le terme univoque de l'existence[40], et l'affirmation du τί ἐστιν ne répond plus à une interrogation de l'analyse philosophique, mais reçoit sa pleine valeur d'une description empirique exhaustive. Aussi bien le concept se résorbe-t-il intentionnellement dans l'expérience de l'individu, et le jugement dans la présence originaire de la chose.

Mais comme la description empirique est une dialectique infinie, l'essence ne peut être atteinte en elle-même, sinon à l'infini, sous la forme anticipée d'une idée a priori et normative. Ainsi s'explique critiquement pourquoi la problématique phénoménologique, qui de droit est purement existentielle et donc téléologique, aboutit de fait à une théorie des idées a priori, conçues comme les structures normatives de l'expérience constitutive; ainsi s'explique pourquoi le «finalisme» husserlien se formalise nécessairement en «exemplarisme» transcendantal, pourquoi la connaissance husserlienne, qui de droit se veut amour, se définit de fait dans le cadre d'une dialectique eidétique. Si l'on maintient, comme Husserl lui-même, la distinction entre la manifestation et la norme idéale de la connaissance, il est légitime de considérer un point de vue phénoménologique-descriptif et un point de vue phénoménologique-transcendantal, c'est-à-dire une dialectique empirique et une logique transcendantale. Dans le cas contraire, le point de vue descriptif l'emporte, et l'idéalisme, maintenu de fait par Husserl, disparaît au profit d'un empirisme de principe[41]. Il n'est que de considérer la pensée contemporaine: dans son ensemble, elle affirme l'importance exclusive du concret existant, reprochant à la pensée thomiste d'avoir totalement négligé ce point de vue.

Ce reproche est, selon ce que nous avons vu ici, injustifié. Il exprime cependant le légitime refus d'une essence conçue comme la totalité univoque de l'existence. La philosophie aristotélicienne et thomiste est en effet une pensée soucieuse de connaître *ce qu'est ce qui est.* Elle aura donc deux dimensions, l'une d'analyse, structurée selon la cause formelle, et l'autre existentielle, structurée selon les causes efficiente et finale. Elle s'oppose donc sur ce point à la dialectique husserlienne, qui identifie intentionnellement (à l'infini) existence et essence, aussi bien qu'à la dialectique descriptive des phénoméno-

---

[40] «Mon essence est ce que j'ai été», Sartre, *L'être et le néant*, p. 527.

[41] C'est la conclusion de notre ouvrage cité.

logues contemporains, qui ne se soucient que des manifestations empiriques, des purs phénomènes, et qu'aux ontologismes affectifs ou métaphysiques, tels ceux d'un G. Marcel ou d'un M. Heidegger. C'est pourquoi elle affirme la nécessité inconditionnelle du concept, du verbe mental de l'appréhension ou du jugement, que tous les courants contemporains, lointains échos d'Occam, s'accordent à rejeter.

Or les idées philosophiques ont leur nécessité impérative: à force de nier la connaissance conceptuelle, on en vient tôt ou tard à nier toute connaissance intellectuelle proprement dite. La phénoménologie husserlienne ne peut éviter cet aboutissement: la philosophie contemporaine d'un Heidegger, d'un Merleau-Ponty, d'un Marcel l'atteste. Car une connaissance non conceptuelle peut se justifier dans le cadre d'une «théologie» parménidienne, qui admettrait une sorte de «révélation» naturelle de l'être à la conscience, soit fonder un nouvel empirisme, soit se confondre avec la connaissance affective propre à l'amour. Ce bref rappel des mouvements phénoménologiques contemporains confirme de manière frappante les premières conclusions de la confrontation historique entre la scolastique thomiste et la pensée husserlienne.

Epoché – Malin Génie – Théologie de la toute-puissance divine Le concept objectif sans objet Recherche d'une structure de pensée

L'origine scolastique et aristotélicienne de la notion d'intentionnalité a été souvent évoquée, même si elle n'a pas été systématiquement étudiée. Ce qui est beaucoup moins connu, c'est l'étonnante similitude qui rapproche, par delà la notion kantienne du phénomène et le Malin Génie cartésien, la conception husserlienne de l'époché de la théologie occamiste de la toute-puissance divine.

L'époché: intention doctrinale et méthode de fait chez Husserl

L'époché, dans l'acception courante du terme, suspend le jugement de la conscience à l'égard de l'objet considéré dans sa réalité et son existence propres. Non pas que l'évidence que la connaissance humaine peut atteindre apparaisse soudain problématique et douteuse; mais parce que l'ambition de Husserl est ici de mettre en évidence, par une méthode appropriée, les processus concrets de la constitution subjective du sens objectif. Or, l'intérêt de l'attitude naturelle étant principalement un intérêt de vie pratique et immédiate, il arrache la conscience à elle-même, la disperse dans l'attention utilitaire aux choses, en un mot l'aliène. Pour se retrouver elle-même, la conscience doit rompre la relation immédiate et contraignante qu'elle entretient avec le monde de la vie (Lebenswelt), rentrer en elle-même, et, par une réduction transcendantale, s'apparaître à elle-même comme la source constitutive originaire de l'objet en tout sens possible.

Ce mouvement de réflexion phénoménologique, la conscience l'inaugure par un acte spécial, qui est l'époché, par lequel elle cesse d'adhérer à la réalité évidente du monde et d'opérer le jugement positionnel constitutif du sens d'être de celui-ci. Aucune instance extérieure ne force cependant la conscience à suspendre son jugement ni à mettre entre parenthèses la valeur objective de la chose qui lui fait face: l'époché est une initiative libre et volontaire de la démarche phénoménologique réflexive. L'existence du monde, l'évidence de sa vérité, dans la mesure où elle est légitime, ne sont donc pas entamées; l'époché n'implique aucun jugement de valeur quant à la position naturelle du monde, elle est un artifice de la méthode réflexive. A tel point que l'ambition de Husserl n'est autre que de retrouver, au terme de sa démarche, ce monde même dans la plénitude de son sens enfin motivé et clarifié. Ce que l'attitude naturelle vit naïvement, c'est-à-dire pré-critiquement, ce que l'époché suspend initialement, le phénoménologue tend à le comprendre, tel qu'il est dans son originale réalité, en le rattachant à sa source originelle et en en vivant naturellement le sens naturel dans l'époché, selon l'étonnante formule de *Die Krisis der europäischen Wissenschaften*.

A vrai dire, les notions d'époché et de réduction ne sont pas toujours bien clairement définies dans l'esprit des lecteurs de Husserl. De fait, Husserl établit entre elles deux relations distinctes, l'une d'identité et l'autre de consécution, selon que dans ses différentes œuvres, il considère différemment la notion centrale de sa phénoménologie, l'intentionnalité. Il n'est pas exagéré de dire en effet que l'œuvre entière de Husserl consiste à élucider l'intentionnalité de la conscience à tous les niveaux et dans tous les domaines où elle peut s'exercer: perception, science de la nature, science de l'âme, logique, etc. Et comme l'intentionnalité est un mouvement de la conscience qui peut être considéré de deux points de vue distincts, à savoir progressivement du sujet à l'objet, et réflexivement de l'objet au sujet, il ne faut pas s'étonner de voir Husserl la décrire, dans deux groupes d'œuvres capitales, selon les deux dimensions qu'elle peut présenter à l'analyse. Ainsi, dans *Ideen zu einer reinen Phänomenologie*, I, et dans *Cartesianische Meditationen*, il suit un point de vue phénoménologique-transcendantal, selon lequel, partant immédiatement de la conscience vivante dévoilée, il montre comment celle-ci constitue, à travers la diversité de son vécu hylétique, l'unité du sens noèmatique. Dans *Die Krisis der europäischen Wissenschaften* et dans *Formale und transzendentale Logik* au contraire, il suit un point de vue phénoménologique-descriptif, selon lequel, partant de la description de l'objet de l'expérience réduite, il remonte, étape par étape, du noème à la noèse et de la noèse à l'*ego*[1]. *Ideen*, I, et *Cartesianische Meditationen* montrent ainsi l'élaboration constitutive du sens de l'objet originaire, l'objet perçu, dans la subjectivité transcendantale, entreprise qui se poursuit dans *Erfahrung und Urteil* par une «généalogie de la logique» à partir du monde originairement vécu. Rien n'empêchait Husserl, une fois lancé dans cette voie, de prolonger son effort et de montrer comment, du sein même de l'expérience primitive de la *Lebenswelt*, se constitue le sens des sciences exactes, de l'esthétique, de l'éthique par exemple. S'il ne l'a pas fait, ou ne l'a fait que partiellement, en montrant d'un point de vue formel comment les «actes» de la conscience peuvent se fonder mutuellement (*Logische Untersuchungen* et *Ideen*), il ne faut pas conclure à une véritable lacune, car c'est d'un autre point de vue, dans la *Krisis*, qu'il étudie comment l'édifice hautement idéalisé des sciences physiques par exemple, suppose l'expérience primitive de la *Lebenswelt*, et repose sur le fait premier (Urtatsache) de la subjectivité vivante. Partant de l'expérience réduite (historique) de la science, Husserl suit ici l'intentionnalité constitutive jusqu'au moi premier, et parcourt réflexivement par conséquent un chemin qu'il aurait pu parcourir progressivement en prolongeant la démarche d'*Ideen*, I, et de *Cartesianische Meditationen*. C'est de la seule logique que Husserl nous a laissé deux analyses distinctes selon la double structure de l'intentionnalité: *Erfahrung und Urteil* élucide en effet constitutivement la genèse de la logique à partir de l'expérience perceptive originaire; *Formale und transzendentale Logik* critique la logique constituée, en remontant de sa forme traditionnelle – pleinement explicitée d'après Husserl dans sa propre logique formelle objective – au présupposé constitutif premier, l'évidence de l'expérience perceptive. La critique qu'expose donc de la logique *Erfahrung und Urteil* selon le point de vue phénoménologique-transcendantal, *Formale und transzendentale Logik* l'expose selon le point de vue phénoménologique-descriptif. De même,

[1] La double structure de l'intentionnalité husserlienne est explicitée dans MURALT, *L'idée de la phénoménologie, l'exemplarisme husserlien*, Presses Universitaires de France, 1958. – Les rapports entre la phénoménologie et la scolastique ont été esquissés, à propos du concept, du jugement, de la logique, de l'ontologie, dans divers articles: *L'élaboration husserlienne de la notion d'intentionnalité*, Revue de Théol. et de Phil., Lausanne, 1960–4; *Adéquation et intentions secondes*, Studia philosophica, Bâle, 1960; *Prudence, art, logique*, Stud. phil., Bâle, 1961; *Le fondement d'intelligibilité de la logique*, Stud. phil., Bâle, 1962; *Comment dire l'être?* Stud. phil., Bâle, 1963, en vue d'un ouvrage général sur l'*histoire de la notion d'intentionnalité*, actuellement en préparation.

la critique qu'exposent *Ideen*, I, et *Cartesianische Meditationen* de la perception selon le premier point de vue, la *Krisis* l'expose selon le deuxième point de vue, après avoir montré comment la science elle-même repose sur la perception immédiate de la *Lebenswelt.*

Or, tant le point de vue phénoménologique-transcendantal de *Ideen*, I, *Cartesianische Meditationen*, *Erfahrung und Urteil*, que le point de vue phénoménologique-descriptif de la *Krisis* et de *Formale und transzendentale Logik*, débutent par l'époché, mais celle-ci n'a pas la même valeur dans les deux dimensions. Dans *Ideen*, I, et dans *Cartesianische Meditationen*, l'époché est identiquement réduction transcendantale: la suspension du jugement met aussitôt en évidence la subjectivité constitutive, que Husserl pour cette raison présente comme un «résidu» qui demeure après la réduction[2]. Si donc le point de départ dialectique est bien ici l'attitude naturelle, la mise entre parenthèses de celle-ci révèle en le sujet constituant le point de départ effectif de la démarche phénoménologique-transcendantale. Au contraire, dans la *Krisis* et *Formale und transzendentale Logik*, la mise entre parenthèses de l'attitude naturelle par l'époché, révèle non pas le sujet pur immédiatement ni même ses actes de représentation (noèses), mais le contenu représentatif de ceux-ci, les noèmes du sujet, que ceux-ci appartiennent à l'activité scientifique hautement élaborée ou à l'activité perceptive élémentaire du moi. L'époché étant une suspension du jugement, c'est la relation immédiate au réel existant qu'elle lève, pour ne garder du jugement que son énoncé représentatif. L'objet n'est donc plus considéré purement et simplement en tant que réel, c'est-à-dire en tant que terme réel de mon intérêt pratique de connaissance et de vie, mais en tant que visé: il n'est plus la *vermeinte Gegenständlichkeit schlechthin*, mais la *vermeinte Gegenständlichkeit als solche*[3]. Et

[2] *Ideen zu einer reinen Phänomenologie*, I, Nijhoff, La Haye, 1950, § 33.

[3] *Formale und transzendentale Logik*, Niemeyer Verlag, Halle a. d. Saale, 1929, p. 117. Cette distinction qui permet de thématiser non seulement un substrat objectif, une propriété, un état-de-choses, mais aussi un *substrat visé en tant que visé* (vermeintes Substrat als vermeintes), etc., un *jugé comme tel* (ein Geurteiltes als solches) n'est pas une réflexion qui dégage l'action même de juger (*ibid.*, ce qui serait le propre de la méthode de *Ideen*, I, et de *Cart. Med.*), mais une objectivité (Gegenständlichkeit) qui est un pur visé (Vermeintheit, *Form. transz. Logik*, p. 118). Ce type d'objet appartient à la région des sens (Sinne) ou des significations (Bedeutungen, *ibid.*). La distinction entre *vermeinte Gegenständlichkeit schlechthin* et *vermeinte Gegenständlichkeit als solche* est absolue (*Log. Untersuch.*, II a, Niemeyer Verlag, Halle a. d. Saale, 4e éd., 1928, p. 222;

comme le noème est nécessairement contenu représentatif d'une noèse, l'époché se continue en une réduction proprement dite du noème à la noèse, et de la noèse à l'*ego*. Dans la *Krisis* et *Formale und transzendentale Logik* par conséquent, l'époché se contente d'inaugurer la réduction transcendantale sans s'identifier à elle. La démarche commence dialectiquement et effectivement par l'époché de la *Lebenswelt*, c'est-à-dire la mise en évidence des noèmes de la conscience, et se continue par la thématisation des noèses puis de l'*ego*.

Aussi bien Husserl avoue-t-il préférer l'analyse intentionnelle selon la dimension phénoménologique-descriptive, en raison de son caractère «naturel» et «progressif» dans la réflexion. Il critique l'analyse intentionnelle selon le point de vue phénoménologique-transcendantal, en lui reprochant d'être trop abrupte et de donner l'illusion dangereuse d'une conscience-résidu, vide de tout contenu noématique. Au contraire, la conscience, même dans l'époché, est pleine de sens, de noèmes constitués, c'est-à-dire, pour employer une autre expression de Husserl, de phénomènes transcendantaux – dont l'analyse réflexive selon le point de vue phénoménologique-descriptif aura à rendre compte. L'époché et la réduction étant une analyse transcendantale, la conscience ne saurait, à aucun moment, vivre sans les sens, sans les noèmes, sans les phénomènes qui la remplissent. La théorie de la conscience-résidu n'échappe pas à l'illusion «cartésienne» d'un sujet conçu comme une «substance pensante» et comme une puissance capable d'exister sans les actes et les objets qui lui confèrent sa signification[4]. Selon Husserl lui-même, il faut donc conclure que l'époché est dévoilement du contenu noématique de la conscience, bien plutôt que révélation de la conscience constituante.

En effet, il y a dans l'époché une réflexion analogue à celle qui porte la logique scolastique, de l'être d'intention première à l'être d'intention seconde. Pourtant, au lieu d'être, comme l'enseigne la logique scolastique, la forme logique pure et vide dans laquelle le

---

Erfahrung und Urteil, Claassen Verlag, Hamburg, 1954, p. 325), dernière (*Form. transz. Logik*, p. 117); elle correspond, mutatis mutandis, à la distinction de l'être-conscience et de l'être-réalité (*Ideen*, I, §§ 42, 44, 46) ou à celle de l'*Ideal-Objektivität* des configurations logiques par rapport à la *Gegenständlichkeit* de la chose (*Form. transz. Logik*, p. 31, 71; cf. Muralt, *op. cit.*, § 22).

[4] Cf. *Die Krisis der europäischen Wissenschaften*, Nijhoff, La Haye, 1954, §§ 16, 43. – Aristote n'admet pas davantage un état de la puissance cognitive où celle-ci vivrait sans ses actes, cf. *Mét.*, H, 6, 1046 b 16.

réel est pensé (forme du genre et de l'espèce pour le concept, du sujet et du prédicat pour la proposition, etc.)[5], l'objet visé en tant que visé de Husserl n'est pas une structure logique, mais un contenu de pensée, un *pensé pur*, *ein blosses Gedachte*, détaché méthodologiquement par l'époché de son terme réel, c'est-à-dire de l'objet réel qu'il pense et auquel il renvoie représentativement dans l'attitude naturelle: en un mot, c'est un *contenu intentionnel dont la relation intentionnelle à l'objet visé par lui est levée*, un *pur pensé qui n'est plus, de par l'époché, du réel pensé*, bref un *concept objectif sans objet*.

Or, la relation du noème à l'objet, exprimée jusqu'ici en termes d'intentionnalité, peut aussi être exprimée en termes de phénomène et d'être, puisque Husserl utilise lui-même le terme de phénomène pour désigner le contenu noématique de la conscience[6]. Le noème est en effet le mode objectif qu'a le réel d'apparaître à la conscience: c'est dans le noème que l'objet se donne à la conscience. Le noème est donc le *phénomène de l'être*, c'est-à-dire l'*être même apparaissant* à la conscience[7]. Le propre de l'époché ici est donc de séparer l'être de son apparaître à la conscience, comme elle sépare le noème de l'objet, c'est-à-dire le *pensé* du *réel pensé*. Non pas que le noème n'intentionne pas naturellement l'objet, ou que le phénomène ne soit pas naturellement l'être même apparaissant; non pas davantage que la relation qui relie le noème à l'objet soit considérée comme sujette à caution, mais parce qu'il s'agit de révéler comment le noème jaillit constitutivement de la noèse correspondante, comment le sujet à qui apparaît l'être, conditionne à priori le phénomène de celui-ci. L'opération qui sépare ainsi le *pensé* du *réel pensé* et l'*apparaissant* de l'*être apparaissant*, qui isole donc un pur pensé et un phénomène pur, ne peut résulter par conséquent que d'une initiative volontaire et libre de la démarche phénoménologique, elle n'est que provisoire et n'a d'autre but que de montrer comment effectivement et en droit se réalise l'*intentionnalité directe de la conscience à son objet*, c'est-à-dire l'*apparaître de l'être à la conscience*. Pour

---

[5] Cf. par ex. JEAN DE SAINT THOMAS, *Cursus philosophicus*, *Ars logica*, Marietti, Turin, 1948, IIa p., q. 1, a. 3; q. 2, 3.

[6] *Krisis*, p. 155.

[7] Il faut ici distinguer le mode objectif et le mode subjectif de l'objet dans la conscience. Le premier est l'apparaître de la chose selon la structure objective de son *comment* (Wie) *noématique*; le second est l'apparaître de la chose selon le comment de ses modes de donné subjective (*Ideen*, I, §§ 131, 132; *Krisis*, § 38; MURALT, *op. cit.*, p. 270 sq.).

s'en convaincre, il faut relire, à propos de l'intentionnalité de la conscience à l'objet, les passages de Husserl qui traite du remplissement de la conscience par l'ipséité de l'objet même (*Logische Untersuchungen*, II b; *Erfahrung und Urteil*), la quatrième section des *Ideen*, I, qui traite de l'évidence et de la vérité, et, pour ce qui est de l'identité de l'être et de l'apparaître, la critique adressée à la distinction cartésienne et empiriste des qualités premières et des qualités secondes[8]. De même que la conscience visant l'objet, l'atteint lui-même au terme de la visée intentionnelle dans la plénitude de son sens, de même donc que la vérité et l'évidence sont essentiellement possibles, de même la qualité seconde, présumée subjective par la tradition philosophique cartésienne, par opposition à la qualité première, seule réelle et seule objet de la science objective, s'avère être de fait l'apparaître même de l'être. Il n'y a aucun doute sur ces deux points: Husserl affirme aussi bien l'intentionnalité naturelle de la conscience à l'objet, que l'identité réelle du phénomène et de l'être. Les deux affirmations sont corrélatives, exprimant l'une et l'autre l'intention réaliste de l'œuvre husserlienne. Et pourtant méthodologiquement, Husserl, par l'époché, isole le noème de son objet, le *pensé* du *réel pensé*, et le phénomène de l'être, l'*apparaissant* de l'*être même apparaissant*. Ici aussi, Husserl distingue l'idée de sa réalisation, comme il nous le montre d'une manière générale dans son exemplarisme phénoménologique: du point de vue de son intention doctrinale, du point de l'«idée de la phénoménologie», Husserl tend à rejoindre l'aristotélisme et la tradition scolastique aristotélicienne; du point de vue de sa méthode de fait, au contraire, il participe d'un tout autre esprit qui, par delà Kant et Descartes, nous ramène à la théologie de la toute-puissance divine de Guillaume d'Occam.

Aristote: l'identité intentionnelle du sujet et de l'objet et le réalisme philosophique

En effet, Aristote admet que l'intellect reçoit la forme de l'objet indépendamment de la matière de celui-ci[9]. Cette forme, immergée dans le sensible, voit son intelligibilité actualisée par l'abstraction de l'intellect agent, et, tout en restant forme de l'objet, devient forme de

---

[8] *Ideen*, I, §§ 40, 52, trad. fr. p. 465; *Krisis*, § 9.

[9] Cf. pour le sens *De anima*, II, 12, 424 b 2; III, 2, 425 b 23; pour l'intellect, *De an.*, III, 4, 429 a 15; *Mét.*, Λ, 7, 1072 b 20.

l'intellect en actualisant celui-ci: l'acte de l'intelligible est donc le même que l'acte de l'intelligent, et l'intellection réalise l'identité de l'un et de l'autre[10]. Certes, il ne s'agit pas d'une identité réelle. Car ce n'est pas la pierre qui est dans l'âme, mais l'εἶδος de la pierre[11], et encore, l'εἶδος de la pierre, indépendamment du mode matériel de son exercice concret[12]. Le sujet intelligent devenant l'autre en tant qu'autre, devient certes semblable à l'objet, mais non pas selon une altération physique qui l'assimilerait réellement à lui, comme le feu communique sa chaleur à l'eau, mais selon une altération qui développe ses virtualités propres et actualise sa propre perfection[13]: l'objet, par le truchement de sa forme devenue intelligible, rend le sujet intelligent semblable à lui, et, du même coup, parfait dans son ordre propre de puissance cognitive[14]. La connaissance est donc une opération purement immanente qui perfectionne le sujet sans l'altérer, mais en l'achevant selon son être propre. L'identité de l'intellect et de l'objet intelligé est donc non pas réelle, mais intentionnelle, terme qu'Aristote évidemment n'utilise pas encore, mais dont il rend l'idée par l'adverbe souvent employé πως: l'âme est *d'une certaine manière* toutes choses[15]. Cette identité cependant n'est qu'une identité entitative, réelle ou existentielle, car la notion de l'intellect en acte et la notion de l'intelligé en acte sont autres: leur λόγος respectif est autre, et leur distinction non réelle, mais de raison seulement, fonde une diversité de sciences philosophiques: l'intellect et son acte sont objets de la philosophie de la nature vivante, en particulier de la psychologie, l'intelligible et son acte, de la critique de la connaissance[16].

---

[10] Cf. pour le sens, *De an.*, III, 2, 425 b 26; 426 a 20; 8, 431 b 22; pour l'intellect, *De an.*, III, 4, 429 b 6; 430 a 3, 20; 7, 431 a 1; 431 b 12–17; 8, 431 b 21; en général, *Phys.*, III, 3, 202 a 18.

[11] *De an.*, III, 8, 431 b 28; cf. I, 5, 410 a 10.

[12] *De an.*, II, 12, 424 a 18 sq.; III, 2, 425 b 23.

[13] *De an.*, II, 5, 417 b 2 sq. La connaissance est le «salut» (σωτηρία) du sujet connaissant.

[14] *De an.*, II, 5, 417 a 20; 418 a 3; 11, 424 a 1. La forme intelligible fait passer l'intellect à l'entéléchie, *De an.*, II, 5, 417 b 5.

[15] *De an.*, III, 8, 431 b 21. Cf. III, 4, 429 b 30; 8, 431 b 22. De même, la conjonction ὡς, *De an.*, III, 2, 425 b 22; 426 a 27.

[16] *De an.*, II, 12, 424 a 25; III, 2, 425 b 26, 426 a 11; en général, *Phys.*, III, 3, 202 a 13 sq., Ces textes, et d'autres semblables, sont à l'origine de la célèbre doctrine, si mal comprise la plupart du temps, de la distinction des réalités qui sont *idem subjecto* (ταὐτὸ τῷ ὑποκειμένῳ) et *aliud ratione* (selon la raison formelle de leur être, λόγῳ, τῷ εἶναι, et pour la pensée, τῇ νοήσει, *Phys.*, IV, 13,

Cette doctrine, à la fois simple et subtile, a été considérablement amplifiée et développée par la scolastique aristotélicienne, en ce qui concerne principalement la distinction entre *species* impresses et expresses d'une part, et d'autre part la distinction entre conception et adhésion judicative. Quelqu'importante que soit l'évolution doctrinale d'Aristote à la tradition scolastique aristotélicienne, il n'en demeure pas moins qu'une dissociation de l'intellect en acte et de l'intelligé en acte au sein même de l'intellection est inconcevable pour Aristote comme pour la scolastique, et même qu'elle n'a aucun sens acceptable. L'intellect en acte connaît l'objet dans la mesure où il est informé actuellement et intentionnellement par la forme de celui-ci; l'identité de l'intelligent en acte et de l'intelligé en acte implique que l'intelligé est aussi bien la forme de l'objet en tant qu'informant intentionnellement l'intelligent, que la forme de l'objet en tant que spécifiant formellement la chose réellement existante[17]. Il est donc simplement impossible de concevoir en aristotélisme que l'intelligé ne soit pas identiquement le réel même intelligé. Impossible et absurde, car contradictoire, puisque la forme en tant que spécifiant réellement la chose existante, et la forme en tant qu'informant intentionnellement la puissance intelligente, est la même quant à la notion, même si elle est distincte quant à son sujet immédiat, c'est-à-dire quant à son mode d'exister: elle existe abstraite, c'est-à-dire spirituelle et universalisée dans l'intelligent, et concrète, c'est-à-dire individuelle et matérielle dans la chose[18]. Bref, il est impossible de concevoir une connaissance qui ne soit pas naturellement la connaissance de l'objet en tant que réel.

La même doctrine peut être également exprimée en termes d'être et d'apparaître. Car la forme en tant qu'informant intentionnellement l'intellect peut être considérée légitimement comme l'apparaître de

222 a 16): *distinctio rationis ratiocinatae*, cf. Jean de Saint Thomas, *Ars logica*, II a p., q. 2, a. 3.

[17] «Forma autem intellectus est res intellecta», S. Thomas, *De potentia Dei*, q. 8, a. 1; cf. *Sum. theol.*, I, q. 85, a. 2, ad 1. Il faut en effet distinguer en aristotélisme scolastique l'information réelle de l'intellect par le concept, et l'information intentionnelle de l'intellect par l'objet lui-même, la première étant accidentelle, la seconde, essentielle, *per se* (Jean de Saint Thomas, *Phil. nat.*, IVa p., q. 4, a. 1, 102 b sq.. La réduction de la seconde information à la première permettra logiquement de souscrire à la thèse occamiste d'une connaissance objective sans objet (Suarez, *De anima*, III, chap. 2, no 26).

[18] S. Thomas, *Quaest. de anima*, a. 18; *Summ. theol.*, I, q. 84, 1.

la chose, c'est-à-dire comme l'être apparaissant, et la forme en tant qu'elle spécifie formellement la chose existante peut donc être envisagée de son côté comme l'être même qui apparaît à l'intellect dans la connaissance. L'être en tant qu'être et l'être en tant qu'apparaissant est par conséquent le même; en tout cas du point de vue entitatif et existentiel, il est la même réalité identiquement. Pour la pensée (τῇ νοήσει), il est évident que la notion d'être en tant que réel, et la notion d'être en tant qu'apparaissant, diffèrent: ce sont là deux objets formels distincts, qui s'identifient dans un même objet matériel, et spécifient deux sciences différentes, l'être en tant qu'être étant l'objet de la métaphysique, et l'être en tant qu'apparaissant étant l'objet de la critique, et, toutes proportions gardées, de la logique[19]. Mais à aucun moment, il ne peut y avoir d'apparaître qui ne soit apparaître de l'être. Seul l'être apparaît selon Aristote, ce qui suppose évidemment que l'être est dit selon plusieurs significations[20], puisqu'il est aussi bien l'être immobile, objet de la science éléatique, que l'être mobile, fuyant et instable, objet de l'opinion sophistique. Si donc il n'y a pas de distinction réelle entre l'être et le phénomène, mais une simple distinction de notion (distinctio rationis ratiocinatae tantum), pas plus qu'il n'y a de distinction réelle entre l'intellect en acte et l'intelligé en acte, il ne peut pas davantage exister un phénomène pur d'un être qui n'apparaîtrait pas, pas plus qu'il ne peut exister un représenté pur qui ne soit du réel représenté. Plus qu'un abus de langage, cette conception kantienne semblerait à Aristote une contradiction dans les termes.

Le lecteur objectera sans doute que le mot φαινόμενον, le verbe φαίνεσθαι, sont employés dans le langage aristotélicien pour exprimer ce qui s'oppose à l'être réel, à la vérité. Aristote ainsi distingue le bien réel du bien apparent, qui n'est pas réel[21], la sagesse apparente des sophistes de la sagesse réelle du philosophe[22], et, d'une manière générale, la tradition éléatique a coutume d'opposer l'être à l'apparaître comme l'être au non-être. Cela est vrai, mais néglige l'ambi-

[19] Cf. note 16. – On obtient ainsi en aristotélisme, la distinction suivante des disciplines nécessaires pour élucider pleinement l'acte du connaître: l'intellect et son opération relèvent de la psychologie, philosophie de la nature vivante; l'intelligible et son acte d'intelligé, c'est-à-dire l'apparaître de l'objet, relèvent de la critique; l'intelligible, c'est-à-dire l'être, en tant qu'être, relève de la métaphysique.

[20] *Mét.*, Z, 1, 1028 a 10; E, 4, 1028 a 5; *De anima*, I, 5, 410 a 13.

[21] *Phys.*, II, 3, 195 a 26; *Mét.*, Δ, 2, 1013 b 28.

[22] *Soph. elench.*, 11, 171 b 28; *Mét.*, Γ, 2, 1004 b 19.

valence des termes φαινόμενον et φαίνεσθαι. Seul *quelque chose* apparaît; à moins de sombrer dans les apories cyniques, on ne peut dire que l'apparaître apparaît. Ce «quelque chose», Aristote le nomme donc être, et entend par là aussi bien l'immobile que le mobile. C'est donc toujours un être qui apparaît, mais il peut apparaître à un sujet plus ou moins bien disposé à le percevoir, et donc paraître plus ou moins vrai[23], auquel cas l'être qui apparaît peut être accueilli comme incertain ou douteux, donc comme objet d'opinion. Mais si les conditions d'une saisie attentive sont réunies, il n'y a aucune raison de ne pas admettre l'objectivité, c'est-à-dire l'être de ce qui apparaît, d'autant plus que le sens est infaillible quant à son objet propre[24] et l'intellect par rapport aux indivisibles sans matière[25]. Dès lors, le φαινόμενον, c'est le manifeste, l'évident, soit pour les sens soit pour l'intellect. L'objet même de la science physique est ce qui apparaît proprement selon la sensation[26]. Il ne faut en aucun cas par conséquent faire violence à ce qui apparaît[27], si l'on veut pouvoir rendre compte des phénomènes[28], puisqu'il semble que la raison témoigne pour le phénomène et les phénomènes pour la raison[29]. Ce qui apparaît est donc le critère de la vérité dans les sciences de la nature[30]; vouloir savoir si tout est immobile, par le raisonnement, au mépris de la sensation, est faiblesse d'esprit[31]: l'expérience de ce qui apparaît est la seule digne de foi[32]. La conviction d'Aristote est si nette sur ce point qu'il en vient, par une extension extrême des termes, à présenter la φαντασία comme l'expérience elle-même[33]. Toutes ces affirmations supposent donc bien évidemment l'identité réelle, indissociable, de l'être et du phénomène.

---

[23] *De an.*, III, 3, 428 a 13–15, y compris la parenthèse rejetée par Tricot et mal lue par D. Ross.

[24] *De an.*, II, 6, 418 a 12; III, 3, 427 b 12; 6, 430 b 29.

[25] *De an.*, III, 3, 428 a 17; 6, 430 a 26; 430 b 27; 10, 433 a 26; *Post. An.*, II, 19, 100 b 5; *Mét.*, Θ, 10, 1051 b 25.

[26] *De coelo*, III, 7, 306 a 17.

[27] *Morale à Eudème*, VII, 2, 1236 b 22, texte qui fait comprendre que le verbe δοκεῖ également doit être pris en deux sens, ce que l'usage constant d'Aristote confirme évidemment; cf. *De gen. et corr.*, I, 1, 315 a 4.

[28] *Mét.*, Λ, 8, 1073 b 36.

[29] *De coelo*, I, 3, 270 b 4.

[30] Cf. *Phys.*, III, 5, 204 b 35.

[31] *Phys.*, VIII, 3, 253 b 32.

[32] *Phys.*, VIII, 3, 254 a 35.

[33] *De an.*, I, 1, 402 b 23.

Il s'avère donc que l'intention du sujet connaissant à l'objet est conçue comme naturelle par Aristote comme par Husserl, même si ce dernier ne reprend pas telle quelle la doctrine de l'identité intentionnelle de l'objet et du sujet dans le connaître, et que d'autre part l'un et l'autre auteur affirment l'identité réelle de l'apparaître et de l'être. Pour comprendre comment l'époché méthodologique de Husserl peut prétendre dissocier librement ce qui est naturellement uni, le noème et l'objet, le phénomène et l'être, il faut cesser d'interroger la tradition scolastique aristotélicienne et remonter tout d'abord à la problématique kantienne.

La *Critique de la Raison pure* ignore tout d'une information intentionnelle du sujet connaissant par l'objet connu. Et pour cause, puisque la connaissance est en fait pour Kant le résultat de l'information réelle[34] d'un donné matériel indifférencié par une catégorie à priori. La notion du phénomène au contraire est familière au kantisme; elle est élaborée dans la distinction célèbre du phénomène et du noumène[35]. Le phénomène est ce qui est connu sur la base du remplissement des formes vides de la conscience; le noumène est ce qui est simplement pensé «à vide» par l'ensemble des catégories pures qui, à elles toutes, constituent aussi bien le sujet transcendantal que l'objet transcendantal[36]. Le noumène, situé «en dehors» de la conscience, est pensé comme une chose en soi, dans la mesure où, non connu, il est non relatif au sujet, doctrine qui introduit une relation réelle de l'objet connu au sujet connaissant, là où la scolastique voyait avec raison une simple dénomination de raison extrinsèque. Le noumène cependant est nécessaire à la connaissance, en tant qu'il suscite dans le sujet le donné multiple que celui-ci organise en connaissance objective au gré de ses concepts purs: le noumène est donc la cause efficiente du phénomène. Du coup, il s'avère impossible que le phénomène soit le phénomène de l'être en soi, puisqu'il n'est plus l'être apparaissant, mais l'effet de l'être. Si Kant peut parler de représentation, il ne peut plus s'agir de la représentation d'un objet transcendant, puisque l'identité réelle, la

---

[34] Réelle, car purement immanente, le donné de sensation subjectif étant informé par le concept pur de l'entendement.

[35] Kant, *Critique de la Raison pure*, trad. Tremesaygues et Pacaud, Alcan, Paris, 1920, *Analytique des principes*, chap. 3.

[36] Cf. Muralt, *La conscience transcendantale dans le criticisme kantien, Essai sur l'unité d'aperception*, Aubier, Paris, 1958, §§ 28, 44, 49.

distinction de raison, entre l'apparaître et l'être, est levée au profit d'une totale altérité: l'être en soi est aussi différent du phénomène qu'il produit efficacement dans le sujet, que la cause efficiente peut l'être de son effet; il n'y a plus entre ces deux réalités distinctes cette ressemblance formelle que l'aristotélisme concevait comme une identité intentionnelle; le phénomène est un *phénomène pur*, et non plus l'apparaître de l'être, c'est-à-dire l'être apparaissant, et la représentation se réduit à un *représenté pur* qui n'est plus du réel représenté[37]. Parce que l'être est la cause efficiente de la connaissance, celle-ci ne se définit plus formellement par sa relation à l'être, mais par sa référence constitutive au sujet et aux formes à priori de celui-ci. La révolution copernicienne rattache l'objectivité du connaître, non plus à la réalité de l'objet transcendant, mais à l'universalité de la subjectivité transcendantale[38]. Aussi bien la science n'a-t-elle pas à proprement parler d'objet, mais elle est elle-même immédiatement l'objet – empirique – de la conscience transcendantale, ce qui est une autre manière d'affirmer la rupture de l'intentionnalité, la possibilité d'un concept objectif sans objet. Si Kant tient à maintenir un en-soi transcendant, il devra par conséquent fonder celui-ci sur un acte de foi purement volontaire, privé de tout élément représentatif garantissant son objectivité. Comme chez Descartes, comme chez Duns Scot déjà dans une certaine mesure, la substitution, dans la connaissance, de la causalité efficiente à la causalité formelle de l'objet à l'égard du sujet, c'est-à-dire la suppression de l'identité intentionnelle de l'objet et du sujet, introduit immanquablement l'efficace de la volonté dans l'affirmation de l'être et du vrai.

Les conséquences doctrinales ne se font d'ailleurs guère attendre. Jacobi montre qu'il n'est pas possible d'entrer dans le kantisme sans la chose en soi, mais qu'il n'est pas possible non plus d'y rester avec elle; Fichte condamne ce «leidige Ding an sich», et amorce la dialectique d'absorption de l'être dans le phénomène, et d'hypostase du phénomène en être, laquelle culminera chez Hegel. Le kantisme, qui était l'issue transcendantale à l'héraclitéisme relativiste des Sophistes, permet ainsi la résurgence de l'héraclitéisme métaphysique proprement dit, la doxa des Sophistes, qui était l'apparaître multiple du réel

[37] «En dehors de la sphère des phénomènes, il n'y a pour nous que le vide», *Crit. de la Raison pure*, p. 265.

[38] Préface de la deuxième édition de la *Critique*.

à la conscience individuelle, devenant, après l'essai d'objectivation transcendantale du kantisme, l'apparaître de l'être divin à lui-même au sein de l'histoire universelle.

L'histoire du kantisme et de sa postérité immédiate fournit donc une frappante contre-épreuve des affirmations précédentes concernant tant l'aristotélisme que la phénoménologie husserlienne. L'identité réelle de l'être et de l'apparaître correspond, du côté de l'objet, à la définition formelle de la connaissance comme l'identité intentionnelle du sujet connaissant et de l'objet connu; elle permet de rattacher, dans la ligne de la cause efficiente, la connaissance au sujet connaissant, comme l'acte constitué à la puissance constituante. Elle fonde l'authentique réalisme philosophique d'une intelligence capable d'affirmer aussi bien l'autonomie de l'être en tant qu'être que l'objectivité et la représentativité de la connaissance, c'est-à-dire capable de concilier la spécificité de la métaphysique et de la critique. Tels sont bien les caractères de la philosophie aristotélicienne, et, dans l'intention tout au moins, de la phénoménologie husserlienne. Au contraire, la distinction réelle de l'être et de l'apparaître aboutit à définir la connaissance comme l'effet simultané de deux causes efficientes sans rapport l'une avec l'autre: la chose en soi et le sujet pur. L'une des deux fait donc double emploi, et comme Kant refuse toute relation de représentation entre le phénomène et l'être en soi, l'idéalisme spéculatif allemand ne contredit nullement la structure de sa pensée en rattachant le dynamisme de la connaissance au sujet pur exclusivement. Le refus de l'identité réelle entre l'être et l'apparaître entraîne le refus de l'identité intentionnelle du sujet et de l'objet dans le connaître, et aboutit inévitablement, soit au volontarisme de la *Critique de la Raison pratique*, soit à la théogonie hégélienne qui hypostasie le moi pur en un Dieu que le devenir objective et dédouble dialectiquement dans le mouvement universel du «Selbstbewusstwerden». Le refus de l'intentionnalité de la connaissance suscite donc la dialectique métaphysique de la manifestation de l'être à lui-même dans son histoire universelle.

Descartes: le Malin Génie ou la suppression de l'intentionnalité

Les termes d'être et de phénomène n'apparaissent pas chez Descartes. Les problèmes qu'ils recouvrent sont cependant nettement posés par les *Méditations métaphysiques*, et résolus selon une technique, sinon aristotélicienne, du moins manifestement scolastique. Descartes distingue en effet la réalité objective de la chose en tant qu'elle est dans l'idée, et la réalité formelle de la chose en tant qu'elle existe dans l'être extramental[39]. L'idée représente la chose qui existe réellement hors d'elle; elle lui ressemble comme un tableau ou une image et participe par représentation à son être réel[40]. Etre objectif, être par représentation, être par ressemblance ou par participation, toutes expressions qui disent en langage scolastique l'être dépendant et diminué de l'intention cognitive dans le sujet connaissant[41]. Apparemment donc, Descartes suit simplement la tradition aristotélicienne, lorsqu'il admet que l'idée représente «objectivement» la chose. Les *Méditations métaphysiques* ne sont-elles pas nettes sur ce point? L'idée de l'âme représente l'âme elle-même dans son être propre, l'idée de Dieu représente l'être même de Dieu, autant qu'il est possible, car l'idée de Dieu selon Descartes ne peut qu'être «accommodée à la petite capacité de nos esprits»[42], l'idée du corps étendu représente l'étendue elle-même, les sensations mêmes, fût-ce confusément et grossièrement, représentent les choses sensibles. Bref, la connaissance pense l'être, l'idée conçoit le réel, la sensation perçoit le sensible.

Certes, mais il ne faut pas oublier que c'est là la conclusion à laquelle Descartes aboutit au terme de sa démarche, et que sa méthode a précisément pour but de s'assurer qu'il ne peut en être autrement: si Descartes aboutit à la conclusion que l'idée représente objectivement la chose, c'est donc qu'il admet initialement la dissociation de l'idée et de la chose représentée. Et il ne suffit pas de dire que Descartes dis-

---

[39] Descartes, *Oeuvres*, éd. La Pleïade, Gallimard, 1949, IIIe *Méd. mét.*, p. 181; *Deuxièmes réponses*, p. 281-2; la *species* intentionnelle devient chez Descartes une *idée*, c'est-à-dire, conformément à la doctrine scolastique de l'*idea artificis*, un *quod cognoscitur*; elle cesse donc d'être un pur *quo cognoscitur res* (cf. S. Thomas, *Summ. theol.*, I, q. 15, a. 2). Cette substitution de l'idée *quod* à la *species* intelligible *quo* est significative de l'évolution doctrinale qui, de Suarez à Descartes, tend à rompre l'intention immédiate de la connaissance à l'objet réel.

[40] Pour la ressemblance, cf. *Premières réponses*, p. 236; pour l'être objectif ou par représentation, cf. *Deuxièmes réponses*, p. 281; pour la participation par représentation, cf. IIIe *Méd. mét.*, p. 181; pour l'idée-tableau, *ibid.*, p. 183.

[41] S. Thomas, *Comm. des Sentences*, IV, d. 1, q. 1, a. 4, II c; par opposition à la forme qui a, *in natura*, un *esse ratum et firmum* (*De potentia Dei*, q. 3, a. 7, ad 7), *completum* (*ibid.*, q. 3, a. 11, ad 14). – Cf. Descartes, IIIe *Méd. mét.*, p. 182.

[42] Descartes, *Premières réponses*, p. 245.

tingue la représentation de la chose représentée[43], en quoi il se rencontrerait avec toute la tradition aristotélicienne, pour qui le connaissant en acte et le connu en acte sont deux notions distinctes (distinctio rationis ratiocinatae). Il faut bien souligner au contraire que Descartes admet la possibilité d'une idée sans idéat, d'une image sans imaginé, c'est-à-dire, en un mot, d'un concept objectif sans objet, et que là réside l'artifice essentiel de sa méthode dialectique. Le terme de *concept objectif* est d'origine scolastique: il signifie la chose connue en tant que connue, et s'oppose au concept formel qui est l'opération même de connaître[44]. Un concept objectif sans objet est pour un aristotélicien authentique impossible, et l'emploi par Descartes du terme qui le désigne, dégage mieux encore le fait que la dissociation de l'idée d'avec son idéat est réellement contradictoire, mais introduite méthodologiquement par le doute cartésien, afin de mettre en évidence l'intention nécessairement objective des concepts de l'entendement.

Descartes veut en effet établir une science dont toutes les affirmations jouissent du même degré de certitude et d'évidence: cet idéal, qui ne peut de fait se réaliser que dans un système déductif parfaitement axiomatisé telle la géométrie, le pousse à rechercher comme point de départ la réalité dont l'évidence est si manifeste qu'elle ne suppose aucune évidence antérieure, et permet de fonder toutes les évidences ultérieures. Cette réalité ne peut être que Dieu, considéré non tant comme premier être que comme premier connu, «principe de la connaissance»[45], vérité première dont on peut «déduire la connaissance de toutes les autres qui sont au monde»[46]. Sur ce point, Descartes a nettement conscience de s'opposer à la tradition aristotélicienne pour qui Dieu, premier être, est cependant le terme de la connaissance[47]. Premier connu en soi, dernier connu pour nous, Dieu termine en aristotélisme une démarche philosophique inductive et démonstrative, et la connaissance qui l'atteint part du sensible, premier connu pour nous, dernier connu en soi. Pensant que «l'existence de Dieu était beaucoup plus évidente que celle d'aucune chose

---

[43] Cf., note 3, la même position chez HUSSERL.

[44] JEAN DE SAINT THOMAS, *Ars logica*, IIa p., q. 2, a. 2, 291 a 5.

[45] DESCARTES, *Principes de la philosophie, Lettre de l'auteur à celui qui a traduit le livre*, p. 427.

[46] *Ibid.*, p. 425.

[47] *Ibid.*, p. 425, 427.

sensible»[48], Descartes en conçoit aussitôt le projet d'une science déductive *more geometrico*, qui part immédiatement du principe de l'être et donc de l'évidence, et qui, se déroulant univoquement des principes aux conséquences, ne connaisse plus l'ambiguïté analogique des deux ordres de priorité aristotéliciens[49].

Le tout était de trouver le moyen de montrer l'immédiate évidence de Dieu. La difficulté était considérable, d'autant plus que Descartes n'a jamais affirmé l'absolue non-évidence des connaissances sensibles et mathématiques, même avant le *cogito* et la démonstration de l'existence de Dieu, et que par conséquent il ne pouvait utiliser qu'une démarche librement imaginée qu'aucune nécessité naturelle ne motivait: cette démarche, le doute méthodique, qui se base sur le fait unanimement reconnu de l'erreur possible des sens, Descartes l'amplifie artificieusement jusqu'à admettre comme possible qu'un Dieu tout-puissant, ou du moins un Malin Génie, «non moins rusé et trompeur que puissant», fasse «qu'il n'y ait aucune terre, aucun ciel, aucun corps étendu, aucune figure, aucune grandeur, aucun lieu, et que néanmoins j'aie les sentiments de toutes ces choses, et que tout cela ne me semble point exister autrement que je le vois»[50], c'est-à-dire fasse que j'aie en moi une idée sans idéat, un concept objectif sans objet, bref un représenté pur qui ne soit pas de l'être réel représenté. Et ce doute prendra fin au moment où, ayant dissous toute évidence naturelle, il se découvre lui-même comme la seule pensée pensant une réalité authentique, au moment où il se découvre identiquement conscience de soi, c'est-à-dire concept objectif de l'unique objet absolument indubitable, idée non seulement claire et distincte mais encore vraie et évidente du moi. Cette idée, innée en moi, était présente en toutes mes autres pensées, si douteuses fussent-elles, et par là-même voilée; il fallait la «voie analytique» des *Méditations métaphysiques*[51], disons plutôt l'artifice dialectique de la méthode, pour la révéler.

Or, la notion d'un concept objectif sans objet exprime en d'autres termes le refus de l'identité intentionnelle du sujet connaissant et de l'objet connu, c'est-à-dire encore le refus de l'identité réelle de

[48] *Premières réponses*, p. 238.

[49] Aristote, *Post. An.*, I, 2, 71 b 33; *Phys.*, I, 1, 184 a 16–25; *Mét.*, *Δ*, 11, 1018 b 30–37; Z, 3, 1029 a 34, b 3; 10, 1035 b 12; M, 2, 1077 b 1.

[50] Descartes, Ie *Méd. mét.*, p. 163.

[51] *Deuxièmes réponses*, p. 279.

l'apparaître et de l'être, et c'est cette notion qui est librement imaginée par la méthode du doute pour mettre en évidence la certitude de l'existence du moi. Il est capital de le répéter ici : Descartes, en droit, ne doute pas de l'objectivité des idées, ni même de l'évidence sensible, à condition que celle-ci soit critiquement délimitée ; il feint d'admettre de fait que les idées peuvent ne pas avoir d'idéat, que l'apparaître peut ne pas être l'apparaître de l'être, pour mieux montrer dans un cas privilégié qu'une idée au moins implique nécessairement son idéat, qu'un être au moins apparaît avec une évidence nécessaire. Et c'est là le sens profond de ce qu'on prend trop souvent pour une résurgence cartésienne de l'argument anselmien. Quand Descartes écrit que «l'existence possible est contenue dans le concept ou l'idée de toutes les choses que nous concevons clairement et distinctement, mais que l'existence nécessaire n'est contenue que dans la seule idée de Dieu»[52], il ne s'agit pas de comprendre cette affirmation dans le cadre d'une quelconque doctrine scolastique de l'essence et de l'existence, mais dans le cadre de la théorie cartésienne du concept objectif : les idées peuvent représenter un objet sans le représenter – puisque celui-ci peut ne pas être –, sauf l'idée du moi et l'idée de Dieu qui impliquent nécessairement la réalité de leur idéat. Ce qu'on a coutume de présenter comme une deuxième démonstration de l'existence de Dieu, n'est en réalité qu'une reprise simplifiée de la première.

En effet, si dans le cas de Dieu, l'idée de la conscience représente son objet, encore faut-il savoir comment et pourquoi. Ce n'est pas parce que, dans ce cas unique, l'objet informerait immédiatement et intentionnellement le sujet connaissant, ce qui entraînerait en effet l'impossibilité de dissocier le concept objectif de l'objet. La doctrine de l'identité intentionnelle n'a rien à faire chez Descartes. Il n'y a pas d'identité – même intentionnelle – entre un portrait et son original, et l'idée de Dieu est le portrait ou l'image, dont Dieu est l'original, comme l'enseigne la *Troisième Méditation*. Au contraire, de même qu'un portrait ou une image peut être la représentation d'un être imaginaire, de même l'idée-tableau de Descartes, par le fait de sa non-identité avec son objet, peut n'être pas assurée de sa portée objective, c'est-à-dire de sa vérité. De toute façon, il est possible de connaître le portrait sans connaître par là même l'original. Ainsi, l'idée de Dieu ne permet pas à l'âme cartésienne de connaître immédiatement la réalité

---

[52] *Premières réponses*, p. 246 ; *Deuxièmes réponses*, *Axiome* 10, p. 286.

de l'idéat divin. Le rôle exemplaire que joue Dieu par rapport à l'idée de Dieu interdit à cette connaissance d'être immédiatement évidence de celui-ci. Il faut donc chercher un autre moyen terme pour établir la vérité objective de l'idée de Dieu: ce moyen terme, c'est la causalité efficiente.

Si l'idée de Dieu est vraie, c'est-à-dire si elle représente objectivement Dieu, c'est que Dieu l'a donnée à la conscience en créant celle-ci: le concept donc que l'âme a de Dieu, n'est pas spécifié formellement par son objet considéré comme cause formelle de cette connaissance; il est causé par son objet – Dieu lui-même – comme l'effet est causé par la cause efficiente. L'idée de Dieu que possède la conscience, n'est donc pas premièrement la connaissance de Dieu par la conscience, mais l'effet efficié de Dieu lui-même. (La priorité entendue ici n'est nullement chronologique, mais formelle, c'est-à-dire entitative.) C'est pourquoi Descartes peut greffer sur la réalité objective de Dieu dans l'idée de la conscience, sa première démonstration de l'existence de Dieu, laquelle chez lui procède de la connaissance comme la démonstration de l'existence de Dieu procède chez Aristote et S. Thomas de l'expérience du monde physique. L'idée de Dieu par conséquent ne représente pas Dieu, parce que, par elle, l'âme se représente activement Dieu, comme, par son concept, l'intellect aristotélicien se signifie activement son objet. Une telle représentation rendrait vaine la démonstration de l'existence de Dieu à partir de sa réalité objective dans l'idée, c'est-à-dire la démarche même des *Méditations*, car elle serait la saisie immédiate de Dieu par le moi. L'idée de Dieu au contraire représente Dieu, parce que la réalité objective qu'elle recèle – son contenu représentatif – est produite par un être qui doit avoir et a autant de réalité effective que cette idée en contient représentativement. La cause a au moins autant d'être que son effet, le plus ne peut sortir du moins, seul l'infini peut produire l'idée de l'infini: c'est cette loi de toute causalité efficiente qui garantit la représentativité de l'idée de Dieu. Et puisque selon Descartes cette idée est innée, il ne faut donc plus dire que l'âme se représente Dieu vitalement dans son acte intellectuel, mais qu'elle est immédiatement créée comme pensée inévidente de Dieu[53].

---

[53] MARITAIN a donc tort d'assimiler, dans *Trois réformateurs*, Plon, Paris, 1945, p. 81 sq., la connaissance innée de l'âme cartésienne avec la connaissance infuse de l'ange, telle que la conçoit la scolastique aristotélicienne, car

Cette conception efficiente de la connaissance permet d'établir plusieurs conclusions. Premièrement, Descartes maintient, jusque dans l'affirmation de l'objectivité de l'idée de Dieu, la dissociation du concept objectif d'avec son objet, c'est-à-dire la théorie d'un représenté pur qui n'est pas intentionnellement un être réel représenté, mais qui exige la démonstration de sa cause efficiente pour assurer sa portée objective. De même, l'idée de la chose matérielle est par elle-même un concept objectif sans objet, puisqu'elle n'est pas par elle-même assurée de son objectivité, mais requiert pour cela la garantie de l'idée vraie de Dieu ; en elle-même, elle se rapproche étonnament de la connaissance intuitive d'une chose inexistante, selon l'expression de Guillaume d'Occam qui va être expliquée tout à l'heure. La dissociation du concept d'avec son objet est donc le principe fondamental de la philosophie cartésienne, le ressort efficace de sa méthode. Elle annonce le parallélisme spinoziste[54], qui la durcit, il est vrai, en un dogmatisme métaphysique, le plus rigide qui fut jamais. Deuxièmement, si Dieu, dans un cas, produit en moi une idée qui le représente objectivement, dans d'autres cas, des idées qui représentent objectivement l'âme ou l'étendue, si enfin il garantit l'objectivité de l'idée de la chose sensible, il peut également causer immédiatement en moi le concept objectif d'une chose qui n'existe pas et qu'il ne représente pas non plus. La possibilité du Dieu trompeur ou du Malin Génie – possibilité qui ne fait qu'exprimer celle de la dissociation du concept objectif d'avec son objet – est inscrite dans la conception efficiente que se fait Descartes de la connaissance. Il est donc nécessaire de recourir à la bonté divine pour garantir critiquement l'évidence de toute connaissance possible. Pourtant, à aucun moment Descartes ne songe à établir démonstrativement que Dieu est bon : il se contente sur ce point d'une donnée traditionnellement reçue, ce qui est assez étonnant, puisqu'il s'agit ici de la cheville ouvrière du système. Troisièmement, la conception

---

l'ange ne procède jamais de sa connaissance infuse à la réalité de l'objet de celle-ci selon la causalité efficiente. Pour un SAINT THOMAS, la quiddité de la connaissance ne varie pas, selon que la *species* intentionnelle est abstraite, conservée, ou infuse, *Quaest. de anima*, a. 15, ad 18 : aussi bien la connaissance par *species* infuse est-elle immédiatement connaissance évidente de son objet, par opposition à la connaissance innée de DESCARTES.

[54] L'idée et l'idéat étant *omnino diversum*, SPINOZA, *La réforme de l'entendement*, trad. Koyré, Vrin, Paris, 1951, § 34.

efficiente que Descartes se fait de la connaissance, fonde sa doctrine du vrai et du faux, c'est-à-dire sa théorie de la volonté[55].

Si la connaissance n'est plus l'information intentionnelle de la puissance cognitive par l'objet, elle n'a en effet plus rien de représentatif ni ne jouit plus d'aucune portée objective par elle-même. Assentir ou refuser d'assentir à ce qui est proposé dans l'idée, n'appartient plus à l'ordre de la connaissance intellectuelle, mais à l'ordre de la volonté, qui seule s'engage dans l'affirmation et la négation. Le vrai et le faux sont donc déterminés par la volonté, selon qu'elle respecte ou dépasse les limites des idées de l'entendement. Il ne suffit pas de dire pourtant que l'évidence de l'idée elle-même garantit la légitimité de l'affirmation et de la négation volontaires, et que c'est donc l'entendement qui détermine ici encore la volonté. Car il y a pour Descartes la vérité selon l'évidence de l'idée et la vérité selon l'adhésion à l'existence de la chose affirmée: la première se réduit à la clarté et à la distinction de l'idée même (le meilleur exemple en est l'idée de l'étendue, qui, en tant qu'idée à priori, apparaît comme le type le plus remarquable de l'idée objective sans objet), la seconde est affirmée au terme de la démonstration de l'être extramental, Dieu ou la chose sensible. Mais le moyen de reconnaître la vérité au second sens d'une idée, tant que l'hypothèse du Malin Génie n'est pas levée et qu'il se pourrait qu'un concept objectif soit sans objet? Aucune idée n'est vraie, au second sens dit, par elle-même: elle ne peut être vraie par adhésion immédiate de l'intelligence à la chose – ce qui contredirait la démonstration cartésienne et la rendrait vaine – mais seulement par participation déductive à la vérité évidente de l'existence du moi, laquelle est garantie par la vérité évidente de l'existence de Dieu. Or, tandis que le *cogito* est vrai de par et dans une intuition idéelle immédiate de la raison, l'idée de Dieu n'est pas vraie parce que la raison en elle se représente avec évidence Dieu lui-même, mais parce que la raison reconnaît avec évidence que Dieu est la cause efficiente d'une idée de lui-même dans la conscience. Parce que l'idée de Dieu n'est pas l'information intentionnelle de l'intellect par Dieu lui-même, ce que Descartes refuse avec raison, car il ne tient pas son idée de Dieu pour la vision bienheureuse, telle que la concevait la théologie scolastique aristotélicienne, l'adhésion judicative, le vrai et le faux, relèvent ici de la volonté, doctrine qui abandonne la con-

---

[55] DESCARTES, IVe *Méd. mét.*

naissance analogique de Dieu selon que l'admettait la métaphysique aristotélicienne: la volonté seule affirme l'existence de Dieu, sur la base du raisonnement qui conclut à celle-ci[56].

Le doute méthodique, suspendant le jugement de la conscience quant à toute connaissance naturelle évidente, suppose donc déjà la doctrine de la volonté affirmant le vrai et le faux, telle qu'elle est exprimée dans la *Quatrième Méditation.* Il n'est possible même que par elle: de même que le principe de la dissociation du concept objectif d'avec son objet est mis en œuvre dès le début et jusqu'au cœur même de la méthode cartésienne, dans la démonstration de l'existence de Dieu, de même la théorie cartésienne de la volonté fonde la suspension initiale du jugement, bien qu'elle ne soit explicitée que dans la *Quatrième Méditation.* Il serait donc inexact de penser que le déroulement de la méthode révèle progressivement à Descartes la nécessité de sa doctrine de la connaissance et de la vérité. En réalité, tout porte à croire que, dès le début de sa démarche, sous le prétexte classique de l'erreur possible des sens, Descartes met en œuvre une structure de pensée parfaitement cohérente et organisée. Autrement dit, dès le premier moment des *Méditations métaphysiques*, les jeux sont faits, ce qui ne doit pas être compris comme une critique à l'égard de Descartes, mais veut simplement montrer le caractère dialectique de sa méthode, laquelle peut se définir comme la manifestation artificieuse de l'évident.

Occam: la toute-puissance divine et la connaissance intuitive de l'inexistant

Or, cette structure de pensée est celle de la théologie occamiste de la toute-puissance divine, telle qu'elle s'est transmise jusqu'à Descartes à travers ce qu'en a retenu la scolastique espagnole dans sa théorie de la connaissance.

---

[56] Une telle doctrine suppose une théorie de la connaissance qui exclut la réalité du jugement comme opération intellectuelle propre, et conçoit l'acte de l'intelligence comme intuition idéelle et raisonnement déductif exclusivement, ce qui est le propre de toute dialectique nominaliste (et mathématique). Le jugement en lui-même est pure adhésion volontaire, sauf dans le cas du *cogito*, qui est position idéelle immédiate du moi. Pour tout ce qui touche à l'existence du moi et au *cogito*, la dialectique cartésienne est intuitive-intellectualiste sinon rationaliste, pour tout ce qui est de l'existence des réalités autres que le moi, elle est volontariste. Conclusion significative et combien éclairante en ce qui concerne les critiques kantiennes et les diverses dialectiques qui vont en naître.

Guillaume d'Occam passe habituellement pour le nominaliste négateur des essences et fossoyeur de l'ordre traditionnel patiemment établi par les siècles scolastiques avec l'aide de la méthode aristotélicienne. Quelques soient cependant les conséquences de fait de sa doctrine, il n'en faut pas moins souligner que son intention est au contraire d'établir définitivement la «philosophie du croyant», en exaltant à l'extrême la toute-puissance gratuite de Dieu le Créateur[57]. Le mouvement occamiste dans son entier peut donc être considéré comme la revendication, par une théologie chrétienne, de la souveraine liberté divine qu'avait niée l'aristotélisme d'Averroès et des Averroïstes latins tout particulièrement, au profit d'une conception strictement nécessitariste et physique de l'ordre universel. Or, la foi chrétienne en la Création implique selon Occam l'affirmation d'une volonté divine souverainement libre, indépendante de toute règle, fût-elle celle des idées divines. Aucune intelligence, aucun amour n'imprègne le geste de la Création, dont il n'est par conséquent pas possible de dire qu'elle inaugure un ordre. La seule limite de la toute-puissance créatrice est la contradiction, c'est-à-dire le non-être, puisque ce qui est contradictoire ne peut être et par conséquent n'est pas. Autant dire donc que la puissance divine est absolue et infinie, ce qui n'entraîne aucun inconvénient s'il s'agit d'un Etre dont l'essence est l'Intelligence et l'Amour, mais livre l'action créatrice au pur arbitraire si la puissance divine est mesurée à l'aune de la non-contradiction exigée par la logique humaine. Une chose n'est bonne que par le décret divin, indépendamment de l'intelligence et de l'amour divins, et son contraire aurait pu être tout aussi bon, si Dieu l'avait voulu ainsi: le vol, l'adultère, le meurtre, la haine de Dieu, par exemple, sont mauvais selon une détermination purement extrinsèque; puisqu'ils ne contredisent aucun ordre de la nature créée, ils pourraient être tout aussi bien méritoires du salut éternel, si Dieu l'avait décidé[58]. De même que l'action morale de l'homme ne justifie d'au-

---

[57] Cf. P. Vignaux, *Nominalisme, Guillaume d'Occam*, Dict. de Théol. cath.; *Nominalisme au* XIVe *siècle*, Institut d'études médiévales, Montréal-Vrin, Paris, 1948; L. Baudry, *Le Traité de principiis theologiae attribué à G. d'Occam*, Vrin, Paris, 1936; R. Guelluy, *Philosophie et théologie chez Guillaume d'Occam*, Nauvelaerts, Louvain-Vrin, Paris, 1947.

[58] Occam, *Comm. des Sentences*, II, q. 19 P; O (cité par Chevalier, *Histoire de la pensée*, II: *la pensée chrétienne*, Flammarion, Paris, 1956, p. 499, n. 1; Cf. *Traité de principiis theologiae*, p. 46–47, no 8. – La volonté occamiste est pure

cun critère interne, de même l'univers du réel ne peut justifier d'aucune nécessité immanente; Occam, qui nie l'idée transcendante de Platon, ne peut maintenir non plus une essence au sein de l'individu concret. Car, de quelque point de vue que l'on considère une essence dans l'individu, elle s'avère contradictoire: ou bien elle est distincte de l'individu et existe en dehors de lui, auquel cas elle est elle-même singulière et ne saurait par conséquent se communiquer à d'autres individus, ou bien elle est identique à l'individu et ne peut pas davantage être distinguée de lui pour être attribuée à d'autres. Occam identifie donc distinction et séparation, rejetant tout le subtil enseignement scolastique sur ce point[59], et aboutit ainsi à nier la réalité de l'universel au profit du seul individuel, l'universel n'étant qu'une *intentio in anima*, un terme du langage[60]. Le «nominalisme» d'Occam n'est qu'une conséquence de sa théologie qui, de la toute-puissance divine, conclut à l'absolue contingence du monde créé, et bute à nouveau sur les difficultés inhérentes à toute dialectique de type héraclitéen[61].

Cette étonnante ontologie influe directement sur la critique occamiste de la connaissance. La connaissance, telle qu'elle est comprise par la scolastique aristotélicienne, est l'information intentionnelle du sujet connaissant par l'objet connu; elle suppose la détermination extrinsèque du connaître par l'objet. Il ne peut pas exister, selon une telle doctrine, de connaissance qui n'ait pas d'objet, pas plus qu'il n'y a de matière sans forme, ce qu'admettront pourtant tant Duns Scot et Occam que Suarez. L'objet est donc la cause formelle nécessaire de la connaissance. Certes, la subordination des causes secondes à la cause première permet d'affirmer que l'objet ne saurait déterminer causalement-formellement le connaître sans le concours simultané de la cause première, et qu'ainsi d'une certaine manière la cause seconde n'exerce pas sa causalité propre sans l'exercice actuel de la cause première[62]. Pourtant, il est évident que, dans le connaître, c'est l'objet

---

efficience, et non plus appétit du bien, c'est-à-dire amour, comme l'enseignait Aristote.

[59] Cf. note 16.

[60] Cf. CHEVALIER, op. cit., p. 494 n. 1.

[61] Car «nihil est adeo contingens, quin in se aliquid necessarium habeat», S. THOMAS, *Summ. theol.*, I, q. 86, a 3.

[62] Comme il ressort, semble-t-il, de *Summ. theol.*, I, q. 105, a. 3 et 5, par ex., et JEAN DE SAINT THOMAS, *Phil. nat.*, Ia p., q. 25: *De subordinatione causae*

qui est cause formelle propre de la connaissance et donc qui est immédiatement connu, et non pas la cause première, laquelle cependant fonde l'exercice de la causalité objective. – On reconnaît ici le fondement de la possibilité de la démonstration de l'existence de Dieu par Descartes, qui apparaît sur ce point comme sur tant d'autres comme un philosophe scolastique. – L'essence de la connaissance exige donc que le sujet connaissant subisse la causalité formelle de son objet propre, et elle postule une certaine nécessité dans l'ordre des choses créées.

Cela est évident quand on considère la distinction de la connaissance intuitive et de la connaissance abstractive. Cette doctrine impliquée dans la pensée de S. Thomas, élaborée par Duns Scot, reprise par les grands scolastiques espagnols du XVIe et du XVIIe siècle[63], assigne à la connaissance humaine en général la *notitia intuitiva* comme son principe et son terme tour à tour. Tout aristotélicien en effet, admettant l'individualité du réel concret, fait débuter son entreprise par la connaissance singulière du sensible existant et la résout terminalement dans cette saisie expérimentale, car en elle se trouve le seul objet possible d'une âme incarnée dans un corps[64]. La *notitia intuitiva* précède et suit la *notitia abstractiva* et peut par conséquent se définir comme la connaissance humaine, sensible ou intellectuelle, en tant qu'elle termine directement, ou du moins se continue, à l'objet individuel concret et présent. C'est donc bien un objet concret et singulier qui, selon les grands scolastiques aristotéliciens tels S. Thomas et Duns Scot, terminent formellement et nécessairement la connaissance humaine en général. Même si la *notitia abstractiva* peut paraître indépendante de la présence de l'objet singulier et concret, cette situation n'est pour l'intellect humain qu'une imperfection apparente, car, d'une part, la connaissance conceptuelle ne peut se définir comme un concept objectif sans objet, puisqu'elle est nécessairement représentative d'un objet présent ou absent, et, d'autre part, l'intellect

---

secundae ad primam; a. 1: *le concours simultané de Dieu*, a. 2: *la prémotion physique de Dieu*. – Nous touchons là au problème de la prédestination divine, laquelle ne s'exerce jamais, en scolastique aristotélicienne, au détriment de la liberté humaine.

[63] S. Thomas, *De Veritate*, q. 3, a. 3, ad 8; Duns Scot, *Reportata parisiensia*, II, d. 3, q. 3, n. 10; Jean de Saint Thomas, *Ars logica*, Ia p., *Summulae logicae*, I, cap. 3; IIa p., q. 23, a. 1 et 2; *Phil. nat.* IVa p, q. 6, a. 1.

[64] Jean de Saint Thomas, *Phil. nat.*, IVa p., q. 6, a. 1, 172 b.

humain élabore, par réflexion sur le phantasme, un concept propre et distinct du sensible singulier[65].

Guillaume d'Occam connaît cette doctrine aristotélicienne et la transpose à son usage. A le suivre sur ce point, le lecteur comprend le rôle méthodologique que vient à jouer chez lui la théologie de la toute-puissance divine: «y a-t-il en effet épreuve dialectique plus radicale que de soumettre idéalement l'objet de son investigation à une puissance capable de le séparer de tout ce qui n'est pas lui, libre de toute autre loi que la non-contradiction?»[66]. Considérons donc la *notitia intuitiva*. Est-il contradictoire de la séparer de son objet propre et immédiat pour la rattacher immédiatement à la cause première? Non, dira Occam, puisque la cause première fonde l'exercice causal de la cause seconde et peut donc se substituer à celui-ci[67]. La définition de la *notitia intuitiva* par la présence réelle de l'objet n'est donc pas nécessaire; elle s'arrête, ainsi qu'Occam le reproche à Duns Scot, à une simple situation de fait, à laquelle la théologie de la toute-puissance divine retire toute nécessité contraignante. Après Duns Scot et avant Descartes, Occam conclut que la distinction de la connaissance fonde la séparation de l'être, puisque «la puissance divine garantit l'équation entre ce qu'on peut sans contradiction penser à part et ce qui peut exister séparement»[68]. Et ce qui vaut pour la *notitia intuitiva* en

---

[65] *Phil.nat.*, IVa p., q. 10, a. 4, 327 b sqq.

[66] P. Vignaux, *Nominalisme au* XIVe *siècle*, p. 23. – Cf. note 68.

[67] «Quidquid potest Deus par causam efficientem mediam, potest immediate», G. d'Occam, cité par R. Guelluy, *op. cit.*, p. 101, n. 2. Cf. *Traité de principiis theologiae*, p. 45, no 2. – Cette doctrine, Luther, élève de Gabriel Biel, qui fut lui-même le disciple d'Occam, l'étendra au gouvernement divin, dans le cas particulier du salut de l'âme chrétienne, et en déduira sa célèbre doctrine de la prédestination, exclusive de toute liberté humaine.

[68] P. Vignaux, *Nominalisme au XIVe siècle*, p. 83. – Significative collusion du platonisme et du nominalisme. – Cf. R. Guelluy, *op. cit.*, p. 101: «il faut respecter la possibilité d'interventions extraordinaires de Dieu quand on veut déterminer la quiddité des choses». La possibilité du miracle chez Occam fonde la recherche de la quiddité des choses; elle équivaut à ce que Husserl appelle la *variation de la libre imagination*, destinée à mettre en évidence un eidos invariant (Husserl, *Ideen*, I, §§ 4, 70; *Form. transz. Logik*, pp. 26, 170, 176, 190; *Erfahrung und Urteil*, § 87, pp. 410–421; cf. une intéressante suggestion de P. Vignaux, *Nominalisme au* XIVe *siècle*, p. 24), alors que chez S. Thomas le miracle bouleverse l'ordre des choses, pour autant que celui-ci dépende des causes secondes, mais ne peut le contredire, en tant qu'il dépend de la prescience et de la volonté divine (*Summ. theol.*, I, q. 105, a. 6). L'intervention

particulier vaut désormais pour toute connaissance humaine en général: aucune connaissance ne se définit formellement par sa relation naturelle et nécessaire à l'objet. L'intentionnalité de la connaissance est rompue, puisque l'existence d'une connaissance intuitive d'un objet non présent est possible, et que seule la connaissance intuitive est cause de la connaissance abstractive[69].

Telle est l'hypothèse avec laquelle la doctrine de la toute-puissance divine force le théologien et le philosophe à compter. Hypothèse qui, selon Occam lui-même, ne se réalise pas nécessairement, mais qui permet de définir quidditativement la notion de connaissance intuitive, sans préjuger nullement du mode accidentel selon lequel une pareille connaissance peut se réaliser. Mais, puisque d'une manière générale, un concept objectif sans objet est possible, il n'en faut pas moins conclure, avec Nicolas d'Autrecourt, qu'en raison de la contingence absolue des choses créées, c'est-à-dire en raison de la souveraine gratuité de la toute-puissance divine, aucune connaissance humaine ne peut être assurée de sa vérité[70]. La toute-puissance divine du Dieu occamiste joue donc le rôle du Malin Génie cartésien, supposé «non moins rusé et trompeur que puissant». Mais au lieu que Descartes cherche à sortir de l'impasse occamiste en s'appuyant sur la garantie de la bonté divine, ce qui le rapproche paradoxalement de la tradition scolastique aristotélicienne, Occam aboutit à une sorte de fidéisme absolu qui recommande d'adhérer aveuglément à toutes les contradictions du message chrétien, telles par exemple l'affirmation de la Sainte Trinité, et qui réduit à néant l'effort séculaire de la «foi cherchant l'intelligence».

Cette doctrine d'une connaissance objective privée de son objet par la toute-puissance divine, est explicitement admise par des auteurs aristotéliciens d'intention, tels François Suarez, dans son traité de l'Ame, Pierre Fonseca et les fameux *Conimbricenses* dans leur *Cursus*

---

extraordinaire de Dieu dans les choses est, selon S. Thomas, nécessairement conforme à la bonté divine et contribue donc à la perfection de la nature des choses (gratia non tollit naturam). Chez Occam, au contraire, la volonté divine n'est liée qu'à la non-contradiction: ce qui est, n'est pas parce qu'il est bon, c'est-à-dire aimé de Dieu, mais parce qu'il est possible, c'est-à-dire logiquement non-contradictoire.

[69] La démonstration d'Occam est citée par R. Guelluy, *op. cit.*, p. 103 n. 1.

[70] Cf. *Nicolas d'Autrecourt*, art. du Dict. de Théol. cath., col. 564; la contingence de l'être créé occamiste rejoint ainsi celle du devenir héraclitéen, et fonde la même impossibilité du savoir.

Conimbricensium, qui ont exercé une si grande influence sur l'Europe du temps et sur Descartes en particulier. Ces auteurs, il est vrai, limitent la doctrine occamiste à la connaissance sensible de l'objet singulier, et affirment qu'en raison de la toute-puissance divine, une chose absente peut être perçue par le sens, pourvu qu'elle soit représentée comme présente. Suarez lui-même estime qu'une telle connaissance est à la vérité une *notitia abstractiva*, mais qu'elle juge de la chose comme si elle était présente, car elle la perçoit comme présente[71]. Ce qui manifeste que Suarez, comme Duns Scot et Occam, distingue la *notitia intuitiva* et la *notitia abstractiva* par la présence ou l'absence de la chose connue, et qu'il ne songe pas, en parlant de la *notitia abstractiva*, d'une chose connue comme présente, à une simple présence intentionnelle, objective, dans la représentation, mais à une présence réelle physique. Le raisonnement qu'il tient pour démontrer la possibilité d'une notion apparemment aussi contradictoire que la connaissance abstractive d'une chose connue comme réellement présente, est également le même que celui d'Occam : la cause première, fondant la causalité de la cause seconde, peut se substituer à celle-ci et susciter immédiatement dans l'âme une connaissance objective privée d'objet. Il est juste toutefois de signaler que Suarez met explicitement en œuvre la présence dans l'âme de *species* intentionnelles qu'Occam identifie purement et simplement, ainsi que Gabriel Biel, à l'acte même du connaître. Admettant la nécessaire présence d'une *species* expresse – d'un «verbe» – pour toute connaissance en général, et donc également pour la connaissance sensible, il n'a pas de peine à montrer qu'une connaissance sensible sans objet est logiquement non contradictoire, et donc possible ontologiquement, au moins *de potentia absoluta*, puisque, comme la connaissance abstraite de l'intellect, elle n'a pas besoin de terminer immédiatement à la chose sensible physiquement présente, mais peut s'arrêter à la *species* expresse de celle-ci dans l'âme[72].

---

[71] Suarez, *De Anima*, III, cap. 12, n. 3–5.

[72] Suarez, *De Anima*, III, cap. 5, n. 4, *prima conclusio* : «per omnem actionem cognoscendi terminus producitur illi intrinsecus ac modaliter tantum ab ea distinctus». La species expresse, le verbe, est nécessaire, non du fait de l'indigence, c'est-à-dire de l'absence, de l'objet, mais *ex vi et natura cognitionis*, ibid., n. 7, *tertia conclusio*; Cf. *Disputationes metaphysicae*, XLVIII, 2a sect., n. 16, et la critique de la position suarézienne du point de vue aristotélico-thomiste, Jean de Saint Thomas, *Phil. nat.*, IV, q. 6, a. 4, 193 b sq.

Ces précisions, capitales pour l'histoire de l'intentionnalité, importent moins à l'étude présente. Elles permettent cependant de mieux comprendre comment la notion d'un concept objectif sans objet, née dans un contexte purement théologique, s'introduit dès le XVIe siècle dans la philosophie aristotélicienne rénovée des grands scolastiques espagnols, et comment, par ce canal, elle influe directement sur la pensée cartésienne en lui suggérant la possibilité de sa méthode de recherche du vrai. Il faut en effet attendre le deuxième tiers du XVIIe siècle pour voir la philosophie s'attacher à ruiner efficacement la thèse occamiste d'une connaissance objective sans objet, et cela dans deux directions différentes. Au moment où un Descartes en France tente de dépasser la difficulté posée par la théologie occamiste de la toute-puissance divine, un Jean de Saint Thomas en Espagne entreprend de combattre la même doctrine. Nous sommes en 1637, date de la parution du *Discours de la méthode* et du *Cursus philosophicus.* Mais alors que la méthode cartésienne aboutit au victorieux essor d'une philosophie nouvelle, l'œuvre de Jean de Saint Thomas, renouveau remarquablement inventif du réalisme aristotélicien le plus authentique, vient trop tard pour influencer efficacement l'histoire de la philosophie moderne, car depuis une quarantaine d'années déjà, grâce à l'étonnante diffusion de l'œuvre métaphysique de François Suarez en Allemagne, la notion d'une connaissance objective sans objet était enseignée dans toutes les universités luthériennes, pour aboutir, après une refonte complète, à la doctrine du phénomène de Kant.

* * *

Ainsi apparaît, au sein de philosophies totalement autres, une structure de pensée identique, celle du concept objectif sans objet. Phénoménologie husserlienne, dialectique cartésienne, et théologie occamiste répondent en effet, en tant qu'ensembles théoriques systématiques, à des préoccupations différentes: la première vise au sein d'une pensée critique de type kantien à assurer la capacité naturelle de la conscience cognitive à saisir l'ipséité des choses (zu den Sachen selbst); la deuxième cherche à fonder le système de la métaphysique traditionnelle sur un ordre déductif de raisons à priori; la troisième exalte la toute-puissance de la liberté divine contestée par ce qui a été appelé le nécessitarisme gréco-arabe. Et en chacune de ces philosophies, la structure de pensée du concept objectif sans objet désigne une même manière de concevoir la rupture possible de l'intention cognitive du sujet à l'objet.

Il convient pourtant de le souligner: la recherche d'une structure de pensée commune à plusieurs philosophies ne consiste pas à réduire celles-ci à un seul et même dénominateur commun; elle n'aboutit pas à une réduction, mais inaugure la compréhension de l'originale irréductibilité des pensées considérées. Car la synthèse ne va pas sans l'analyse; au contraire, c'est l'analyse qui engendre la synthèse; mieux encore, l'analyse elle-même est synthèse. Tant il est vrai que l'intelligence humaine ne peut saisir l'unité que d'une multiplicité explicitement connue et reconnue comme telle; et que seul l'esprit le plus analytique est par le fait même le plus synthétique, la tentation dialectique de l'intelligence étant précisément de chercher la compréhension philosophique dans l'explicitation de l'un plutôt que dans l'analyse de ce qui est, de scléroser par conséquent la pensée dans un système nécessitaire, unitaire et clos, que celui-ci soit de type parménidien ou héraclitéen.

Or la recherche d'une structure commune à plusieurs philosophies ne peut épuiser à elle seule la richesse de ces philosophies; le philosophe doit ici multiplier ses démarches et rechercher autant de structures qu'il y a de problèmes, c'est-à-dire de points de vues philosophiques possibles. Ici encore, c'est la philosophie la plus analytique qui permettra la recherche des structures les plus nombreuses, et par conséquent engendrera la synthèse, c'est-à-dire la compréhension la plus large, la plus avertie, des multiples prises de positions possibles: une dialectique ne peut que réduire la multiplicité des philosophies vivantes à sa structure propre, c'est-à-dire condamner, fût-ce à son insu, toute autre opinion que la sienne. Par conséquent, les structures multiples que l'analyse découvre aux diverses philosophies – à supposer évidemment qu'elles soient dégagées dans leur lumière véritable – s'appellent les unes les autres, s'organisent les unes par rapport aux autres et manifestent en une synthèse topique l'unité vivante de la pensée humaine qui s'exprime concrètement dans les contingences et les déceptions de l'histoire des idées philosophiques. Apparaissent ainsi des relations, souvent étonnantes mais toujours véritables, entre des positions philosophiques sans rapport apparent. La structure recherchée dans la présente étude donne un bon exemple de cette situation, qui est indiqué brièvement ici en guise de conclusion.

Dans trois cas, la phénoménologie husserlienne, la dialectique cartésienne, la théologie occamiste, l'intention naturelle du sujet connaissant à l'objet de connaissance est rompue par une instance d'un autre ordre, démarche libre de la méthode dans les deux premiers cas, toute-puissance de la liberté divine dans le troisième. D'une manière analogue et donc toute autre, Kant refuse l'intentionnalité de la connaissance, c'est-à-dire substitue à l'information intentionnelle du sujet par l'objet l'information constituante de la matière objective par les formes subjectives pures. Dans ce cas encore, la relation naturelle du sujet à l'objet tel qu'il est en lui-même est rompue. Ce que l'attitude naturelle de Husserl, le bon sens de Descartes, en un mot la philosophie précritique, admettent comme une donnée première et évidente, la détermination du sujet connaissant et de la connaissance par l'objet lui-même, est donc mis entre parenthèse, levé par une démarche libre de la méthode philosophique, sinon renversé par ce qui a été comparé à juste titre à la révolution copernicienne. De même, la sensation que l'âme vit avec une évidence irréductible, l'affirmation qu'elle pose dans l'adhésion irréfutable d'un jugement adéquat au réel, pourrait n'être qu'une illusion trompeuse créée *de potentia absoluta*. Mais, et c'est là l'important, le sujet pratiquant l'époché ou le doute ne renonce nullement à atteindre l'objet dans son ipséité ni à assurer la connaissance dans son objectivité. L'attitude naturelle n'est pas abandonnée par le phénoménologue comme la vaine *doxa* des Sophistes, au profit d'un niveau supérieur d'être et de vérité. De même, la philosophie cartésienne ne renonce pas à la réalité de la chose extérieure, car le doute, étant méthodique précisément, est un artifice destiné à faire apparaître l'évidence de son objectivité. Ici et là, la démarche consiste à assurer ce qui n'était pas assuré, à affirmer ce qui était douteux, à comprendre philosophiquement ce qui était simplement vécu. De même enfin, Occam, pour garantir la connaissance humaine contre l'erreur possible qui par essence la menace en son principe, en arrive à la suspendre (aux deux sens du terme) à une croyance purement fidéiste en l'absolue liberté divine.

Par conséquent, dans tous ces cas, l'intention naturelle du sujet à l'objet est rompue par un acte de liberté, et la pensée philosophique qui admet sur le plan critique la possibilité sinon la réalité d'un concept objectif sans objet, de par l'époché, le doute méthodique ou la toute-puissance divine, admet parallèlement sur le plan ontologique le primat de la liberté sur l'ordre de nature. Ceci est évident pour Occam dans la mesure où celui-ci pose à la source créatrice de tout être sublunaire un acte de liberté souverain et tout-puissant, «antérieur» à tout ordre intelligé et voulu de Dieu, c'est-à-dire à toute providence aimante. Il n'appartient pas à cette étude d'expliciter la théologie occamiste, il suffit de mentionner qu'elle aboutit nécessairement à introduire dans l'être divin une certaine dissociation entre la substance et l'intelligence d'une part et d'autre part entre la substance et la volonté, et qu'elle admet en tant que définition de la *deitas ut sic* non plus l'*esse* comme Saint Thomas, non plus l'*intelligere* comme le voulait le très aristotélicien Jean de Saint Thomas, mais une gratuité absolue qui, du fait qu'elle n'est plus celle de l'amour ni de la grâce chrétienne, ne peut que dégénérer en arbitraire nécessairement. Et il ne faut pas être grand clerc pour reconnaître dans cette gratuité arbitraire une conception fort proche de la liberté existentialiste, laquelle pour Sartre, comme pour Rousseau d'ailleurs, étant en deçà de toute détermination intelligente et volontaire, trouve son accomplissement non par une illumination de l'intelligence, ni dans la fruition d'un bien aimé, mais dans la permanence de sa pureté originaire, c'est-à-dire dans ce que les existentialistes appellent l'authenticité. Mais, dira-t-on, Occam est théologien et admet comme telle une transcendance que Sartre, athée, rejette. Certes, mais ce ne sont là que divergences de contenu thématique et non de structure de pensée, Occam pensant la liberté divine comme Sartre la pensée humaine. Coïncidence étrange évidemment, du moins au premier abord, qui prend tout son sens quand on se souvient que Sartre est phénoménologue et que comme tel il est nourri d'une pensée qui admet, fût-ce méthodologiquement, la possibilité de suspendre librement par l'époché l'ordre naturel de l'intention cognitive à son objet.

Il en va de même pour Descartes, comme le montre bien la doctrine du vrai et du faux dans la *Quatrième Méditation:* le bien propre de l'intelligence connaissante, c'est-à-dire l'affirmation du vrai, le poids de fermeté donné à la connaissance par l'adéquation vivante de l'intelligence au réel, ressortit désormais du domaine de la volonté, qui parvient à combler le hiatus qu'elle avait ouvert dans l'intention objective par son doute méthodique. Descartes passe pour le «père de la philosophie moderne». Il est bien plutôt un scolastique qui, soucieux de défendre la métaphysique traditionnelle contre le fidéisme donc de réaliser l'ordre naturel de l'intention cognitive. Or, cette conception dialectique suppose un primat de la volonté et de la liberté tel que d'une part la volonté humaine est jugée aussi infinie que celle de Dieu et que d'autre part la gratuité de la toute-puissance divine ne saurait plus admettre un quelconque ordre de finalité sans s'assujettir «au Styx et aux destinées».

La mise en évidence du lien organique qui réunit les deux notions du concept objectif sans objet et du primat de la volonté sur l'intelligence et sur l'ordre de nature permettra peut-être au lecteur de pressentir l'intérêt et la fécondité d'une analyse philosophique orientée vers la recherche des structures de pensée. Le rapprochement présenté ici devrait être évidemment complété par l'exposé de toutes les notions liées structurellement à celle de concept objectif sans objet, pour apparaître dans sa pleine lumière. La présente étude ne permettait guère plus que d'esquisser un premier exemple d'une pareille connexion.

Kant, le dernier occamien

une nouvelle définition de la philosophie moderne

Ce n'est pas sans quelque appréhension que l'auteur de la présente étude la soumet au lecteur. Car, si la thèse qu'elle défend se vérifie, c'est à une révision fondamentale des idées reçues en histoire de la philosophie moderne qu'elle invite. Les accents devraient être déplacés, le poids et l'influence des doctrines réévalués, les perspectives d'origine, de filiation, de dépendance structurelle, découpées à nouveau.

On assisterait ainsi à une étonnante redistribution des cartes. Les grands philosophes classiques, tels Descartes, Spinoza, Malebranche, Leibniz, y perdraient une part du prestige que leur confère leur qualité d'initiateurs d'une philosophie nouvelle, et la révolution kantienne une part de sa radicale originalité. Les uns et les autres, pourtant, laisseraient apparaître le véritable enjeu philosophique de leur entreprise, qui est pour les premiers de chercher à intégrer dans un ensemble rationnel cohérent les idées mêmes qui chez Guillaume d'Occam, trois siècles plus tôt, avaient eu pour effet de ruiner définitivement toute possiblité de métaphysique et de théologie. Dans cette perspective, ils mettent en œuvre le même principe de pensée et leur diversité apparente ne masque pas leur affinité de structure, affinité aussi profonde que celle des philosophes du XIVe siècle, qui dans le sillage de Duns Scot ou de Guillaume d'Occam explicitaient ce qui est appelé ici l'hypothèse occamienne : Fitz-Ralph, Walter Chatton, Jean de Ripa, Robert Holkot, Jean de Mirecourt, Nicolas d'Autrecourt. Et quant à Kant, on verrait que s'il rejette la superstructure métaphysique de la philosophie moderne, il n'en conserve pas moins le fondement critique essentiel, qu'il participe de la philosophie classique en ce qu'il adopte la même structure de pensée qu'elle, mais qu'il la condamne pour avoir voulu considérer dans l'hypothèse occamienne autre chose qu'un principe critique.

Le mouvement dans lequel s'inscrivent la philosophie moderne et la réforme kantienne est donc marqué par trois temps principaux : élaboration de l'hypothèse occamienne et explicitation de ses conséquences extrêmes pour la métaphysique, la morale et la théologie, d'Occam à Luther ; interprétation de l'hypothèse occamienne comme principe de la métaphysique classique, de Descartes à Leibniz ; interprétation de l'hypothèse occamienne comme principe de la raison pure kantienne. En somme, une invention doctrinale, celle de l'hypothèse occamienne, seule véritablement nouvelle et proprement révolutionnaire, ruinant d'un coup tout l'effort spéculatif médiéval, et deux restaurations successives utilisant de manière différente le même principe : la restauration des philosophies classiques qui rétablit, dans la nostalgie des grandes synthèses du XIIIe siècle, la nécessité d'une métaphysique, en érigeant l'hypothèse occamienne en loi de nature au gré d'une théologie purement rationaliste ; la restauration par Kant de l'hypothèse occamienne dans sa portée originelle de principe critique radical.

Cette interprétation de l'œuvre kantienne comme celle d'un occamien est riche d'enseignement. Elle contribue à éclairer d'une lumière neuve le passage de la scolastique finissante à la philosophie des XVIe et XVIIe siècles, c'est-à-dire l'un des moments les plus intéressants sans doute de l'histoire spirituelle d'Occident. La présente étude esquisse une interprétation de ce passage si important. Elle devrait être évidemment complétée, en particulier par une étude détaillée portant sur le rôle structurel que joue la fameuse *distinctio formalis a parte rei* de Duns Scot dans l'élaboration des hiérarchies formelles conçues aussi bien par les philosophes classiques que par la critique kantienne : implication hiérarchique des idées cartésiennes, hiérarchie des modes spinozistes, superposition des formes à priori dans la conscience transcendantale kantienne. Car de même, que la distinction formelle scotiste permet de concevoir l'hypothèse occamienne et les interprétations que la métaphysique classique en donnera, de même elle permettra de comprendre pourquoi et comment ce *milieu existentiel* de la vie sensible et intelligente qu'est la sensiblité profonde d'Aristote (le sens commun, et ses modes fondamentaux, la mémoire et l'imagination) devient chez Kant, après la scolastique suarézienne et wolffienne, un *moyen terme formel*, une forme hiérarchiquement intermédiaire entre l'esthétique et l'analytique transcendantales, préparant par là même la réforme freudienne de la psychologie, c'est-à-dire comment l'essentialisme inhérent à la doctrine de la pluralité des formes scotistes se transpose dans le formalisme *à priori* de la conscience transcendantale kantienne.

C'est se souvenir à propos que, pas plus que la philosophie cartésienne, la critique kantienne n'est un édifice doctrinal qui surgirait ingénument des ruines des philosophies antérieures. Elle est le point culminant et terminal d'un mouvement d'idées extrêmement complexe qui définit de 1300 à 1800 ce qu'il est proposé ici d'appeler la philosophie moderne.

I. L'HYPOTHÈSE OCCAMIENNE

L'histoire de la philosophie fait commencer la philosophie moderne à Descartes. Cette définition très superficielle néglige le travail considérable des siècles antérieurs, au cours desquels se sont élaborés les principes qui vont se développer systématiquement de Descartes jusqu'à Kant. En réalité, et dans la mesure où il est permis de risquer un découpage de l'histoire des idées, il faut faire remonter la philosophie moderne à la fin du XIIIe siècle, au moment où sous l'impulsion de trois maîtres, la grande synthèse scolastique aristotélicienne et thomiste commence à rencontrer ses premiers critiques. Car il apparaît que les principales thèses de la philosophie moderne et contemporaine sont déjà contenues dans les philosophies de Duns Scot, Guillaume d'Occam et Maître Eckhardt.

La théorie de la matière chez Duns Scot est à cet égard d'une importance particulière, car elle met en œuvre une thèse méthodologique et métaphysique sur un point de doctrine qui fait figure de principe. Au gré de cette thèse que Descartes reprendra dans ses *Méditations métaphysiques*, *omni entitati formali correspondet adaequate aliquod ens*, à toute notion formellement distincte correspond ou du moins peut correspondre une réalité séparée. La notion de la matière étant distincte de celle de la forme, la matière elle-même est désormais considérée par Duns Scot comme pouvant exister à part de la forme, comme créable immédiatement par Dieu, en un mot comme séparable. L'unité de la chose concrète, exercée pour l'aristotélisme dans la relation essentielle, transcendantale, de la matière à la forme, se scinde en une pluralité de degrés formels doués chacun dans la chose concrète d'une existence propre, à peu près comme dans l'univers platonicien les idées platoniciennes.

Rompant l'unité de la matière et de la forme, Duns Scot allait permettre la dissociation de la connaissance et de la chose, du sujet et de l'objet. Sujet et objet sont en effet pour l'aristotélisme dans une relation analogue à celle de matière et de forme, l'objet déterminant formellement le sujet dans l'acte de connaissance que celui-ci produit efficacement. Guillaume d'Occam élaborera donc une doctrine extrêmement audacieuse et grosse de conséquences : il n'est pas contradictoire pour lui que l'acte de connaissance, même intuitif, soit défini indépendamment de son objet, car Dieu, cause première, peut fort bien, de par sa toute puissance, *de potentia absoluta*, se substituer à l'exercice de cette cause seconde qu'est l'objet, et causer immédiatement une connaissance qui présente tous les caractères d'authenticité : vérité, objectivité, évidence, certitude, indépendamment de l'existence de son objet même. De même que pour Duns Scot la matière peut être *de potentia absoluta dei* sans la forme, de même pour Guillaume d'Occam et les occamiens (Robert Holkot, Wather Chatton, Nicolas d'Autrecourt, Jean de Mirecourt), la *notitia intuitiva* peut être vraie et manifester l'existence de la chose connue, *sive res sit sive non sit.*

Sans entrer davantage pour l'instant dans le détail des variantes que cette position connaît au XIVe siècle, il faut noter que désormais la possibilité est admise d'une connaissance vraie et certaine sans objet correspondant immédiat. Possibilité *de potentia absoluta dei*, il est vrai, non réalité attestée ; il n'empêche qu'une suspicion générale est jetée sur la valeur de la connaissance humaine.

Le caractère scandaleux de cette position apparut dans toute sa force quand Occam en développa les implications pratiques. Car il y a une analogie manifeste entre la structure de l'acte moral de la volonté et celle de l'acte de l'intelligence connaissante. De même qu'il peut y avoir un acte de connaissance vrai qui ne soit pas un acte de connaissance d'un objet réel, de même il pourrait y avoir un acte moral bon qui ne soit pas finalisé par le bien, c'est-à-dire un acte moral bon dans lequel la volonté ne veuille ni n'aime ni ne réalise le bien qui correspond aux exigences naturelles de sa puissance. Et cela pour la même raison, par le seul décret de la volonté divine, soit *de potentia absoluta dei*. C'est ainsi que le Venerabilis Inceptor, puis le redoutable Robert Holkot et l'ambigu Jean de Mirecourt peuvent prétendre que la volonté divine, dont tout effet est nécessairement bon en tant même que voulu par elle, peut prescrire à l'âme de haïr Dieu et lui faire mériter ainsi le salut éternel !

L'acte humain cesse donc d'être défini par son objet propre, le connaître par le vrai, le vouloir par le bien. Occam ne prétend pas certes que le connaître n'a pas d'objet réel ni le vouloir de fin réelle. Mais il laisse ouverte cette possiblité en raison de la toute puissance divine, c'est-à-dire d'une conception de la liberté divine qui comme chez Descartes confine à l'arbitraire. De même que le doute affecte désormais toute activité de connaître, de même l'indifférence affecte toute activité morale de vouloir. Plus radicalement encore, cette hypothèse *de potentia absoluta dei* introduit l'idée que le sujet humain pourrait bien être dépouillé de son activité propre : puisque Dieu, par un décret souverain, pourrait causer en l'âme un acte de connaître ou de vouloir indépendant de tout objet vrai ou bon, c'est que l'âme n'a plus à manifester son dynamisme ni à la limite sa liberté, conformément aux puissances de sa nature et face à ses objets propres. Aux yeux du philosophe Occam, qui n'a pas oublié l'enseignement du *Causa Dei* de Thomas Bradwardine, l'homme pourrait être le sujet passif de décrets divins, absolument déterminants, et sa liberté dans ces conditions ne saurait plus être affirmée ni garantie sinon par la foi. L'ordre de nature entre le sujet et l'objet, entre l'acte humain et la chose vraie ou bonne est rejeté, et l'ensemble de l'univers n'obéit plus à l'exigence immanente d'une nature créée.

Les conséquences lointaines de telles conceptions sont particulièrement importantes pour l'histoire des idées. Car il y a là matière à interpréter de manière originale le thème chrétien de l'abondance du péché et de la surabondance de la grâce. Peu importe dans cette perspective la qualité de l'acte moral humain : si mauvais soit-il, il peut toujours être considéré comme juste parce que Dieu le voudrait ainsi. Non seulement d'ailleurs il le peut, mais il l'est, car, dans le projet de la prédestination et de la toute puissance divines, certains pécheurs sont réputés justes par pure grâce, c'est-à-dire par un don immérité, une imputation purement extrinsèque qui rend vain leur libre-arbitre humain. En ce sens, Luther enseigne que la foi justifie le pécheur malgré son injustice et qu'elle couvre le péché comme d'un manteau de Noé, la grâce surabondant là où le péché abonde. Le *pecca fortiter, sed crede fortius* de Luther parodie dans une perspective occamienne l'admirable *ama et fac quod vis* de saint Augustin. Mais ce qui était pour Occam une hypothèse *de potentia dei*, devient pour Luther un fait contingent et libre *de gratia divina*, fait qui ne recèle pas plus de nécessité perceptible pour l'intelligence humaine que l'hypothèse occamienne et qui comme celle-ci enracine l'âme humaine davantage encore dans la foi en Dieu, seul objet, seul garant, sinon seul auteur d'une connaissance vraie et d'une action juste. Dans l'un et l'autre cas, la pensée scolastique finissante, par le doute qu'elle jette sur la possiblité d'une connaissance et d'une activité morale autonomes, rouvre la porte à l'influence de saint Augustin qui deviendra ainsi, par accident, le grand maître à penser de la philosophie moderne.

Il est en effet peu probable que des thèses aussi rudes que celle d'un *Deus deceptor*, d'un Malin génie avant la lettre, suppléant l'existence de l'objet pour produire dans l'intelligence humaine un acte de connaissance véritable, ainsi que toutes les thèses qui découlent immédiatement de celle-ci, eussent pu se maintenir si elles n'avaient pu se laisser intégrer dans une synthèse nouvelle de coloration augustinienne. En ce sens, on voit déjà chez un Roger Bacon, un Henri de Gand, un Jean de Rodington, comment la doctrine de l'illumination augustinienne permet de fonder dans la nature des choses, c'est-à-dire dans le rapport réel de Dieu à l'âme, la thèse d'une connaissance vraie sans objet immédiat correspondant. La pensée du XIVe siècle trouvera ainsi, comme plus tard la philosophie moderne, dans le recours à un augustinisme simplifié le remède au scepticisme généralisé auquel l'occamisme aboutissait.

Il est à cet égard un auteur dont les tendances platonisantes sont particulièrement significatives : Maître Eckhardt. La perspective de Maître Eckhardt est métaphysique, et si elle a des résonances critiques ou éthiques, c'est dans la mesure où chez Maître Eckhardt la critique et l'éthique se réduisent à la métaphysique : si *esse est Deus*, la seule nécessité qui s'impose à l'homme, c'est d'être cet *esse* autant qu'il lui est possible. En effet, Dieu résume et assume en lui tout l'*esse* absolument. En ce sens, l'*esse* est un et Dieu est l'unique être (ens) dont on puisse dire qu'il soit. Ce qui n'est pas Dieu, la créature, n'est pas absolument, est, selon l'audacieuse formule de Maître Eckhardt, non pas « peu de chose, c'est-à-dire quelque chose, mais un pur néant ». Cette position est délicate à tenir, il est fort tentant de céder à la facilité et de l'infléchir dans le sens d'un panthéisme pur et simple. Il est possible cependant de l'interpréter correctement sans fausser son évidente ambiguïté, en comprenant la participation que semble introduire Maître Eckhardt entre le Créateur et la créature dans le sens de la stricte analogie d'attribution aristotélicienne. Maître Eckhardt lui-même y invite son lecteur. Seul Dieu est, il est l'*esse* dans sa pureté et son unité absolues ; les choses créées ne sont pas, c'est-à-dire ne sont pas par soi, mais par l'*esse* divin. Cette participation n'inscrit pas pour autant un *esse* participé dans les choses créées, qui serait propre à celles-ci, quoique dérivé. Il faut maintenir à la fois l'*esse* exclusif de Dieu, la « participation » des créatures à l'*esse*, et le *non esse* absolu des créatures, ce qui ne suppose rien de moins que l'attribution du prédicat *esse* à des sujets qui ne *sont* pas formellement. Aristote nous donne selon Maître Eckhardt un exemple de cette situation : la médecine, le climat, le teint, l'urine, ne sont pas formellement sains, car seul le corps est sain formellement ; mais ils sont dits sains par relation à la santé du corps, en ce que la médecine produit la santé, le climat la favorise, le teint la manifeste et l'urine la signifie. La santé est donc dite de ces sujets, non formellement en soi, mais extrinsèquement par relation à une réalité première qui la réalise absolument. Aristote donne cet exemple pour faire comprendre *in abstracto* l'un des modes possibles de l'universalité, c'est-à-dire de la prédicabilité, de la notion de ce qui est en tant qu'il est. Jamais cependant il n'estime que l'analogie d'attribution est le seul mode d'universalité de l'être, puisqu'aussi bien il introduit parallèlement l'analogie de proportionnalité propre qui permet d'attribuer à chaque réalité, substance ou accident, Dieu ou chose, son être propre. Nonobstant cette précision, Maître Eckhardt retient, pour penser le rapport de Dieu et de la créature, le schéma logique de la seule analogie d'attribution. Ainsi, selon l'exemple de la santé, mais d'une manière beaucoup plus radicale, puisqu'il s'agit de l'*esse*, il affirme que la créature est dite être, mais qu'absolument elle n'est pas, qu'elle est dite être relativement à l'*esse* unique de Dieu, sans être formellement en soi, fût-ce d'une manière seconde, sans être donc en soi autre chose que néant. L'être est donc imputé à la créature, indépendamment de son être propre qui est néant, comme pour Luther la justice est imputée au pécheur indépendamment de sa justice propre qui est injustice originelle, c'est-à-dire néant de justice également. L'être est non seulement une dénomination extrinsèque, mais une imputation extrinsèque décrétée par la toute puissance divine.

Cette position métaphysique de Maître Eckhardt, qui commande toute sa vision spirituelle, exprime une structure de pensée manifestement analogue à celle qui régit les positions d'Occam et Luther. Pour Occam et Luther, Dieu par sa toute puissance ou sa grâce se substituant à l'exercice naturel de l'objet, les activités humaines peuvent être indépendantes de leur corrélat naturel, c'est-à-dire être l'effet immédiat de la volonté divine. Par conséquent, les puissances du sujet humain ne s'exercent plus elles-mêmes selon l'exigence de leur nature par rapport à leur objet spécifique, dans l'autonomie et la liberté qui leur sont propres. De même, pour Maître Eckhardt, la créature n'est pas, elle n'a pas formellement en soi un *esse* qui définirait son exercice radical et assurerait son autonomie d'existant créé : le *je* que je suis, n'est pas ; il n'exerce pas son être, c'est-à-dire son acte primordial, car il est formellement un néant auquel est imputé l'*esse* extrinsèquement, ou, ce qui revient au même, il est formellement par l'*esse* divin, ce qui est la manière selon laquelle Maître Eckhardt interprète son caractère de pur créé.

A aucun moment, le ton de Maître Eckhardt ne manifeste pourtant le scepticisme caractéristique de l'occamisme. Maître Eckhardt pose une thèse métaphysique : ce qu'Occam concevait comme un possible *de potentia absoluta dei*, Luther comme un fait contingent *de gratia divina*, Maître Eckhardt le conçoit avant eux comme une réalité nécessaire *de natura rerum*. C'est pourquoi il peut compter, comme on va le voir encore mieux par la suite, comme un des maîtres de la philosophie classique.

II. LA RÉIFICATION DE L'HYPOTHÈSE OCCAMIENNE DANS LA PHILOSOPHIE MODERNE

L'exposé précédent montre combien la pensée philosophique de Guillaume d'Occam et de Maître Eckhardt s'éloigne de la synthèse aristotélicienne scolastique. Un univers commence à s'esquisser dont Dieu est le seul moteur, la seule volonté, sinon le seul être. Les choses créées, existant hors de Dieu, ne possèdent plus une véritable autonomie d'être ni d'exercice, pas plus que les actes humains ne recèlent d'ordre naturel à l'égard de leur objet propre et immédiat. Comme si par opposition à l'enseignement de la scolastique aristotélicienne, la création de par Dieu n'était pas celle d'un ordre de nature et de liberté. Certes, il s'agit là d'une hypothèse de principe, déduite de la certitude de la toute puissance divine, et si cette hypothèse se transforme en un fait contingent, voire en une nécessité de nature métaphysique, la pensée qui se développe de cette manière n'en demeure pas moins engagée profondément, et justifiée du même coup, dans une prise de position théologale (Occam, Luther), sinon dans une quasi gnôse mystique (Eckhardt).

On aurait pu cependant imaginer dès le XIVe siècle ce que serait devenue une pensée qui, en prétendant rester rationnelle purement, aurait fait de l'hypothèse occamienne, du fait luthérien ou de la nécessité eckhardtienne, l'ordre même des choses, telles qu'elles sont de par leur nature même, *de natura rerum !* On aurait pu imaginer dès le XIVe siècle une telle philosophie dont les structures et principes eussent préfiguré ceux-là mêmes de la philosophie moderne, si l'hypothèse occamienne, conséquence de la distinction formelle scotiste, n'était restée, jusqu'à la Réforme, liée à la foi théologale en la toute puissance gratuite de Dieu. C'est pourquoi se développent dès le XIVe siècle deux courants d'inégale fortune : l'un et l'autre développent l'hypothèse occamienne et l'érigent en principe *de natura rerum*, le premier, dans le sens d'une métaphysique rationaliste de toute la puissance divine, dont la philosophie classique représente le point culminant, le second dans le sens d'une critique dont l'entreprise kantienne marque le terme ultime.

A la vérité, parler de deux courants n'est probablement pas adéquat. Il vaudrait mieux parler d'un seul mouvement occamien, dont les représentants d'une part explicitent d'une façon de plus en plus radicale les conséquences critiques de la *distinctio formalis*, au détriment définitif de toute métaphysique et de toute théologie possible (Guillaume d'Occam, Nicolas d'Autrecourt, Hume, Kant), et d'autre part tentent d'éviter les écueils de l'hypothèse occamienne, en l'intégrant dans une synthèse augustinisante, traditionnelle et rassurante (Descartes, Malebranche, Leibniz, Berkeley). Les premiers d'ailleurs l'emportant, puisqu'ils ne font que reconnaître l'impossibilité de principe de l'entreprise des seconds. Ce sont ces deux tendances qu'il faut décrire maintenant.

La définition à priori de la connaissance : l'à priori métaphysique.

En fonction de la *distinctio formalis a parte rei* (omni entitati formali correspondet adaequate aliquod ens), Duns Scot concluait à l'actualité de la matière à l'intérieur de la substance, et donc à sa séparation au moins possible, d'avec la forme, à la substitution à la relation transcendantale qui faisait du composé matière-forme une unité substantielle en acte, d'une hiérarchie de degrés formels achevés par une forme suprême, dite complétive ou unitive, au sein de l'unité commune du composé en tant qu'il est un *ens*. Si l'on se souvient que pour Suarez une existence propre correspond à chaque degré formel constitutif de la substance individuelle, il apparaît que le problème, classique au XVIIe siècle, de l'incommunicabilité des substances, comme celui du *tertium quid*, du moyen terme susceptible d'assurer leur unité de fait, est déjà contenu dans les thèses scotistes : la position comme la solution de ce problème dans le sens d'une dialectique des formes sont déjà préfigurées dans la doctrine scotiste de l'unité de la substance individuelle : hiérarchie des formes et unité transcendantale.

En raison de l'analogie qui règne entre la matière et la forme d'une part, le sujet et l'objet d'autre part, la distinction formelle scotiste permet de concevoir comme non contradictoire qu'un acte de connaissance soit privé de son objet propre et que nonobstant cette absence, il puisse être considéré *de potentia absoluta dei* comme vrai. Car la volonté toute puissante de Dieu peut causer immédiatement soit l'acte de connaissance d'un objet inexistant (Occam) soit la présence objective ou intentionnelle, l'*apparentia* dans l'âme d'un objet inexistant en réalité (Pierre d'Auriole,

Nicolas d'Autrecourt, et dans une certaine mesure Walther Chatton), rompant ainsi l'intentionnalité naturelle du sujet à son objet. Le connaissant en acte n'est plus considéré comme identique en acte au connu, selon le mode d'actualité intentionnelle que proposait l'aristotélisme. La distinction de raison que ménageait celui-ci au sein de l'identité actuelle de la connaissance est réifiée, et la distinction de notions manifeste, ici comme ailleurs, une séparation réelle. Dans ces conditions, la connaissance n'est plus définie formellement par son objet propre, mais *à priori* au sens scolastique du terme, puisque l'objet, s'il exerce une causalité sur l'acte subjectif, n'en demeure pas moins une cause seconde, créée, à laquelle la cause première, Dieu lui-même, peut se substituer de fait absolument.

Ainsi Dieu lui-même, dans un acte souverainement libre, c'est-à-dire indifférent, donne à la conscience l'objet immédiat de sa pensée (les idées ou vérités éternelles de Descartes), donne à l'âme sa vérité propre à contempler immédiatement sous forme d'idées (vision en Dieu de Malebranche), constitue par la hiérarchie de ses modes idéaux ou de ses représentations diverses l'objet même du connaître absolu (Spinoza, Leibniz). En chacun de ces cas, il est intéressant de noter que la philosophie classique dans le cadre d'une définition à priori de l'acte de connaissance, n'en considère pas moins que celui-ci a un objet immédiat et premier, soit l'idée, la représentation même de la chose à connaître, et que par là elle se rattache, à travers Suarez, plus directement au conceptualisme du préoccamien Pierre d'Auriole et de l'occamien Nicolas d'Autrecourt qu'à celui d'Occam lui-même. Il reste que la possibilité d'une connaissance (acte pur sans *species* intentionnelles, Occam, ou présence au terme de l'acte d'un *esse apparens*, *intentionale* ou *objectivum*, Pierre d'Auriole, Nicolas d'Autrecourt), privée d'un corrélat objectif propre et existant, est affirmée *de potentia absoluta dei* par le nominalisme occamien du XIVe siècle et que cette hypothèse précisément est considérée comme l'ordre de nature par les grands classiques du XVIIe siècle. D'intentionnelle qu'elle était pour l'aristotélisme, la *représentation* devient absolue, relativement du moins, quant à l'objet, puisqu'il faudra attendre que la critique kantienne réduise sa dépendance de créature à sa qualité de phénomène constitué par le sujet transcendantal.

Une telle position ne va pas sans diminuer considérablement sinon supprimer la puissance d'activité autonome du sujet humain. Si l'objet n'est plus la cause formelle de l'acte au sein de l'identité intentionnelle du connaître, le sujet n'a plus à exercer sa puissance intentionnelle à son égard ni à être la cause productive propre de son acte. Non seulement l'acte est indifférent par soi-même à son corrélat objectif propre au point que la connaissance tout entière se développe indépendamment de celui-ci (à priorité de la connaissance cartésienne, incommunicabilité des attributs spinozistes, causalité occasionnelle de Malebranche, autonomie des monades leibniziennes), mais encore il n'est pas l'effet propre du sujet.

L'acte est produit par la cause même qui le définit à priori, le sujet reçoit passivement les vérités éternelles créées par Dieu et infuses *(inditae)* par lui dans la conscience sous forme d'idées (Descartes) ; dans la vision en Dieu, c'est en fait l'unique efficience divine qui s'exerce à l'occasion de l'acte humain, en lieu et place de sa causalité propre (Malebranche) ; les modes infinis et finis de l'attribut pensée sont constitués tels de par l'être même de la substance et sont par là-même connaissance à priori de leur corrélat étendu (Spinoza), les monades sont créées comme des visions particulières de Dieu sur l'univers (Leibniz).

On reconnaît ici sous la diversité des thèses la structure qui régit la pensée du XIVe siècle. La dissociation de l'acte subjectif d'avec son objet entraîne la substitution (possible pour Occam, nécessaire dans la philosophie classique) de l'efficience divine à la causalité propre du sujet créé : comme l'âme connaissante d'Occam, comme d'ailleurs aussi la créature d'Eckhardt et le pécheur de Luther, le sujet de connaissance de la philosophie classique tend à perdre le dynamisme de son exercice propre, au profit d'une détermination efficiente et formelle de la part de la toute puissance divine. Et pourtant la pensée moderne passe pour avoir défini dans l'activité du sujet le principe de la philosophie ! Ce n'est pas l'un des moindres paradoxes de la dialectique cartésienne en effet que d'avoir inauguré une démarche critique qui d'une part privilégie méthodologiquement la connaissance réflexive et d'autre part suppose une doctrine métaphysique qui tend à abolir l'activité autonome du moi. Ce paradoxe d'ailleurs ne lui est pas propre — les occamiens du XIVe siècle en avaient fourni les éléments, en posant à la fois la définition à priori de la connaissance et la primauté de la connaissance du moi — et il ne se résoudra véritablement qu'au moment où la critique kantienne aura rejeté les thèses métaphysiques de la philosophie moderne pour en dégager à nouveau la structure occamienne essentielle. Car la critique kantienne ne répond pas à une autre structure que celle de l'occamisme : pour elle, comme pour la philosophie moderne, la même cause peut produire et définir à priori l'acte de connaître (« peut » signifiant ici soit possiblité, Occam, soit pouvoir actuel, philosophie classique et Kant). Cette cause chez Kant n'est plus métaphysique cependant, elle ne saurait entrer en concurrence avec l'activité propre du sujet, au point d'en menacer le dynamisme, comme c'est le cas dans la philosophie classique : elle est le sujet transcendantal, et son activité constitutive définit son autonomie même.

Ce point est d'une importance capitale, car il fait apparaître, en deçà de l'extension métaphysique qu'a connue l'hypothèse occamienne dans la philosophie classique, son sens critique radical.

Le privilège de la connaissance du moi : l'à priori subjectif.

Une connaissance vraie et objective, mais privée d'un corrélat objectif extramental immédiat est définie par l'occamisme du XIVe siècle comme non contradictoire, c'est-à-dire comme possible. Cette possiblité est liée à l'hypothèse selon laquelle la toute puissance de Dieu peut de droit décréter un ordre de la connaissance tel que celle-ci soit ou ne soit pas indépendante de son objet. En ce sens, l'hypothèse *de potentia absoluta dei* est certes métaphysique, mais elle joue également le rôle critique d'une épreuve dialectique clarificatrice d'essences et manifeste le trait quidditatif principal de la connaissance. Pour la raison humaine des nominalistes du XIVe siècle, la question restera toujours ouverte de savoir si la connaissance qu'elle a, évidente et vraie, de l'objet extramental, est déterminé formellement par cet objet ou par la toute puissance divine, c'est-à-dire si la toute puissance divine s'est décidée dans tel ou tel sens, si elle s'est substituée à l'objet ou non. Comme chez Fichte placé quelques siècles plus tard, devant le choix entre réalisme et idéalisme, et pour des raisons structurellement analogues, la raison ne dispose d'aucun critère lui permettant de se déterminer à l'égard de ces deux propositions (Bernard d'Arezzo) ; la foi seule est capable de donner une certaine réponse, en ce qu'elle incite l'âme à adhérer à la toute puissance incompréhensible de Dieu. Le problème critique étant ainsi posé, l'indépendance envers l'objet apparaît comme le trait constitutif essentiel et nécessaire de la connaissance, et le fait même d'avoir, dans ces conditions, une connaissance, comme la seule vérité indubitable, au sein même du doute métaphysique que laisse planer l'hypothèse occamienne sur la correspondance du connaître à l'objet réel. — On pense ici au fameux « il y a une idée vraie » de Spinoza. — La connaissance n'est désormais plus autre chose que la certitude d'avoir en soi l'*esse objectivum* ou l'*apparentia* objective de la chose, que celle-ci soit ou ne soit pas, et cette même certitude n'est autre que la certitude de l'existence du sujet, certitude appuyée sur la certitude absolue du premier principe, le principe de non-contradiction, et aussi absolue qu'elle. Car, de même que le principe de non-contradiction est absolument vrai qui affirme analytiquement : « si A est, A est A », de même est certaine d'une certitude réductive à celle de ce premier principe l'affirmation de la conscience intérieure : « si j'ai en moi l'*esse apparens* de telle chose, j'ai en moi l'*esse apparens* de telle chose », c'est-à-dire la conscience de moi-même et la connaissance de cette chose (Nicolas d'Autrecourt, Jean de Mirecourt). La dissociation de principe de l'acte de connaissance d'avec l'objet entraîne donc le privilège de la connaissance du moi et des *esse objectiva* qu'il porte en lui. A la vérité même, elle aboutit à poser comme seule certaine la connaissance qui est identique absolument à son objet : *de nullo cognito quod non est ipsa cognitio, scitur certitudinaliter esse*, car, s'il est un objet de connaissance identique à la connaissance même, c'est de ce seul objet que l'on peut dire que son *apparentia* est son *esse*, c'est-à-dire qu'il est évident : *necesse est quod cognitio intuitiva sit eadem cum re cognita, quia aliter non sequeretur : res intuitive apparet, ergo res est.* Nicolas d'Autrecourt élabore dans ces lignes le *Cogito* cartésien dans sa structure, son apparence dialectique *(ergo)* et son contexte occamien originel.

L'hypothèse occamienne, en posant comme possible la dissociation de l'acte subjectif d'avec son objet, fait donc apparaître l'essence de l'acte de connaître, dont l'objet est le moi et ses représentations, et le principe à priori le seul principe de non-contradiction. Elle définit ainsi une quiddité *minimale* de l'acte de connaître et de ce fait n'a nul besoin, pour fonder une connaissance authentique, du prolongement métaphysique augustinisant que lui apporteront les penseurs nominalistes du XIV e et du XVIIe siècle, de Jean de Rodington à Leibniz. Certes, Occam pose comme possible la production immédiate par Dieu d'une connaissance privée de son corrélat objectif, mais l'hypothèse occamienne fait apparaître immédiatement par elle-même la légitimité et la certitude absolue d'une connaissance qui relève du seul principe à priori de non-contradiction (*cf.* la construction logico-mathématique de Russell), ou du principe de non-contradiction s'exerçant conjointement à l'expérience interne du moi (*cf.* la synthèse de Hume), la science des choses physiques demeurant, elle, certaine, *stante dei generali influentia et non facto miraculo* (Jean de Mirecourt). L'à priori de la connaissance *peut* donc être divin et métaphysique, mais il se révèle, en tout cas, nécessairement et minimalement subjectif[1], que l'hypothèse occamienne se vérifie dans la réalité ou non.

De ce point de vue, la métaphysique de l'idée que la philosophie moderne élabore de manière très caractéristique (vérité créée de toute éternité, Descartes ; subsistance en soi des modes de l'attribut pensée, Spinoza ; participation à la sagesse divine, Malebranche ; monades absolues, objets de la pensée divine, Leibniz) se présente comme une solution métaphysique à l'incertitude de principe que laisse planer l'hypothèse occamienne sur l'objectivité représentative de la connaissance. Si de fait elle semble assurer cette objectivité, de droit elle n'appartient pas essentiellement à la structure occamienne qui soustend la philosophie moderne et qui se définit principalement (minimalement) par la dissociation de l'acte de connaître (la définition à priori de la connaissance) et la primauté de la connaissance du moi.

Il apparaît par conséquent que l'hypothèse occamienne introduit le *Cogito* comme principe de la philosophie bien avant les *Méditations métaphysiques*, mais qu'elle opère plus radicalement encore, bien avant la *Critique de la raison pure*, la véritable révolution copernicienne, puisqu'elle définit, par opposition à la critique aristotélicienne, la connaissance par un *à priori* subjectif et rend d'avance caduques les constructions

1. Il faut bien comprendre que le principe de non-contradiction est pour l'occamisme une nécessité hypothétique et tautologique (Si A est, A est A), donc une condition subjective à priori de possibilité du savoir. Aristote ne le conçoit pas de cette manière, évidemment, mais comme la formulation explicite de la proportion fondamentale de l'intelligence comme telle à ce qui est en tant qu'il est (cf. *Métaph.*, Γ 2).

métaphysiques classiques que Kant rejettera comme s'il agissait en son nom. Tout se passe en effet comme si la philosophie classique, tout en adoptant l'hypothèse occamienne, avait craint son explicitation ultime dans le criticisme qu'elle annonçait et qu'elle eût tenté une restauration doctrinale aussi proche que possible des synthèses aristotéliciennes et chrétiennes du XIIIe siècle, de même que le siècle qui l'a vu naître a tenté de rétablir un ordre politique stable après les désordres consécutifs à la Réforme et à la ruine de l'Empire. Ainsi s'expliquerait qu'elle ait songé à neutraliser l'hypothèse occamienne, qui la fondait, en la dépouillant à la fois de son sens fidéiste, ainsi qu'il apparaîtra encore mieux plus bas, et de son sens critique, c'est-à-dire en la réifiant au gré d'une adaptation originale du thème de l'illumination augustinienne.

Kant a donc beau jeu de critiquer la philosophie classique. L'hypothèse occamienne qui la commande n'a rien à faire avec l'accommodation métaphysique qu'elle a reçue, pas plus que l'eau avec la cruche dans laquelle on la verse. Rejetant la superstructure métaphysique de la philosophie moderne, Kant ne rejette pas pour autant la structure occamienne qui paradoxalement la soustend. Il maintient l'à priori de la connaissance et l'intériorise dans l'immanence du sujet, à l'exemple des maîtres médiévaux qui voyaient dans le principe de non-contradiction le seul principe à priori de la certitude. Il trouve ainsi le champ libre devant lui pour développer dans toute son amplitude la révolution copernicienne et le principe critique de la connaissance du moi, inauguré par les occamiens du XIVe siècle, c'est-à-dire en un mot pour rétablir l'autonomie du sujet compromise par la métaphysique classique. Il ne pouvait pas prévoir évidemment que l'évolution de la philosophie ultérieure ne tarderait pas à réifier à nouveau, puis à diviniser ce qu'il avait pris bien soin de réduire à l'immanence de la subjectivité transcendantale, ni que les dialectiques fichtéenne, puis hégélienne, en prétendant fonder son entreprise, allaient l'adultérer fondamentalement.

La définition à priori de l'acte volontaire : la morale rationaliste de l'idée claire.

Ce qui vient d'être dit du problème de la connaissance peut aussi s'étendre, toutes proportions gardées, à l'activité volontaire de l'homme. De par sa toute puissance, le Dieu d'Occam pouvait détacher le sujet volontaire du bien propre qui lui est dû selon les exigences de sa puissance naturelle et lui prescrire un acte d'amour, aussi bien qu'un acte de haine de Dieu et du prochain, capable de lui mériter le salut éternel. Ainsi le sujet moral n'a pas à exercer spontanément sa volonté à l'égard du bien qui le finalise et la moralité de son acte ne relève plus en aucune manière de sa décision libre, mais du bon vouloir divin, qui, rompant le mouvement naturel de la puissance volontaire à son bien, apparaît, ainsi que l'écrit Occam, la raison unique, souveraine sinon arbitraire, de la bonté morale des actes humains. Les conséquences d'une telle doctrine ne se font pas attendre longtemps : pour Luther, la bonté morale est une grâce indifférente à la qualité de l'acte volontaire et un acte mauvais pourra être réputé juste de manière purement extrinsèque *de potentia absoluta dei.* Le péché ayant en effet corrompu la nature même de l'homme, et non pas seulement la modalité habituelle de son exercice — ce qui implique évidemment la réduction nominaliste de la puissance à l'acte, de la substance à l'opération — le bien ne peut finaliser la volonté ni la volonté tendre naturellement vers le bien ; l'ordre moral ne sourd donc pas des puissances de l'homme et il n'est pas défini par le bien, fût-ce par Dieu considéré comme le bien, mais par une instance sans relation aucune avec l'exercice naturel ou habituel de la puissance volontaire, au-delà de toute considération intelligible possible : la volonté, le bon plaisir, la grâce divine, toute puissante absolument, sans commune mesure avec le pouvoir naturel ou même la puissance obédientielle de la créature. « Folie pour les Gentils », la grâce ne s'incarne pas dans la puissance volontaire humaine, comme une vertu surnaturelle d'amour de la fin souverainement aimable, mais s'impose comme une nouvelle nature dont les exigences, l'« instinct » propre se substitue radicalement aux inclinations viciées du sujet humain. Celui-ci est donc régénéré, quasiment recréé, au prix il est vrai de son autonomie, de sa liberté, sinon de sa nature. La conception luthérienne exprime bien évidemment une expérience vécue dans le violent déchirement d'une âme enracinée dans la foi et attachée tout aussi bien, sinon également, à ses inclinations naturelles. La méprise — propre à toute gnôse — est d'en vouloir faire une doctrine métaphysique et théologique. Il reste qu'elle manifeste clairement la structure de l'acte moral tel qu'il est conçu par l'occamisme du XIVe siècle et la philosophie moderne qui s'en inspire.

L'acte moral n'est en effet pas défini par son objet propre, le bien visé et atteint dans l'acte dynamique, autonome sinon libre du sujet. Sa finalisation par le bien n'exprime pas plus sa qualité morale que l'intentionnalité signifiante à la chose vraie ne garantit la portée objective de l'acte de connaître. La volonté n'est plus animée par la motion intime d'un bien transcendant qui l'attire, elle ne se meut plus vers sa fin selon l'autonomie et la liberté propres à l'amour, mais elle se voit imposer une direction selon une norme définie à priori et par là même perd le ressort même de sa puissance. Créée par un Dieu tout puissant, indifférent sinon arbitraire comme le Dieu de Descartes, elle ne découvre pas dans l'exercice spontané de sa puissance propre, l'ordre naturel de finalité qui pourrait la porter à son bien. L'ordre moral, décrété par la toute puissance du Dieu créateur indépendamment de sa sagesse, c'est-à-dire la loi, une loi positive quoique éternelle, tend à se substituer au bien pour définir le principe de son acte et le devoir tend à se substituer à l'amour pour définir sa perfection. De même que la logique terministe et nominaliste reprenait largement des thèmes d'inspiration stoïcienne, de même la philosophie morale des modernes présente de singulières affinités avec l'éthique des maîtres de la Porte.

Cette structure implique de fait une rationalisation de l'acte moral, non pas, il est vrai, immédiatement par la réduction de l'acte moral à un acte rationnel, car l'acte moral demeure un acte volontaire (la tendance de la philosophie moderne est plutôt inverse, de réduire l'acte de connaissance à un acte de volonté), mais par la substitution d'un principe d'ordre rationnel au principe final de l'acte moral volontaire. Celui-ci n'est plus un acte spécifique, finalisé par son principe propre, soit par le bien concret, réel et individuel, vers quoi il tend, sous le mode principal de l'amour ou sous le mode second de la réalisation pratique. Le bien qui est sa fin ne peut plus être considéré comme le mobile immanent qui lui donne sa qualité spirituelle propre. Au contraire, l'acte moral est réglé exemplairement par une loi universelle qui lui impose une norme rationnelle, incapable aussi bien d'être vécue intérieurement que d'être réalisée absolument en elle-même, restant donc de soi nécessairement extrinsèque. L'activité volontaire reste une activité et elle reste morale : elle reste acte de volonté et continue de réaliser un certain bien prescrit rationnellement dans la loi. Mais par là même elle n'est plus une volonté morale spécifique comme le serait une opération volontaire, principalement l'amour, à l'égard d'un bien qui répond aux exigences de sa puissance naturelle. Définie, par une règle extrinsèque, à priori universelle et idéale, elle se réduit formellement à un acte de raison. Elle est encore acte de la volonté, elle n'est plus acte volontaire, elle a perdu la racine de sa liberté.

Certes, il est nécessaire que l'acte volontaire, étant l'acte d'un sujet intelligent, soit éclairé par la connaissance du bien que la raison propose à la volonté comme sa fin propre. Mais la question se pose de savoir si cette illumination de la volonté par la connaissance rationnelle du bien appartient à l'ordre de l'exercice ou définit la spécificité même de l'acte volontaire. Dans le premier cas, l'activité morale est spécifique, donc autonome, car le bien reconnu par l'intelligence rationnelle n'est autre que le bien que la volonté recherche comme sa fin propre, réelle et concrète, parce qu'elle expérimente dans la réalité de son appétit spontané la coïncidence des exigences naturelles de sa puissance et de la fin que lui propose l'intelligence — la liberté sera le cas échéant le mode quasi habituel de son opération. Dans le second cas, la volonté n'a radicalement pas de vie propre, son activité se voit dicter une fin reconnue comme bonne indépendamment des exigences naturelles de sa puissance — le principe même de sa liberté est absent. Tel est l'enjeu de la controverse, apparemment anodine, qui opposait les scolastiques sur le point de savoir si l'appréhension du bien était la condition d'exercice ou la raison formelle de sa finalité. En optant pour la deuxième position, rationaliste, et pourtant « existentialiste » paradoxalement, Medina et Capreolus, par opposition à saint Thomas et Suarez, fournissaient à la philosophie moderne les éléments de sa doctrine morale : à la transcendance intérieure du bien, vécue dans le *pondus* de la volonté, reconnu dans la connaissance discursive de l'intelligence, se substitue définitivement la transcendance à priori de l'idée. La loi positive universelle prend la place du bien aimé.

Ainsi du souverain bien qui est pour Descartes la liberté et son bon usage. La liberté, c'est-à-dire la volonté, puisque c'est la même chose, n'a d'autres pouvoirs légitimes que ceux qui, restant dans les limites de l'idée claire et distincte, sont aussi justifiés et fondés par elle, et la vertu (l'habitude) cartésienne n'a d'autre office et effet que de maintenir présente à l'esprit l'évidence de l'idée afin que la liberté ne soit déterminée que par « ce qu'il faut », c'est-à-dire par le bien. C'est donc l'entendement qui dans un premier temps considère le bien dans son idée et qui dans un second temps le propose exemplairement et impérativement à la liberté, comme il en va du jugement chez Descartes, dont l'affirmation suit la perception du contenu de l'idée. L'acte moral ne cesse pas d'être acte de volonté, mais au lieu d'être spécifique, c'est-à-dire au lieu d'être l'expression d'un ordre propre et autonome de la volonté à son bien, il est, comme Husserl le dira plus tard, un acte *fondé*, donc second. Comment en serait-il autrement puisque ce qui est bien est une vérité créée de toute éternité par Dieu, que l'âme ne le découvre pas en l'expérimentant existentiellement dans l'appétit naturel, dans le *pondus* intérieur de sa volonté, mais à priori, comme une idée innée, claire et distincte.

Ici comme dans l'acte de connaissance, l'objet de l'activité humaine est décrété par la toute puissance divine, indépendamment de la puissance naturelle du sujet et si Dieu ne prescrit pas à l'âme de le haïr, ce n'est pas parce que cette haine contrarierait les exigences naturelles créées de l'âme, mais parce que Dieu l'a voulu ainsi, bien que dans son indifférence totale à l'égard de sa créature comme de sa propre sagesse, il eût pu faire autrement. Il ne faut pas être grand clerc pour reconnaître l'origine occamienne de cette possible haine de Dieu dont parle l'*Entretien avec Burman* : à l'indifférence qui préside à la création des vérités éternelles correspond l'indifférence de nature de l'âme à l'égard de son bien. L'immuabilité de la volonté divine est seule garante désormais de la nécessité de l'ordre des choses et elle supplée à l'absence de nécessité dans la nature créée. La nécessité de l'ordre naturel des choses créées se réduit ici au fait de la décision divine, arbitraire et immuable.

Tout cela est, pour reprendre le jugement de Pascal sur Descartes, bien « inutile et incertain », et plutôt que de renvoyer l'incertitude et l'inintelligibilité du doute dans l'indifférence divine, plutôt que de fonder toute la métaphysique et toute la science sur le fait de l'arbitraire divin, il vaut mieux interpréter le fait de l'arbitraire divin, il vaut mieux interpréter le fait de l'existence de l'univers comme l'existence nécessaire de l'unique Substance. La métaphysique spinoziste qui en résulte est plus assurée et l'acte moral n'a plus à être réglé par un à priori d'ordre rationnel, puisqu'aussi bien la vie morale et la béatitude s'identifient purement et simplement à la connaissance intellectuelle parfaite et que de ce point de vue la « rationalisation » de l'acte moral est complète.

Il est possible aussi de suivre la voie malebranchienne et de considérer les Idées divines, la Sagesse de Dieu, c'est-à-dire le Verbe lui-même, comme la règle immédiate de la vie morale. Comme chez Spinoza, la distinction entre l'acte de connaître et l'acte moral est levée, non pas cependant par réduction rationaliste de l'un à l'autre, mais par assomption éminente de l'un et de l'autre dans une vision de sagesse. Car pour Malebranche la connaissance métaphysique est par elle-même une morale. Pourtant, du fait que la vie morale pour lui n'est autre substantiellement que la vie évangélique selon la charité, la synthèse malebranchienne court le danger soit de réduire la connaissance métaphysique à une sagesse religieuse, soit de rationaliser une position d'ordre théologal. Dans l'un et l'autre cas d'ailleurs, la doctrine de la vision en Dieu s'accompagne de la doctrine des causes occasionnelles et entame gravement le dynamisme autonome du libre-arbitre humain. Du premier point de vue, l'universelle efficienne, la toute puissance divine, prive les causes secondes de la réalité de leur causalité, au profit d'un certain panthéisme de l'efficience, du second point de vue, la force persuasive de la grâce l'emporte sur le pouvoir déterminant de la liberté. C'est que pour éviter les conséquences ruineuses de l'hypothèse occamienne, Malebranche accentue à l'extrême l'augustinisme propre à la philosophie moderne et que, loin de limiter l'exercice de l'illumination divine au domaine de la vie spirituelle, il y voit la structure même du savoir métaphysique et de la vie morale tout à la fois. C'est pourquoi la connaissance comme la vie morale sont définies à priori, indépendamment en quelque sorte des exigences du sujet humain, puisqu'aussi bien celui-ci ne possède pas un véritable pouvoir naturel.

Des difficultés analogues apparaissent dans la morale leibnizienne. L'acte moral ici est aussi déterminé par l'idée claire et distincte, c'est-à-dire à priori, puisque le bien est connu comme tel au sein d'une monade « sans fenêtres ». Parallèlement, la doctrine leibnizienne de la notion d'une substance individuelle rend bien difficile la position d'une liberté humaine pleine et authentique. Si en effet la notion d'une substance individuelle comprend de soi tous les prédicats qui peuvent jamais lui être attribués, le devenir concret du sujet individuel semble prédéterminé à priori et définitivement. Certes, Leibniz reconnaît qu'une telle notion ne peut être intelligée parfaitement que par Dieu, ce qui la rapproche de l'idée divine, telle que saint Thomas la concevait, c'est-à-dire de la connaissance propre que la Providence divine suppose de chaque chose dans le détail même de son individualité et de son histoire (le mode de pensée est cependant fondamentalement autre dans chaque cas : analogique chez saint Thomas, logique univoque chez Leibniz, ce qui préfigure déjà l'idée hégélienne) ;

certes, Leibniz distingue également la nécessité métaphysique de la nécessité de fait, *ex hypothesi*, pour montrer que dans ce dernier cas la liberté est sauvegardée, puisque l'acte du sujet est certain, mais non nécessité absolument. La difficulté n'en demeure pas moins entière, semblable à celle que présente la faute d'Adam : le péché originel n'est pas causé directement par Dieu, car il n'est pas l'objet propre et immédiat de la volonté divine et dans cette mesure même dépend de la liberté humaine. Il dépend cependant de la volonté divine en ce qu'il est partie de l'objet adéquat de la création, le « meilleur des mondes possibles ». En articulant de cette manière la liberté humaine et la toute puissance divine, Leibniz manifeste le même rationalisme que Malebranche : la Providence n'a pas de visée singulière, le surnaturel n'est jamais particulier ; de même que seul l'ensemble de l'univers est à proprement parler l'objet de la volonté divine, et non le détail de son devenir concret et contingent, de même la résurrection des morts et la guérison de l'aveugle-né relèvent des mêmes lois universelles du mouvement, résumées éminemment dans la Sagesse, le Verbe divin. L'économie des moyens est formidable, mais elle se fait au détriment de la liberté humaine — Leibniz se souvient lui aussi de Thomas Bradwardine et de son *De causa dei*, et le cite nommément — et elle méconnaît l'effort de l'aristotélisme scolastique pour concevoir le principe de la volonté divine, l'idée divine, connaissance providentielle du devenir individuel, contingent et libre. Compromettant la liberté humaine, la philosophie classique ne peut penser l'histoire, et il faudra attendre la phénoménologie de Hegel pour voir réintroduire la dimension historique, dans un devenir universel qui, il est vrai, exclut la Providence transcendante au profit d'un « instinct » immanent et se définit de ce fait, à la fois et au même titre, comme nécessaire et libre.

III. Le sens occamien de la critique kantienne

Les doctrines présentées jusqu'ici manifestent une remarquable similitude de structure et font apparaître de manière indirecte et critique une vérité philosophique importante : la liberté humaine, et plus généralement l'autonomie de l'activité humaine, ne peut être suffisamment assurée dans une philosophie qui définit l'acte de l'homme, cognitif ou moral, par une norme à priori et extrinsèque. L'occamisme médiéval, définissant l'acte humain *a priori*, estime qu'il pourrait en être autrement *de potentia absoluta dei*, ce qui entache d'un scepticisme de principe tout connaître humain et relègue l'affirmation de la liberté dans le domaine de la foi, puisqu'elle ne peut plus être rationnellement démontrée. De même, la métaphysique de l'idée, remède possible à l'hypothèse occamienne, tend à supprimer l'activité propre du sujet connaissant (innéisme cartésien, vision en Dieu malebranchienne) ; la définition à priori de l'acte moral compromet la liberté humaine : problématique chez Occam, vaine chez Luther, en raison de l'imputation extrinsèque du bien, non spécifique chez Descartes en raison de sa détermination formelle par l'idée innée, difficile à concilier avec l'universelle efficience divine (Malebranche) ou avec le choix du « meilleur des mondes possibles » (Leibniz). Certes, Dieu, en tant que cause première, peut opérer immédiatement tout ce que sa créature opère comme cause seconde. Cette substitution possible, admise par tout penseur médiéval, ne devient nécessaire cependant que chez les penseurs qui, ayant admis l'hypothèse occamienne, se voient, pour « sauver les phénomènes » du connaître et de l'agir, obligés de poser la création arbitraire et immuable des deux ordres du subjectif et de l'objectif, absolus, parallèles et non ordonnés l'un à l'autre, c'est-à-dire chez les penseurs qui réduisent la Providence divine à une toute puissance indifférente (Descartes) ou qui, sans aller si loin, conçoivent en Dieu une Providence s'exerçant selon les lois universelles du mouvement (Malebranche, Leibniz) ou enfin identifient Dieu et l'être (Spinoza).

On comprend ainsi la logique interne de la position kantienne. Participant du mouvement occamien et de la philosophie moderne en ce qu'il rejette la détermination formelle de l'acte du sujet, théorique ou pratique, par la chose extérieure, Kant rejette cependant l'issue métaphysique que s'était frayée la philosophie classique : la définition de l'idée divine, expression de la nature ou de la volonté divine, comme objet immédiat du connaître et règle nécessaire de l'agir. Car, à tout prendre, Dieu est une chose parmi d'autres, et son existence, sa nécessité, sa causalité, sont aussi problématiques que celles de toute autre. Définir l'acte du sujet par une norme transcendante divine, ne fait donc que reculer l'obstacle, sans pour autant permettre de le mieux sauter. Or, comme d'une part Kant a la conviction que l'universalité et la nécessité d'une loi physique ou morale ne saurait être fondée sur l'expérience ou sur la vie concrète, l'expérience fût-elle assurée de sa représentativité à l'égard des choses ou la vie morale fût-elle assurée de sa finalisation à l'égard des biens extérieurs grâce à la décision libre et souveraine du Dieu tout puissant, comme le veut la philosophie classique ; comme d'autre part il a, ainsi que ses contemporains, des encyclopédistes à Rousseau, un sentiment très vif de l'autonomie du sujet humain et de sa liberté, il ne lui reste plus qu'à intérioriser l'à priori dans l'immanence du sujet, que ce soit au plan de la raison théorique ou pratique, ce qui sauve la définition à priori de l'acte humain et rétablit du même coup son autonomie.

La révolution copernicienne s'opère donc de façon analogue pour la raison théorique et pratique : elle libère le sujet théorique de la causalité formelle de l'objet extramental, elle libère le sujet pratique de l'hétéromie de la fin extérieure. En un mot, elle peut prétendre fonder la liberté du sujet absolument. Le sujet kantien en effet est autonome, au sens le plus fort de ce terme : le *je* transcendantal est à lui-même sa propre loi, l'à priori, transcendantal et constitutif, de son activité même ; il est la forme pure de sa rationalité, la loi universelle de sa moralité. De même que l'ensemble des formes superposées de la sensiblité, de l'entendement et de la raison, distinctes *a parte rei* dans le sujet transcendantal, constituent le sens objectif de l'objet phénoménalement connu, de même le devoir, l'impératif catégorique et les autres maximes qui l'expriment, garantissent l'universalité et la nécessité de son action. Le rasoir d'Occam n'aurait pu aller plus loin dans l'économie des raisons. Pour la philosophie classique, l'acte du sujet est défini à priori de par la toute puissance divine. Soit. Mais quel est ce Dieu ? Un Dieu tout puissant qui décrète dans l'indifférence absolue l'ordre concomitant de l'idée et de la chose, de l'essence et de l'existence (Descartes), qui résume en lui-même tout l'être en en modulant l'unité dans l'infinité de ses attributs parallèles absolument distincts (Spinoza), qui exerce l'efficience universelle en coordonnant les substances créées au gré de la causalité occasionnelle (Malebranche), qui prédétermine le devenir des substances en les créant comme autant de points de vue divins concordants selon l'harmonie préétablie (Leibniz), bref un *Deus ex machina*, superbe *asylum ignorantiae*, qui est conçu pour suppléer l'unité substantielle du corps et de l'âme, l'action réciproque des substances les unes sur les autres, l'unité intentionnelle du sujet et de l'objet, condamnées par l'hypothèse occamienne, et qui consacre ce faisant le suicide de la raison et de la liberté humaine auquel aboutissait la même hypothèse occamienne. Il se peut que Dieu soit tel, mais il est vain alors de continuer de philosopher, comme l'ont bien vu Occam et Luther ; il se peut que Dieu ne soit pas tel, et il faut alors cesser de voir en lui l'efficient unique et universel de toutes choses, l'objet, la règle, le principe unique de rationalité et de moralité de tout acte humain. Pour Kant, les dés sont pipés, et le choix entre ces deux alternatives est illégitime : comme Bernard d'Arezzo, comme Fichte, il ne peut aboutir à une décision. Que Dieu soit tel ou tel, il n'est pas l'objet d'une connaissance critiquement fondée, l'irrationalité même des positions théologiques de la philosophie moderne manifeste suffisamment l'impossiblité d'une métaphysique qui voudrait se présenter comme une science véritable. Dieu ne saurait constituer l'à priori transcendantal de l'activité humaine. L'à priori ne peut donc être trouvé que dans le sujet transcendantal et son application doit se limiter aux phénomènes, c'est-à-dire aux apparences objectives, aux *apparentiae*, à l'*esse objectivum* ou *intentionale*, dont Nicolas d'Autrecourt disait qu'il définit à lui seul la connaissance et qu'il bénéficie de la certitude privilégiée de la conscience et du principe de non-contradiction.

Par là, Kant se montre le seul occamien conséquent, car il développe l'hypothèse occamienne sans l'adultérer avec les palliatifs que pouvait lui suggérer la métaphysique rationaliste de l'idée claire, ni rejeter le fidéisme pur qu'elle voulait explicitement introduire. N'est-il pas significatif que Kant refuse à Dieu, à la liberté, aux choses mêmes, le statut d'objets de connaissance pour en faire des objets de foi ? L'occamisme médiéval estime que l'existence de Dieu, la liberté de l'homme ne peuvent être objets d'un savoir rationnel et que l'existence des choses n'est nécessaire *de potentia absoluta dei* ni à la définition ni à l'existence même de l'acte humain. En intégrant l'existence de Dieu, de la liberté humaine, le critère de la connaissance, dans le domaine de la foi, il réduit la connaissance naturelle certaine à la connaissance du principe de non-contradiction et à toute certitude qui s'y rattache immédiatement, comme celle de l'existence du moi et dans celui-ci des *apparentiae* objectives. Bien avant les *Méditations métaphysiques*, il privilégie la connaissance du moi, de ses actes et de ses idées ; bien avant le *Traité de la nature et de la grâce*, il considère la liberté humaine comme un mystère de foi ; bien avant le *Discours de Métaphysique*, il pose que l'existence de Dieu et de l'âme suffit pour que soit sauvegardé, dans son objectivité et sa vérité, l'édifice entier de la science humaine possible ; bien avant la *Critique de la raison pure*, il définit la connaissance par une norme subjective à priori. Kant de fait explicite le présupposé qui fonde la philosophie moderne, c'est-à-dire sa structure occamienne essentielle : définition à priori de l'acte du sujet, privilège de la connaissance du moi. Mais, respectant la nature du strict occamisme, il refuse de rationaliser les connaissances qui ne sauraient relever absolument, pour lui comme pour Occam, que de la foi : l'existence de Dieu, de la liberté humaine et des choses. La révolution copernicienne de Kant est donc déjà consommée dans l'hypothèse occamienne et l'œuvre de Kant ne consiste pas tant à libérer l'acte du sujet de la détermination de l'objet, puisque cela est déjà fait, qu'à dégager la pensée moderne des tendances métaphysiques qui faussent son occamisme de principe.

Il semblait donc que les principales thèses de l'occamisme médiéval fussent restaurées : les choses en elles-mêmes ne sont pas connaissables ; au contraire, elles sont, dans leur totalité, comme Dieu et le sujet en lui-même, objets de foi ; c'est le fidéisme d'Occam. Seuls sont connaissables les phénomènes, structurés par les formes à priori du sujet ; c'est le phénoménisme de Pierre d'Auriole et de Nicolas d'Autrecourt, pour qui l'*ens apparens* est évident de l'évidence même du principe à priori de non-contradiction. Mais la synthèse kantienne avait son talon d'Achille : l'affection du sujet transcendantal par la chose en soi, laquelle correspond à une causalité nécessaire, matérielle et efficiente, irréductible aux catégories kantiennes. Au nom du kantisme, Fichte condamna et rejeta ce *leidige Ding an sich*. Dès lors le développement de la dialectique idéaliste allemande ne pouvait être que fatale à l'inspiration de la critique kantienne. Le fidéisme occamien récusé, le sujet se retrouvait investi de toute la réalité possible, auto-constitutif de sa propre vérité *(Wahrheit)*, norme et fin de sa propre réalité *(Wirklichkeit)*, sujet et objet de sa propre explicitation *(Entfaltung)*, alpha et omega du devenir universel. Le principe critique de Kant se retrouvait, réifié, dans le dieu trinitaire de Hegel. L'antique démon de l'idéalisme métaphysique, qui se souvenait d'avoir dépassé l'héraclitéisme sophistique en idéalisme platonicien, prolongé l'occamisme originel dans les grandes synthèses classiques, transformait maintenant la critique de la raison pure en dialectique de l'esprit absolu. La critique kantienne refermait le cercle du connaître sur le sujet humain et les phénomènes ; l'*autre*, Dieu ou choses, cessait d'être objet ou fin spécifiant d'un savoir ou d'un amour humains. La dialectique post-kantienne s'attela à la tâche de montrer comment l'*autre* précisément jaillit de l'autonomie du *même*. Tâche paradoxale, impossible sauf pour le théologien du Dieu trinitaire, qui n'a pas fini d'absorber l'énergie des penseurs de notre temps et qui a trouvé sa première thématisation dans la dialectique des cinq genres du *Sophiste* de Platon. Comme s'il n'y avait décidément aucun moyen terme susceptible d'assumer les extrêmes contraires du nominalisme et de l'ontologisme. Car si l'hypothèse occamienne aboutit par deux fois à des conséquences aussi contraires à son inspiration fondamentale, c'est qu'elle violente très probablement une exigence de nature. C'est donc au sein de l'intentionnalité naturelle et vivante de l'intelligence au vrai et de la volonté au bien que devrait pouvoir se trouver la réponse aux apories de la métaphysique classique et de la dialectique hégélienne.

La notion d'acte fondé dans les rapports de la raison et de la volonté selon les « Logische Untersuchungen » de Husserl

Les véritables sources scolastiques de l'intentionnalité husserlienne. Essai d'analyse structurelle des doctrines

Le problème d'autrui pose en phénoménologie husserlienne de redoutables difficultés[1]. Comment le moi, qui constitue, au sein de sa conscience transcendantale de soi, l'objet en tout sens possible, peut-il véritablement poser l'autonomie d'autrui, transcendante, constitutive elle aussi ? Comment la thèse, universellement affirmée par Husserl, de la justification *(Rechtfertigung)* nécessaire de toute objectivité dans une donation de sens *(Sinngebung)* originaire et spécifique[2], peut-elle s'accommoder du caractère non-constitué de la liberté même d'autrui, que je puis connaître ou aimer ? La doctrine de l'inter-subjectivité transcendantale manifestement ne suffit pas à lever cette apparente contradiction.

Husserl, fort préoccupé de la question surtout dès le deuxième volume des *Ideen zu einer reinen Phänomenologie*, s'attache par conséquent à dépasser la problématique de la constitution transcendantale du sens

1. Œuvres de Husserl citées : *Logische Untersuchungen*, 2e vol., 1re partie, Max Niemeyer, Halle a.d. S., 1928 *(L.U.*, II A) ; *Ideen zu einer reinen Phänomenologie*, tomes I et II, Martinus Nijhoff, La Haye, 1950 *(Ideen)* ; *Formale und transzendentale Logik*, Max Niemeyer, Halle a.d. S., 1929 *(F.T.L.)* ; *Erfahrung und Urteil*, Claassen Verlag, Hamburg, 1954 ; *Die Krisis der europäischen Wissenschaften und die transzendentale Phänomenologie*, Martinus Nijhoff, La Haye, 1954.
2. *Ideen*, I, p. 44, 52, 346 ; *L.U.*, I, 241, 244 ; *F.T.L.*, p. 146-147, 208.

par celle de la *reconnaissance de l'autre*, c'est-à-dire de l'aperception du sujet humain dans son altérité irréductible à toute constitution objectivante. Il s'engage à cet effet dans la description du moi empirique pratique, dont il montre qu'il se constitue dans la mesure où il rencontre dans une relation vivante et concrète l'autre moi empirique. Il distingue plusieurs étapes de ce cheminement. La constitution du sens objectif du corps propre *(Leib)* du moi lui permet de passer à la constitution du sens objectif du corps propre de l'autre, puis de là à l'intropathie *(Einfühlung)* d'autrui comme subjectivité autonome. Dès lors s'ouvre, devant la phénoménologie, le champ immense de la vie affective et sentimentale du moi dans son rapport avec la vie affective et sentimentale d'autrui. Et il semble bien que la phénoménologie touche ici au domaine réservé et irréductible de l'altérité des sujets humains l'un par rapport à l'autre.

Bien que le point de vue adopté désormais, celui de l'aperception de l'autre comme tel, soit entièrement nouveau par rapport à ses recherches constitutives antérieures, Husserl ne se trouve pas en terrain tout à fait inconnu : il peut appliquer ici les précieuses analyses qu'il avait données dans les *Logische Untersuchungen* des actes intentionnels pratiques, doute, soupçon, espoir, crainte, plaisir, volition, amour[1]. Le fait qu'après avoir élaboré la doctrine capitale de l'identité de la conscience transcendantale du moi et de la constitution transcendantale de l'objet[2], Husserl s'attache, dans une œuvre d'envergure (*Ideen II*), au problème de l'aperception d'autrui, ne manifeste-t-il pas pourtant qu'il estime les analyses de *Logische Untersuchungen* insuffisantes, incapables en particulier d'assurer à autrui, à l'autre sujet humain, sa transcendance constitutive d'autonomie et de liberté ? Il vaut la peine d'examiner d'un peu plus près la *structure phénoménologique de l'acte pratique humain*, afin de découvrir comment Husserl prépare dans les *Logische Untersuchungen* sa pensée ultérieure.

Parmi les actes intentionnels de la conscience, Husserl distingue les actes objectivants, soit toute espèce de représentation *(Vorstellungen)*, comme l'acte simple de perception ou de jugement nominalisé, et les actes non objectivants, tels les actes pratiques, joie, souhait, plaisir esthétique, désir, volition[3]. Dans l'un et l'autre cas, il discerne l'acte premier, d'intention primaire et l'acte second, d'intention secondaire *fondé* sur le premier[4].

1. *L.U.*, II A, p. 364 sq. Le terme d'acte pratique sera utilisé ici constamment dans le sens de l'acte intentionnel du moi pratique, désirant, craignant, espérant, c'est-à-dire principalement voulant, et non pas au sens de l'action pratique transitive (efficiente).
2. Cf. Muralt, *The Idea of phenomenology, Husserlian Exemplarism*, Northwestern University Press, Evanston, 1974, § 53. On peut se référer également à l'édition française de ce livre : *L'Idée de la phénomenologie*... P.U.F., 1958.
3. *L.U.*, II A, p. 498.
4. *Ibid.*, p. 494. Cf. *ibid.*, p. 368, 401.

Ainsi, par exemple, le jugement est un acte objectivant fondé sur l'acte premier de position-de-sujet et sur l'acte premier de position-de-prédicat, la matière de l'acte judicatif étant fondée immédiatement sur la matière de l'un et l'autre acte nominal premier. De manière analogue, un acte pratique, une volition par exemple, est fondée sur un acte premier de perception, de représentation nominale ou prédicative, la qualité de la volition reposant ici sur la qualité de l'acte objectivant premier[1].

L'acte fondé est certes un acte unitaire dont l'opération est unique[2]. Mais, comme une machine peut produire une opération unique, tout en étant composée de plusieurs machines simples, de même l'acte fondé est un acte complexe, intentionnel comme tel, composé cependant d'une pluralité d'actes partiels doués chacun d'une intentionnalité propre[3]. En ce sens, ainsi que le montrait Brentano, tout acte intentionnel est représentation ou repose sur une représentation, rien ne pouvant être jugé, désiré, espéré ni craint, qui ne soit représenté[4]. La représentation fonde donc la volition, et c'est à la représentation que la volition « doit » son caractère intentionnel[5]. Formule que Husserl nous demande de bien comprendre : ce que l'acte pratique fondé doit à la représentation, il l'*a* par là-même, et c'est pourquoi Husserl peut affirmer, contre ceux qui prétendent que l'acte pratique n'a d'intentionnalité que par sa « complication » avec la représentation[6], que l'acte pratique est véritablement un acte dirigé vers un objet spécifique[7] et non seulement une *Empfindung* ressentie subjectivement[8], que l'acte pratique est une *intention*, fût-elle même dite secondaire[9]. Car « de quelque manière qu'un acte soit composé d'actes partiels, il est absolument un acte et il a son corrélat dans une objectivité[10] ». Husserl pose donc dans le même acte pratique une pluralité d'intentionnalités partielles qui composent entre elles une intentionnalité[11], composée non par juxtaposition associative, ni par liaison parallèle ou successive[12], mais renvoyant synthétiquement à un caractère intentionnel primitif, celui de la représentation[13] et s'achevant organiquement dans un caractère intentionnel complet, celui-là même de l'acte pratique total[14].

Le fait que, pour Husserl, caractère et qualité (noétique ou noématique)

1. *Ibid.*, p. 404-405, 498.
2. *Ibid.*, p. 407.
3. *Ibid.*, p. 403.
4. *Ibid.*, p. 370, 427.
5. *Ibid.*, p. 390.
6. *Ibid.*, p. 388.
7. *Ibid.*, p. 389.
8. *Ibid.*, p. 391 sq.
9. *Ibid.*, p. 390, 494.
10. *Ibid.*, p. 401.
11. *Ibid.*, p. 367, 401, 403, 407.
12. *Ibid*, p. 389, 427-428.
13. *Ibid.*, p. 368.
14. *Ibid.*, p. 403.

s'identifient[1], éclaire singulièrement la nature de la fondation qui se réalise soit dans la série possible des actes représentatifs objectivants, soit dans la série des actes pratiques non objectivants : la matière du jugement est différente de celle de la représentation simple, étant fondée sur celle-ci[2] ; cette diversité de matière entraîne immédiatement une différence dans la qualité de l'acte, puisque dans le cas originaire de la représentation simple, positionnelle et doxique, la matière et la qualité de l'acte (ou de son noème) s'identifient[3]. Au contraire, la matière objective de la représentation simple et celle de la volition est identique, et seule la qualité de l'acte change ici, celle de la volition étant fondée sur celle de la représentation[4]. Le caractère d'acte fondé sur la représentation simple est donc plus proprement attribué à l'acte pratique (crainte, espoir, volition, etc.) qu'à l'acte de représentation complexe. D'où suit qu'il y a une différence plus grande entre la représentation simple objectivante et le jugement objectivant composé (ce sont deux actes représentatifs différents) qu'entre la représentation objectivante simple ou complexe et l'acte pratique (il y a ici une seule représentation modifiée). Ce paradoxe est significatif en ce qu'il montre que la doctrine de l'acte fondé, dans le cas de l'acte pratique, a tendance à réduire le domaine du pratique au domaine du théorétique, selon un cheminement qu'avait déjà suivi Descartes dans la morale rationaliste de l'idée claire[5]. Mais Descartes, malgré sa réputation, n'a de fait jamais rien dit qu'il n'ait trouvé dans l'idéologie diffuse de ses maîtres scolastiques. Il faut donc remonter plus haut que lui, car le caractère d'acte fondé que revêt l'acte pratique est déjà l'objet d'une controverse très lourde de conséquences au sein de l'école aristotélicienne scolastique.

Pour l'aristotélisme, il est certain que l'action pratique d'un être humain ne peut être qu'intelligente. Ce qui revient à dire que la volonté agissante ne veut que ce que l'intelligence connaît, qu'elle se voit proposer par l'intelligence, au gré d'un acte positionnel judicatif, la fin qu'elle veut, aime ou réalise. La volonté dont tout le *pondus* est orienté vers le *bonum in communi*, comme l'intelligence est proportionnée de par sa nature et sa puissance à ce qui est[6], est donc déterminée dans son acte par la proposition de sa fin actuelle *hic et nunc* que lui présente l'intelli-

1. Cf. MURALT, *op. cit.*, p. 217, note 4, p. 268 sq. et les citations rapportées à cet endroit.
2. *L.U.*, II A, p. 498.
3. *Ibid.*, p. 430.
4. *Ibid.*, p. 429, 498.
5. Cf. MURALT, « Kant, le dernier occamien », *Revue de Métaphysique et de Morale*, I, 1975, Numéro spécial en l'honneur du 250e anniversaire de Kant.
6. La proportion de l'intelligence à ce qui est n'est pas explicite chez Aristote ; elle est diffuse et sous-entendue dans de nombreux passages *(Métaphysiques*, Γ, 2 ; *Physiques*, I, 1). Elle s'explicite chez THOMAS d'AQUIN, *Summ. theol.*, I, 85, 3 ; *Commentaires des Physiques*, I, 1 ; CAJETAN, *Commentaire sur le De ente et essentia*, q. 1, Turin, 1934 ; Jean de SAINT THOMAS, *Cursus phil.*, *Phil. nat.*, I, q. 1., a. 3 Marietti, Turin, 1949. Il en va de même de la proportion de la volonté au bien *in communi* (ARISTOTE, *Ethique à Nicomaque*, I, 1 ; THOMAS d'AQUIN, *Summ. theol.*, I, q. 2, a. 1, ad 1 ; q. 6 ; I-II, q. 1 sq. ; Jean de SAINT THOMAS, *Cursus phil.*, *Phil.*, *nat.*, I, q. 13.

gence[1], c'est-à-dire par ce que Husserl appellera après Bretano une représentation objectivante. Cette situation, aucun auteur ne la nie, ni Aristote, ni Thomas d'Aquin, ni leurs commentateurs plus ou moins fidèles, Capreolus, Medina, Suarez, Jean de Saint Thomas. Les difficultés commencent lorsqu'il s'agit d'en interpréter le sens.

Certes, il est nécessaire que l'acte volontaire, étant l'acte d'un sujet intelligent, soit éclairé par la connaissance du bien que l'intelligence propose à la volonté comme sa fin actuelle *hic et nunc*. La question se pose pourtant de savoir si cette illumination de la volonté par la connaissance du bien appartient à l'ordre de l'exercice ou définit la spécificité même de l'acte volontaire. Dans le premier cas, l'activité volontaire est spécifique, elle est autonome, car le bien reconnu par l'intelligence n'est autre que le bien que la volonté recherche comme sa fin propre, réelle et concrète, en tant qu'elle expérimente dans la réalité de son appétit spontané la coïncidence des exigences naturelles de sa puissance et de la fin que lui propose l'intelligence — la liberté sera le cas échéant le mode quasi habituel de son opération. Dans le second cas, la volonté n'a radicalement pas de vie propre, son activité se voit dicter une fin reconnue comme bonne indépendamment des exigences naturelles de sa puissance — le principe de sa liberté est absent[2].

Aristote, Thomas, Jean de Saint Thomas se rangent à la première position[3], Suarez, une fois n'est pas coutume, les suit[4]. Au contraire, l'ardent *princeps thomistarum*, Johannes Capreolus (1380-1444), cet autre dominicain qu'est Bartholomaeus Medina (1527-1581) se décident pour la deuxième[5]. Ces deux auteurs annoncent ainsi la structure propre de la philosophie morale des temps modernes : à la transcendance intérieure du bien, vécue dans le *pondus* de la volonté, reconnue dans la connaissance représentative de l'intelligence, se substitue définitivement la transcendance a priori, exemplaire, de l'idée. La loi positive universelle et nécessaire prend la place du bien librement aimé.

Une telle orientation de pensée implique de fait une rationalisation de l'acte moral, non pas, il est vrai, immédiatement par la réduction de l'acte pratique à un acte rationnel, car l'acte pratique reste un acte volontaire, mais par la substitution d'un principe d'ordre rationnel au principe final de l'acte moral volontaire. Celui-ci n'est plus un acte spécifique, finalisé par son principe propre, soit par le bien concret, réel et individuel, vers quoi il tend, selon le mode principal de l'amour ou selon le mode second de la réalisation pratique. Le bien qui est sa fin, ne peut plus être considéré

1. Cf. par exemple Thomas d'Aquin, *Summ. theol.*, i-ii, q. 9 et 10.
2. C'est une conséquence de l'hypothèse occamienne *de potentia absoluta dei* de la dissociation de l'acte subjectif d'avec l'objet. Cf. Muralt, *art. cit.*
3. Cf. la mise au point aristotélicienne, en particulier dans Jean de Saint Thomas, *Cursus phil.*, *Phil. nat.*, i, q. 13, a. 1, p. 270 b sq.
4. Suarez, *Disputationes metaphysicae*, tome i, disp. xxiii, section 8, n° 10, p. 880. Vivès, Paris, 1866, Reprint Olms, 1965.
5. Medina, *In Summ. theol.*, i-ii, q. 1, a. 1.

comme le mobile immanent qui lui donne sa qualité spirituelle propre. Au contraire, l'acte pratique est réglé exemplairement par une loi universelle qui lui impose une norme rationnelle, incapable aussi bien d'être vécue intérieurement que d'être réalisée absolument en elle-même, restant donc de soi nécessairement extrinsèque. L'action pratique de volition reste une activité et elle reste pratique : elle reste acte de volonté et continue de réaliser un certain bien prescrit rationnellement dans la loi. Mais par là même, elle n'est plus une volonté morale spécifique comme le serait une opération volontaire, principalement d'amour, à l'égard du bien qui répond aux exigences de sa puissance naturelle. Définie par une règle extrinsèque, a priori, universelle et idéale, elle est encore acte de la volonté, elle n'est plus acte volontaire, elle a perdu la racine de son autonomie vivante, de sa liberté, elle a perdu son intentionnalité propre.

Spécifié par l'acte de représentation intellectuelle, l'acte pratique est comme tel, spécifiquement, fondé sur celui-ci et tend à n'être plus qu'un acte purement rationnel. C'est bien pourquoi, chez Descartes, le terme d'*idée* s'étend aussi bien aux représentations, images ou concepts, qu'aux volitions et aux sentiments, pourquoi la distinction s'estompe entre la puissance vitale d'intelligence et la puissance vitale de volonté : ce qui intellige, ce qui veut, est tout un absolument, comme le voulait le nominalisme occamien ; c'est la conscience, c'est le moi, qui s'exprime dans des actes simples et premiers, ou dans des actes complexes et seconds, tous actes qui se sédimentent univoquement dans les idées et se résument exemplairement dans cette première idée qu'est le *cogito*.

Il est certain que Husserl s'inscrit dans la ligne de cette interprétation « rationaliste » de l'acte pratique. Même s'il ne connaît pas les termes de la querelle scolastique, il en a perçu les échos lointains dans l'œuvre de son maître Brentano, formé à une scolastique plus proche de Leibniz et Wolff que d'Aristote et Thomas d'Aquin. C'est bien là le sens des nombreuses formules au gré desquelles Husserl affirme que l'acte pratique repose sur une représentation et doit à celle-ci son intentionnalité même à l'objet[1], que tout acte, si complexe soit-il, renvoie à une intentionnalité première qui le fonde ; c'est bien là, au fond, le sens de l'indistinction dans laquelle Husserl laisse lui aussi les notions d'intelligence et de volonté (les volitions sont des actes pratiques pour lui, tout uniment comme le doute, la crainte, l'espoir, le désir), les actes de l'intelligence et de la volonté se confondant dans les actes du seul moi et se réduisant, par fondations successives, à n'être que représentations de la seule conscience, c'est-à-dire actes objectivants modifiés[2].

Mais il est également certain que Husserl ne se contente pas de cette manière de comprendre la relation entre la représentation et l'acte pratique, diffuse dans l'ensemble de la philosophie classique moderne. Il peut

1. *L.U.*, II A, p. 370, 390, 427.
2. *Ibid.*, p. 368.

constater, dans l'œuvre des penseurs qui le précèdent ou l'entourent immédiatement, où elle mène, soit à la négation psychologiste du caractère intentionnel des sentiments et, d'une manière plus générale, de tout acte pratique[1]. Or, c'est précisément ce caractère intentionnel propre de l'acte pratique, de la volition, du désir, du sentiment, que Husserl tient si fort à réintroduire, car *il garantit la spécificité de l'acte pratique* face à l'acte représentatif objectivant, sur lequel il peut d'ailleurs être fondé. C'est en ce sens que Husserl distingue les *Gefühlsakte*, actes intentionnels de sentiment référés de soi à une objectivité réelle spécifique, et les *Gefühlsempfindungen*, qui sont les états subjectifs ressentis par le moi pratique à l'occasion d'un acte de sentiment[2]. Peu importe d'ailleurs ici que l'acte pratique soit considéré dans sa totalité unitaire ou dans les actes partiels qui le composent. Chaque niveau de sens que l'analyse découvre dans l'acte pratique total est de soi intentionnel, c'est-à-dire relatif à une objectivité spécifique, tout en s'intégrant à un acte signifiant complet, totalisant et synthétisant les divers sens partiels antérieurs. La fondation de l'acte pratique sur la représentation simple ne fait donc qu'exprimer le sens primaire de l'acte total, conditionnant, partiellement mais fondamentalement, la signification totale[3]. Non seulement l'acte pratique est fondé sur la représentation simple, non seulement il « doit » son intentionnalité à ce sens primaire, non seulement il *a* en propre l'intentionnalité que lui confère cette fondation[4], mais encore il est de soi dirigé sur un objet spécifique, il est de soi une intention proprement dite[5]. En ce sens, il est autonome et spécifique. C'est par lui et en lui que l'autre sujet, autrui, pourra être aperçu dans sa transcendance autonome et libre, sans être réduit à n'être qu'un moment objectif de la constitution universelle par le sujet transcendantal de l'objet en tout sens possible.

Ce faisant, Husserl s'écarte résolument de l'interprétation présentée par Capreolus et Medina, reprise par Descartes et Leibniz. Mais il ne rejoint pas pour autant la position aristotélicienne thomasienne proprement dite. Il évite certes de dire : l'acte pratique, volition, désir, etc., n'a d'intentionnalité que celle de la représentation de la fin proposée par l'intelligence. En ce sens, il dépasse la morale rationaliste de l'idée claire. Il ne dit pas pour autant : l'acte pratique ou moral, volition, désir, etc., reconnaît dans l'exercice spontané de son *pondus* volontaire, c'est-à-dire de son intentionnalité propre, sa fin actuelle telle qu'elle est proposée par le jugement de l'intelligence. De ce fait, il s'écarte de la position aristotélicienne, bien qu'il affirme comme elle l'intentionnalité spécifique de l'acte pratique, niée par l'interprétation rationaliste précédente.

Au contraire il dit : 1. l'acte pratique, ou du moins la qualité intention-

1. *Ibid.*, p. 388.
2. *Ibid.*, p. 391 sq.
3. *Ibid.*, p. 496.
4. *Ibid.*, p. 390.
5. *Ibid.*, p. 389, 401.

nelle-pratique de cet acte total que j'appelle pratique, a une intentionnalité propre qui le définit comme un acte spécifique et distinct de l'acte représentatif objectivant. Il regarde comme tel un *objet* réel, mais ne le pose pas, car il n'est pas objectivant au sens propre du terme : il veut, aime, désire, craint, espère. 2. Dans la mesure où il regarde un objet *réel*, « extramental », il est fondé sur une représentation simple, objectivante, posant l'objet qui sera le terme de son intentionnalité[1]. 3. L'acte pratique est *fondamentalement* assuré de son objectivité par la représentation sur laquelle il repose, c'est le niveau primaire de sa signification, son intention première ; il est *terminalement* parfait par une qualité intentionnelle-pratique qui lui donne le niveau ultime de sa signification, son intention seconde[2]. 4. Il est donc composé d'une superposition (Husserl parle d'une *Überlagerung*[3]) de plusieurs couches de sens qui sont autant de qualités intentionnelles spécifiques, se fondant l'une l'autre, d'une manière intentionnelle annonçant la *Verschiebung der Intentionalität* dont parle *Formale und transzendentale Logik*, puisque la qualité intentionnelle-perceptive (ou représentative simple) de l'acte partiel premier fonde la qualité intentionnelle-pratique (volitive, désirante, craignante, etc.) de l'acte partiel second, et compose avec lui une qualité intentionnelle pratique totale, unitaire, quoique fondée[4]. 5. De fait, puisque dans le cas d'une représentation simple, perception ou jugement nominalisé, la matière objective et la qualité intentionnelle s'identifient[5], l'acte pratique total se compose d'une matière-qualité intentionnelle-représentative et d'une qualité intentionnelle-pratique, la matière objective proprement dite, dans la mesure où elle peut être considérée à part, restant identique « sous » les deux qualités qui se superposent à elle[6]. A cet acte pratique, « strictement unitaire », correspond « *un* objet qui en lui apparaît une seule fois dans son unité unique, comme terme d'une intention complexe »[7].

Il est facile, après cette description qui suit pas à pas l'exposé de Husserl, de comprendre pourquoi celui-ci, tout en rejetant l'interprétation rationaliste de l'acte pratique, ne rejoint pas la position aristotélicienne. Sa présentation de l'acte pratique est en effet une application lointaine de la *distinctio formalis a parte rei* de Duns Scot. Il n'y a pas lieu de s'étonner de ce rapprochement. Il n'est étrange qu'au premier abord. La *distinctio formalis a parte rei* fournit à la philosophie moderne son scalpel d'analyse le plus puissant : elle est mise en œuvre, conjointement à l'hypothèse

1. *Ibid.*, p. 498.
2. *Ibid.*, p. 494. Il est bien clair qu'il ne s'agit pas ici des intentions premières et des intentions secondes au sens scolastique aristotélicien. Il faut donc comprendre l'intention première et l'intention seconde husserliennes au sens de la *superposition* des qualités intentionnelles.
3. *Ibid.*, p. 383.
4. *Ibid.*, p. 401.
5. *Ibid.*, p. 430.
6. *Ibid.*, p. 421, 429, 466.
7. *Ibid.*, p. 428.

occamienne de la dissociation *de potentia absoluta dei* de l'acte subjectif d'avec l'objet, dans toutes les œuvres de la philosophie classique, de Descartes à Kant[1]. Elle anime la scolastique suarézienne, dont se nourrit l'ensemble de la philosophie européenne du XVIIe siècle, et que reprennent la plupart des manuels scolastiques prétendument aristotéliciens-thomistes des siècles modernes, et ce sont ceux-là qui formeront Brentano et par lui Husserl[2].

La *distinctio formalis a parte rei* de la métaphysique scotiste attribue à chaque chose pensée selon une notion *(ratio)* distincte une existence possiblement séparée ; elle doue chaque niveau formel dans une même réalité d'une existence propre, si bien qu'il ne sera pas choquant de ce point de vue d'admettre une même chose existant selon plusieurs existences partielles (Suarez). Elle discerne donc, en chaque chose, un fondement matériel considéré comme possiblement séparé et immédiatement créable par Dieu (la matière comme acte entitatif), une série plus ou moins grande de formes intermédiaires distinctes de soi, *ante intellectum*, c'est-à-dire avant l'opération inductive-abstractive qui, selon l'aristotélisme, actualise les formes distinctes virtuellement (virtualiter) dans la réalité en formes ou notions distinctes de raison raisonnée, enfin une forme complétive qui achève la hiérarchie des formes distinctes *a parte rei* en une réalité spécifique, parfaite et une en elle-même. Chaque chose est, dans ces conditions, le résultat de la composition de degrés formels *(formalitates* ou *gradus metaphysici)* superposés, fondés sur une matière quasi forme, et parfaits par une forme unitive terminale.

De même, comme il a été dit, l'intentionnalité fondamentale de la représentation simple est, pour Husserl, une matière de pure représentation, identique de par sa simplicité intentionnelle originaire à sa qualité intentionnelle (doxique ou positionnelle). Sur cette intentionnalité primitive s'étagent des intentions secondes spécifiquement relatives à leur objet propre, s'organisant terminalement dans un sens ultime qui constitue complétivement un acte pratique total.

La similitude du mode de penser scotiste et du mode de penser husserlien est frappante, nullement forcée. Elle permet de comprendre parfaite-

1. Cf. MURALT, *art. cit.* Faut-il rappeler ici que Heidegger lui-même commence par « scotiser », qu'il traite dans sa thèse des *modi significandi* selon Duns Scot, que son évolution est d'ailleurs assez semblable à celle de Husserl son maître, passant d'une certaine forme de pensée scotiste à une « phénoménologie » quasi hégelienne ? Cf. la conclusion de la présente étude.

2. Les développements qui suivent se fondent sur deux études de l'auteur sur Duns Scot : « Signification et portée de la pensée de Jean Duns Scot. Introduction, traduction et commentaires à la distinction 12 de l'Opus Oxoniense, II » *Studia philosophica*, Bâle, 1969, p. 113 à 149, et « Pluralité des formes et unité de l'être, Introduction, traduction et commentaires de deux textes de Jean Duns Scot, Commentaire sur les Sentences, livre 4, distinction 11, question 3 et livre 2, distinction 16, question unique », *Studia philosophica*, 1974, p. 25 à 60. Ces études s'attachent à montrer le rôle joué par la distinction formelle *a parte rei* dans le cas de la division de l'être substantiel en matière et forme, dans le cas de la forme de corporéité et dans le cas de la division de l'âme d'avec ses puissances.

ment la spécificité de la pensée husserlienne par rapport aux sources, cartésienne et scolastique aristotélicienne, desquelles on veut trop souvent et trop facilement la rapprocher.

Il y a ici en effet un aspect du débat entre l'unité et la pluralité des formes, transposé en un débat sur l'unité ou la pluralité des formes (qualités) intentionnelles au sein de l'acte pratique.

Husserl, sur ce point, se trouve confronté à deux positions antagonistes, soutenant l'une et l'autre la présence dans l'acte pratique total d'une seule intentionnalité spécifique. D'une part, le rationalisme : la morale cartésienne, limitant a priori l'acte volontaire, pratique judicatif et pratique moral, à l'idée, fonde celui-là sur celle-ci, au point de ne plus laisser à l'acte pratique d'autre intentionnalité que celle de l'idée, c'est-à-dire à la rigueur celle même du cogito, si l'on peut parler d'une «intentionnalité» du cogito cartésien. Les adversaires immédiats de Husserl, rationalistes également et psychologistes, participent en quelque manière de la position cartésienne en n'admettant dans l'acte pratique qu'une intentionnalité, celle de l'acte représentatif objectivant sur lequel est fondé l'état psychologique, émotif, du sujet pratique[1]. D'autre part, l'aristotélisme, dont la doctrine est plus complexe, ne retient lui aussi, qu'une seule intentionnalité celle, pratique et spécifique, de l'acte volontaire considéré dans son unité totale, indivisible en actes intentionnels partiels. La puissance volontaire étant, selon l'analogie, à sa fin propre ce qu'est la matière à la forme, on peut dire en aristotélisme que la forme réelle de la volition est cette fin, dans sa réalité concrète et actuelle, fin qui, à elle seule, définit spécifiquement l'intentionnalité propre de la volonté. La proposition de la fin à la volonté par l'intelligence est nécessaire sans doute, mais elle n'est pas spécifiquement déterminante ; elle ne joue de ce point de vue que le rôle accidentel d'une condition d'exercice de la volonté. L'intentionnalité de l'acte pratique est donc une et unique, elle ne se compose pas d'intentionnalités partielles « superposées ». Ce qui ne l'empêche pas d'être, en même temps que formellement volontaire, virtuellement intelligente[2].

1. Le jugement et l'acte pratique chez Descartes ont la même structure intentionnelle. Cf. la 4e *Méditation métaphysique*, la *Lettre à Gibieuf* du 19 janvier 1642.

2. Il en va de même dans le domaine physique ou dans le cas du vivant : pour l'aristotélisme, l'âme humaine, par exemple est formellement spirituelle et virtuellement forme du corps, la forme supérieure assumant éminemment la forme inférieure et exerçant sa vertu : elle est donc la forme une et unique du composé humain. Au contraire de l'âme humaine dans le scotisme, qui est la forme complétive du composé humain, c'est-à-dire de la hiérarchie des formes inférieures, distinctes de soi et multiples réellement par conséquent. Ce qui est un existentiellement dans l'aristotélisme, c'est-à-dire virtuellement distinct dans la réalité et actuellement multiple de raison raisonnée, après l'opération abstractive, est multiple existentiellement dans le scotisme, c'est-à-dire distinct formellement *a parte rei*, avant l'opération abstractive. Autant dire que l'intelligence scotiste n'est plus abstractive, mais « intuitive », au sens quasi platonicien où le concept même est intuition. L'intelligence aristotélicienne au contraire est abstractive au niveau du concept et du raisonnement, intuitive dans le jugement, qui assume virtuellement la « vertu » de la prédication, qui est donc matériellement prédicatif et formellement adhésion au réel. On comprend mieux peut-être après ces indications ce que signifie la doctrine des *Logische Untersuchungen* à propos du jugement : il se réduit formellement à la prédication, c'est-à-dire à un acte fondé

D'où il suit, avec évidence, que l'intentionnalité pratique, telle que la phénoménologie des *Logische Untersuchungen* la présente, ne trouve pas son principe structurel dans la réflexion cartésienne ni dans l'intentionnalité pratique aristotélicienne : dans la mesure où elle affirme une pluralité de formes (qualités) intentionnelles dans le même acte pratique, la doctrine phénoménologique s'écarte à la fois de la position rationaliste et de la position aristotélicienne. Elle s'oriente vers une solution de structure quasi scotiste, et bute à propos de l'unité de l'acte pratique sur des difficultés analogues à celle que rencontre la métaphysique scotiste dans le problème de l'unité de la matière et de la forme substantielles.

Pour s'en assurer, il convient d'approfondir le sens du passage où Husserl précise que la fondation de l'acte pratique sur l'acte représentatif objectivant ne suppose aucun influx de causalité du second sur le premier [1]. Le terme employé par Husserl indique bien qu'il pense ici à l'unique causalité efficiente : l'acte de représentation simple, l'acte fondant, ne cause pas *(bewirke)* l'acte pratique, ni la qualité intentionnelle-pratique de l'acte total. Comment en serait-il autrement puisque la distinction aristotélicienne des causalités, si significative d'un type d'analyse philosophique proprement humaine, est rejetée par la philosophie moderne, et que la science positive ne parle aujourd'hui que d'une causalité efficiente, réduite encore, selon le sens de la critique humienne et kantienne, à la succession chronologique des phénomènes physiques ? Il est, dans ces conditions, particulièrement intéressant de voir Husserl tenir si fort à nier la production causale efficiente de l'acte fondé par l'acte fondant. La raison en est claire, elle est toujours la même : Husserl veut assurer la spécificité et l'autonomie de l'intentionnalité de chaque niveau de sens composant l'acte pratique total. Une causalité efficiente exercée par l'acte fondant sur l'acte fondé réduirait l'intentionnalité pratique à la seule intentionnalité représentative. Et, ne connaissant pas d'autre forme d'influx causal que l'efficience, Husserl se voit dans l'obligation de superposer des intentionnalités, qui, distinctes de soi, *a parte rei*, n'en constituent pas moins entre elles un acte unitaire complet. Il apparaît donc bien, encore une fois, que sa manière quasi scotiste de penser empêche Husserl d'interpréter l'unité de l'acte pratique, des intentions représentative et pratique qu'il comporte, autrement que dans le sens d'une pluralité de formes intentionnelles superposées. Ici, comme chez Duns Scot, la pluralité formelle exclut toute unité réelle autre que celle de la superposition *(Überlagerung)* hiérarchique, fondée sur une première matière-forme et achevée dans une forme complétive, des formes multiples et distinctes de soi.

sur l'acte conceptuel de représentation primitive (*L.U.*, II A, p. 367, 404). L'unité de l'acte prédicatif husserlien bute sur les mêmes difficultés que l'acte pratique, c'est-à-dire sur des difficultés analogues à celle que rencontre l'unité de la matière et de la forme chez Duns Scot.

1. *L.U.*, II A, p. 390-391.

Ce parallèle doit être bien précisé, pour faire apparaître le caractère strictement non aristotélicien de la solution husserlienne. Si la matière selon Duns Scot est intelligible par elle-même, selon une notion distincte de soi, elle est séparable, sinon séparée, elle n'est donc pas, par rapport à la forme, par la forme et dans la forme, elle ne fait pas un avec elle, selon une relation dite transcendantale ou essentielle, au sein du composé substantiel concret. Duns Scot éprouve donc la plus grande difficulté à assurer cette unité substantielle de la matière et de la forme dans le tout substantiel, qui pour un aristotélicien ne fait nullement problème[1]. La seule issue pour lui est de définir la multiplicité des formes composant la chose concrète comme une unité par composition, une unité par ordre hiérarchique, c'est-à-dire de rejeter tout à la fois la thèse de la relation transcendantale de la matière à la forme, celle, corrélative, de l'unité de la forme, et celle, consécutive, de l'unité par soi du composé substantiel de matière et de forme. Parallèlement, Husserl affirme sans hésitation que l'acte a beau être « strictement unitaire », que l'objet a beau apparaître en lui dans son unité et une seule fois, l'acte n'en est pas moins composé et son intention n'en est pas moins formellement multiple[2]. C'est ainsi que l'intentionnalité propre à l'acte représentatif fondant demeure distincte de soi, comme *a parte rei*, dans l'acte pratique total et que l'intentionnalité pratique elle-même, quoique fondée sur celle-ci, lui est cependant irréductible. Non seulement les qualités intentionnelles superposées dans l'acte total sont distinctes au point d'exclure l'unité qui adviendrait à celui-ci de par la causalité efficiente exercée par l'une sur l'autre, mais encore leur superposition par fondation l'une sur l'autre exclut l'unité qui lui adviendrait d'une composition mutuelle analogue à celle, aristotélicienne, de la matière et de la forme.

Les aristotéliciens en effet considèrent que les causes, se causant mutuellement elles-mêmes, constituent entre elles une unité par soi[3] et qu'il y a une analogie entre la matière, la cause matérielle en général, et la forme, la cause formelle en général, d'une part, la proposition par l'intelligence de la fin à la volonté et la volition même d'autre part. La fin réelle étant, et elle seule, la forme réelle de cette puissance qu'est la volonté, la proposition de cette fin à la volonté dans la connaissance rationnelle ne joue que le rôle d'une détermination accidentelle, condition d'exercice de la détermination formelle de la volonté à l'égard de sa fin réelle. Si la fin

1. La doctrine de la relation transcendantale se trouve chez ARISTOTE, *Physiques*, I, 194 *b* 8. Elle est considérablement explicitée par la tradition scolastique aristotélicienne, cf. Jean de SAINT-THOMAS, *Cursus phil.*, *Ars logica*, II, q. 17, a. 2, p. 578 b sq. Elle permet de comprendre pourquoi, en aristotélisme, la matière n'est pas une notion intelligible de soi, mais par rapport (analogie) à la forme, *Physiques*, I, 190 b 7.
2. *L.U.*, II A, p. 428.
3. Les causes sont mutuellement causes l'une de l'autre, ainsi de la matière et de la forme, et, quoique dans un autre sens, de la cause efficiente et de la cause finale, ARISTOTE, *Métaphysiques*, Δ, 2, 1013 b 9.

réelle est ainsi analogiquement la cause formelle de la volition[1], l'appréhension de cette fin et sa présentation à la volonté par l'intelligence n'en est que la cause matérielle. Et comme la cause matérielle, considérée dans toute son amplitude analogique, compose avec la cause formelle, prise également dans toute son amplitude analogique, un seul et même être un formellement, il s'avère que l'intentionnalité d'ordre théorétique de la représentation intellectuelle de la fin compose avec l'intentionnalité volontaire un seul et même acte intentionnel, formellement un également. Enfin, puisque la cause formelle, prise dans son amplitude analogique, est toujours le principe de détermination quidditative du tout dans lequel elle entre en composition, il apparaît que cette intentionnalité nouvelle, unitaire, est volontaire formellement, quoique intellectuelle ou représentative virtuellement. Ce qui revient à dire plus simplement que la volonté, spécifiée par la fin que lui présente quasi matériellement l'intelligence, produit d'elle-même, c'est-à-dire selon une intentionnalité qui lui est propre, un acte formellement un à l'égard de cette fin, qu'ainsi elle atteint (veut, aime, réalise) dans l'être « extramental » concret[2]. C'est là l'extrême conclusion, dans l'ordre qui nous préoccupe, de la thèse universelle en aristotélisme de l'unité de la forme. Et il est significatif de voir comment la phénoménologie des *Logische Untersuchungen* s'en écarte absolument.

Il est possible, à partir de là, d'esquisser la description de la tradition intellectuelle dans laquelle s'inscrit la phénoménologie husserlienne. C'est là ouvrir une perspective à l'analyse structurelle des doctrines que je n'ai pu jusqu'ici que suggérer dans deux articles [3].

De même que l'unité du tout substantiel concret n'est rien de plus pour

1. La fin est cause formelle de la volonté au sens de cause objective. Aristote le montrait déjà dans le *De anima*, II, 4, l'objet est un certain type de cause formelle. Par là, il n'exerce pas un influx causal transitif sur la puissance vitale de connaissance ou d'appétit. Causant comme cause objective, terminative, c'est-à-dire comme cause formelle-extrinsèque, il exerce un influx selon la sensibilité, l'intelligibilité, ou l'appétibilité, bref selon l'intentionnalité (sauf dans le cas du premier objet quant à nous, l'aliment bien-sûr). Cf. Jean de Saint-Thomas, *Cursus phil.*, *Ars logica*, II, q. 21, a. 4, p. 673 b sq. Il est significatif que Husserl s'attache à montrer que l'objet de la conscience n'exerce pas à l'égard de celle-ci une causalité « réelle », mais « n'entre en ligne de compte que comme intentionnel » (*L.U.*, II A, p. 391). Par quoi il exclut la seule causalité qu'il connaisse, la causalité efficiente, mais sous-entend cependant une certaine « détermination » intentionnelle de l'objet, comment en serait-il autrement ? C'est-à-dire ce que la scolastique aristotélicienne appelle une causalité formelle objective. A quel point les thomistes sont égarés par cette manière de voir, il suffit de lire, pour le comprendre, Bernard Lonergan, *La notion de verbe dans les écrits de saint Thomas*, Bibliothèque des Archives de philosophie, Beauchesne, Paris. Pour cet auteur, l'intentionnel de Thomas d'Aquin n'a rien à voir avec la causalité.

2. De même, la forme intentionnelle *(species impressa)* est co-principe de l'acte de connaissance ; actuant la puissance de connaissance, comme une semence, elle la *féconde*, pour que celle-ci puisse *concevoir* l'objet, c'est-à-dire le connaître dans une *species* prononcée intérieurement, *expressa*, le verbe de l'intelligence.

3. Cf. article cité note 5 p. 514, et « Époché - Malin Génie - Théologie de la toute-puissance divine, Le concept objectif sans objet, Recherche d'une structure de pensée », *Studia philosophica*, vol. 26, Bâle, 1966.

Duns Scot qu'une unité accidentelle par composition ordonnée, de même l'acte cognitif ou pratique complet se résoud pour la phénoménologie des *Logische Untersuchungen* en une pluralité d'actes intentionnels partiels, quoique spécifiques. Les *Logische Untersuchungen* manifestent, de ce fait, une similitude étonnante avec la position de Guillaume d'Occam, que régit aussi une pensée de type scotiste, ainsi qu'il apparaît dans la doctrine de la simultanéité de plusieurs actes intellectifs, simples, complexes-prédicatifs, complexes-judicatifs, et de plusieurs actes pratiques[1]. Occam cependant, poussant la doctrine scotiste de la matière jusqu'à ses dernières conséquences, nie dans son principe l'intentionnalité du sujet à l'objet. De même que la matière de Duns Scot est actualisée par elle-même, et non par une forme autre qu'elle, de même les actes du sujet occamien sont différenciés par eux-mêmes, et non par un objet autre qu'eux[2], ce qui rend la connaissance intuitive d'une chose non existante non-contradictoire, c'est-à-dire possible *de potentia absoluta dei*[3].

Or, cette hypothèse d'une connaissance vraie sans objet réel corrélatif impose l'idée d'un acte subjectif auto-suffisant, terminant à lui-même, principe et critère de tout autre acte vrai (c'est l'*intelligo* d'Occam, le *res apparet*, *ergo res est* de Nicolas d'Autrecourt) et l'idée de l'*esse intentionale*, *objectivum* ou *apparens* d'un contenu idéel immanent indépendant de la chose extramentale idéée (Pierre d'Auriole, Grégoire de Rimini, Nicolas d'Autrecourt). Deux idées qui commandent, en s'impliquant mutuellement, le développement des doctrines métaphysiques et critiques ultérieures : immédiateté et exclusivité du *cogito* ; apriorité des idées : création des vérités éternelles innées (Descartes), mathématisation du savoir philosophique (Leibniz), transcendantalité des formes premières du connaître (Kant) ; dissociation du sujet et de l'objet, de l'objet connu et de la chose réelle : dualité des substances (Descartes), parallélisme des attributs de la substance (Spinoza), harmonie préétablie (Leibniz), distinction du phénomène et du noumène (Kant), distinction du signifié et du référent (Saussure), distinction du texte et du hors-texte (Derrida). Loin de moi l'intention de mettre tous ces thèmes sur le même plan : ils correspondent chacun à un point de vue propre, déterminent chacun une

1. *Sentences, Prologue*, q. 1, folio a 2 R, Édition de Lyon 1496, Reprint Gregg, 1962.
2. *Ibid.*, folio a 4 GG.
3. *Ibid.*, folio a 4 HH. Cette doctrine, lourde de conséquences tant dans le domaine critique que dans le domaine pratique (que l'on songe au thème de l'*odium Dei*, la justice par imputation extrinsèque, au *pecca fortiter sed crede fortius* de Luther) est développée par un grand nombre d'auteurs plus ou moins occamiens de la fin du XIIIe et du début du XIVe siècles : Pierre d'Auriole, Jean de Mirecourt, Nicolas d'Autrecourt, Robert Holkot. Cf. MURALT, « La connaissance intuitive du néant, le rôle de l'argument *de potentia absoluta dei* dans la théorie occamienne de la connaissance, introduction, traduction et commentaire du Prologue des Sentences de Guillaume d'Occam », *Studia philosophica*, Bâle, 1976, vol. 36, p. 107-158.

pensée philosophique originale et méritent chacun une analyse détaillée et fidèle. Il n'empêche qu'ils sont régis, au moins partiellement, par une même structure de pensée, celle même qui fait l'unité spécifique de la philosophie moderne, telle qu'elle a été explicitée par excellence, dans le sillage occamien, par la *Critique de la Raison pure* : définition a priori de l'acte du sujet, privilège de la connaissance du moi.

Il peut paraître évident que l'épochè husserlienne s'inscrit dans cette immense trajectoire. La doctrine de la *matière* ou du *contenu intentionnel* de l'acte subjectif, théorique ou pratique, rend possible la dissociation du noème d'avec l'objet téléologique, comme chez Occam la spécificité par soi des actes du sujet connaissant, ou chez Pierre d'Auriole ou Grégoire de Rimini, l'*esse objectivum* du contenu représenté du connaître simple ou complexe rend possible l'indépendance de fait de l'acte subjectif par rapport à l'objet, si Dieu le veut, *de potentia absoluta*. L'initiative arbitraire de la puissance divine, susceptible d'actualiser pour elle-même l'essence même de la connaissance comme indépendante de l'objet absolument, devient ici la démarche libre d'une volonté soucieuse de dégager le possible comme essence du réel[1] et d'établir contre le psychologisme l'*ideale Objektivität* des sens noématiques, matières ou contenus intentionnels-divers, du « perçu comme tel » au *Logisches Gebilde*[2]. En ce sens, la phénoménologie analytique des *Logische Untersuchungen* appelle la méthode phénoménologique de l'épochè, telle qu'elle est présentée par *Ideen zu einer reinen Phänomenologie*, I. L'une et l'autre répondent à une structure de pensée qui n'a rien de commun avec la structure de la pensée aristotélicienne, en dépit de telle similitude thématique, puisqu'aussi bien elles s'enracinent dans une tradition qui s'est délibérément opposée à l'aristotélisme.

La doctrine de l'acte fondé, telle que Husserl la présente dans les *Logische Untersuchungen*, garantit certes l'autonomie de l'acte pratique (de la qualité intentionnelle-pratique de l'acte total dit pratique), par opposition à l'acte représentatif objectivant. Elle est par là une pièce importante de la critique husserlienne du psychologisme. Il reste cependant qu'elle n'assure pas suffisamment l'unité propre de l'acte pratique et que de ce point de vue elle rencontre des difficultés analogues à celles

1. *Ideen*, I, p. 159 : « Die alte ontologische Lehre, dass die Erkenntnis der « Möglichkeiten » der der Wirklichkeit vorhergehen müsse, ist m.E., woferne sie recht verstanden und in rechter Weise nutzbar gemacht, eine grosse Wahrheit ».

2. Muralt, *op. cit.*, §§ 8, 9, 22. Ce platonisme « idéal », « mathématique », n'est autre que le « réalisme » des auteurs tels Pierre d'Auriole, Grégoire de Rimini, qui admettent l'*esse objectivum* du connu comme tel. (Dans la mesure où Occam refuse finalement l'*esse objectivum*, qu'il considère comme *fictum*, il est le premier des « psychologistes » contre lesquels batailla si rudement Husserl). Qui ne voit en effet l'identité de la doctrine de l'*esse objectivum* des terministes du XIVe siècle et de la doctrine husserlienne de la *vermeinte Gegenständlichkeit als solche*. Cf. *op. cit.*, p. 173 et citations de Husserl.

de la métaphysique scotiste de la pluralité des formes. Il est intéressant en conclusion d'indiquer brièvement dans quelle direction Husserl s'engagera après les *Logische Untersuchungen* afin d'éviter les difficultés évoquées jusqu'ici.

Dans *Ideen zu einer reinen Phänomenologie*, I, dans *Formale und transzendentale Logik*, *Erfahrung und Urteil* et *Die Krisis der europäischen Wissenschaften* surtout, Husserl élaborera la doctrine importante de la translation de l'intentionnalité *(Verschiebung der Intentionalität)*, dont j'ai montré dans un autre ouvrage la portée intentionnelle, spéculative et logique[1]. C'est cette doctrine qui permettra à Husserl de dépasser les descriptions insuffisantes que donnent les *Logische Untersuchungen* de l'acte fondé. Elle aboutira en effet à affirmer l'interpénétration téléologiquement orientée des actes intentionnels du sujet concret, au sens où l'on pourrait dire que l'intentionnalité de l'acte fondant glisse dans l'intentionnalité de l'acte fondé, s'amplifiant ainsi dans l'unité et se diversifiant dans la qualité. Au gré de cette évolution, la phénoménologie husserlienne cessera de présenter le caractère analytique qu'elle revêt dans les *Logische Untersuchungen* et qu'elle doit à l'héritage brentanien, très « rationaliste » encore dans la présentation de l'acte pratique. Développant son génie dialectique et téléologique propre, elle renversera décidément la perspective des *Logische Untersuchungen* sur un point précis.

Si, dans cette œuvre, la fondation des formes intentionnelles secondes sur les formes intentionnelles premières se réduit à une superposition formelle *(Überlagerung)*, cette superposition n'est pas cependant une simple juxtaposition extrinsèque. Les intentionnalités superposées, dit Husserl, s'exercent les unes *dans* les autres, l'intentionnalité de l'acte prédicatif dans l'acte de simple représentation (position-de-sujet, position-de-prédicat), l'intentionnalité de l'acte pratique dans l'intentionnalité de l'acte de représentation perceptive ou prédicative. Cette immanence de l'intentionnalité de l'acte fondé dans l'intentionnalité de l'acte fondant est bien évidemment un dernier écho de l'interprétation « rationaliste » de l'acte fondé : puisque l'acte pratique non objectivant est fondé sur l'acte représentatif simple, c'est qu'il lui « doit » son intentionnalité et qu'il exerce l'intentionnalité qu'il a par là, dans et par l'intentionnalité de l'acte représentatif fondant. Après les *Logische Untersuchungen*, Husserl s'exprimera différemment. Il dira à peu près, pour s'exprimer encore dans le langage des *Logische Untersuchungen* : L'intentionnalité de l'acte de simple représentation (position-de-sujet, position-de-prédicat) s'exerce dans l'intentionnalité de l'acte prédicatif ; l'intentionnalité de la représentation perceptive ou prédicative s'exerce dans l'intentionnalité de l'acte pratique. L'unité de l'acte pratique n'est donc plus l'unité problématique de fondation d'un acte second sur un acte premier ; elle est l'effet, l'expres-

1. Cf., *op. cit.*

sion même de l'immanence de la vie intentionnelle en général, assurée définitivement par la translation des intentionnalités partielles les unes dans les autres, au sein et dans le sens du seul et même flux vivant de la conscience. La fondation de l'acte pratique sur l'acte objectivant apparaîtra désormais comme un moment abstrait d'une seule et même *Verschiebung der Intentionalität*, dans laquelle elle est assumée *(aufgehoben)* dialectiquement. Troquant la notion de la fondation des actes intentionnels seconds sur les actes intentionnels premiers contre la notion de la translation intentionnelle des premiers dans les seconds, Husserl engage la phénoménologie dans la voie, définitive, de ce nouvel hégélianisme qu'avec Heidegger il représente si brillamment.

PHÉNOMÉNOLOGIE ET MÉTAPHYSIQUE

Un nouvel essai d'analyse structurelle

Le vrai, c'est le tout.
(Hegel)

De nombreux interprètes ont tenté de rapprocher la phénoménologie husserlienne de la pensée aristotélicienne telle qu'elle s'est explicitée dans la scolastique médiévale, thomasienne principalement. Ils ont fait porter leurs efforts sur deux points principaux : la doctrine de l'intentionnalité et la doctrine de l'essence, croyant découvrir dans la première un prolongement de la critique des *species* intentionnelles et dans la seconde une rénovation de la métaphysique de l'être.

Il semble bien pourtant qu'il s'agisse ici d'une illusion de perspective. A l'examen en effet, la doctrine husserlienne de l'intentionnalité se rapproche beaucoup plus de la critique occamienne que de la critique thomasienne, de même que la conception du réel qu'elle permet d'entrevoir présente des affinités immédiates avec les dialectiques contemporaines, telles qu'elles se sont développées dans le sillage de la dialectique hégélienne, parallèlement à l'essor de la phénoménologie elle-même. Dans cette perspective, la phénoménologie husserlienne perd évidemment une part de cette nouveauté qui lui valut un tel prestige dès les années vingt. Elle apparaît, quant à la doctrine de l'intentionnalité, comme un moment particulièrement important, après les *Méditations* de Descartes et la *Critique* kantienne, de la structure de pensée spécifique de la philosophie classique moderne, et, quant à sa conception du réel, comme un nouvel effort, prolongeant celui des post-kantiens et de l'« idéalisme spéculatif » allemand, pour dépasser les difficultés sur lesquelles la philosophie classique moderne ne pouvait pas ne pas capoter.

La structure de pensée occamienne introduit la possibilité d'un savoir expérimental a priori, notion apparemment contradictoire, qui triomphe dans la physique nouvelle, mathématiquement formalisée, mais qui entraîne la réduction du problème métaphysique de la réalité, soit à l'évidence immédiate et indubitable du *cogito*, soit à la création arbitraire des choses par la puissance absolue d'un Dieu inintelligible. La philosophie classique moderne se caractérise précisément en effet par l'essai de fonder un savoir métaphysique sur l'hypothèse, légitime dans les seuls savoirs parfaitement formalisés, d'une vérité scientifique indépendante du réel donné dans l'expérience humaine immédiate. Elle ne pouvait donc subsister que par le concours paradoxal d'une structure de pensée occamienne et d'une structure de pensée « augustiniste » quasi théologique, l'illumination divine, la création par Dieu des vérités éternelles ou des monades sans fenêtres suppléant absolument la spécification objective de l'acte de connaître par le réel existant. Ces constructions théoriques étranges, qui passèrent pour rationnelles, qui passent encore aujourd'hui hélas ! pour le type même de la rationalité métaphysique, ne résistèrent pas aux critiques de l'*Aufklärung*. Le XVIIIe siècle, féru des lumières de la raison naturelle, les rejeta comme fanatisme théologique. Il ne garda comme métaphysique que l'évidence du « je pense », soit sous la forme concrète de la philosophie existentielle d'un Maine de Biran, soit sous la forme logique de la critique transcendantale kantienne. C'est dans cette deuxième perspective que la réflexion philosophique tenta de dépasser définitivement l'aporie critique occamienne : au concept vrai sans objet spécifiant, la dialectique spéculative allemande substitua la constitution de l'objet par le devenir du concept. Prolongement métaphysique de la critique kantienne, puisque selon le même schéma dialectique, le devenir engendre tout aussi bien l'être même de son propre sujet, puisqu'à la limite, cela même n'est vrai que du tout, divin ou naturel, du tout vivant, spirituel ou matériel.

C'est dans ce réseau serré de lignes doctrinales que s'insère la phénoménologie husserlienne. Et il n'est pas possible de la *comprendre,* autrement, ainsi que l'étude suivante tentera de le montrer. Compréhension fondée sur l'analyse des structures de pensée, et non sur la description des influences historiques. Car le vrai, c'est le tout. Ce qui pour Hegel revêt une signification métaphysique, au sens où le vrai est la manifestation de la totalité explicite de l'être, revêt ici une signification d'intelligibilité critique, au sens où le vrai est la totalité des structures de pensée qui, dans leurs articulations diverses, manifestent l'intelligibilité des diverses doctrines. Toute doctrine philosophique en effet est intelligible de droit. Toute doctrine philosophique n'est pas vraie, et corrélativement il n'est pas de doctrine philosophique qui soit vraie absolument. Toute doctrine philosophique, étant œuvre de l'esprit humain, est donc comprise, se comprend, dans l'ensemble intelligible, cohérent et organique, des œuvres objectives de l'esprit humain. Chacune d'elles est unique, originale, irréductible, ce qui n'exige pas qu'elle soit l'acte pur d'une liberté, il suffit qu'elle soit l'expression naturelle, plus ou moins parfaite, de la puissance vivante de connaître. Par là même, chacune d'elles est comprise, se comprend, par rapport à toutes les autres (c'est cette compréhension qui devrait être précisément l'objet de l'enseignement de la philosophie, car enseigner la philosophie n'est pas prêcher la bonne nouvelle), en deçà de la continuité des traditions doctrinales et des influences historiques, en deçà des coïncidences thématiques, des affinités personnelles : selon les structures possibles de la pensée humaine.

Théoriquement, l'analyse structurelle des doctrines est possible à partir de n'importe quelle philosophie : toute philosophie doit être capable de comprendre toute philosophie. Il est bien évident cependant que ce n'est pas le cas, que la plupart des philosophes se contentant d'intégrer à leur pensée plus ou moins explicitée ce qui dans celle d'autrui semble assimilable plus ou moins directement à la leur, par similitude de thème objectif ou de situation historique, par affinité sentimentale et affective, par méconnaissance même. Ce qui dans une telle perspective paraît inassimilable est rejeté avec d'autant plus d'intransigeance qu'il ne peut être intégré sans détruire la cohérence de la pensée même qui tente de l'assimiler.

Intégration ou rejet, réduction ou condamnation, telles sont les attitudes les plus courantes des philosophies à l'égard des autres philosophies. Elles se ferment par là à l'authentique compréhension philosophique, se contentant de rapprocher et d'exclure par accident, dans un syncrétisme historique mal fondé. Un exemple typique en est l'interprétation des similitudes thématiques que présente le *cogito,* tel qu'il est écrit dans l'*Ethique à Nicomaque* d'Aristote, dans le *De Trinitate* d'Augustin, dans le Prologue des *Sentences* d'Occam, dans les Lettres de Nicolas d'Autrecourt, dans les *Méditations* de Descartes, comme une continuité doctrinale sinon comme l'unité d'une structure de pensée.

Mais, dira-t-on, s'il est si rare de rencontrer la véritable compréhension philosophique, il semble bien difficile de mettre en évidence les structures de pensée philosophique qui devraient la fonder. Et pourtant, elles sont là, prêtes à être dégagées par qui saura les découvrir, dans le langage même dont se sert chaque philosophe pour exprimer sa pensée, là où l'articulation la plus banale des éléments de la proposition peut laisser entrevoir une distorsion infondée de l'expression, une inadéquation non critiquée du langage signifiant au sens signifié.

Un exemple, simple, mais métaphysiquement fort significatif, fera comprendre ce dont il s'agit. Lorsque Bergson, distinguant dans son langage le sujet du mouvement d'avec le mouvement, identifie dans la réalité ce même sujet et son mouvement et conclut, en réduisant le premier au second, que le mouvement, c'est le sujet même, il affirme d'une part ce qui lui paraît vrai, mais implique d'autre part au moins deux structures de pensée antagonistes, l'une où le sujet du mouvement est distinct du mouvement, l'autre où le mouvement est lui-même substantiel. Et comme il exprime la doctrine de la substantialité du mouvement, c'est-à-dire de l'identité absolue du sujet et de son mouvement dans la réalité, en les distinguant en même temps dans son langage, celui-ci reste inadéquat à son signifié tant que cette distorsion n'est pas clairement élucidée au gré d'une critique pertinente. Or l'explication de l'inadéquation du langage par les besoins de l'action pratique n'est pas la seule possible, il se peut même qu'elle ne soit pas suffisante, puisqu'il est d'autres structures de pensée, qui, distinguant les notions du sujet et de son mouvement, admettent leur unité réelle d'exercice, sans réduire pour autant le premier au second absolument. La proposition de Bergson n'est donc pas comprise, n'est donc pas intelligible en elle-même, dans sa spécificité propre, tant que les structures de pensée qu'elle met en cause sans nécessairement les mettre en œuvre ne sont pas elles aussi comprises, intelligées en elles-mêmes, dans leur spécificité propre. Et ces autres structures sont par exemple celles de la critique sophistique du jugement, de la physique aristotélicienne, de la critique aristotélicienne-thomasienne, tout aussi bien que celle de la phénoménologie et de la dialectique du concept hégélien ! Il apparaît par conséquent que l'explicitation d'une structure de pensée implique nécessairement celle de toutes les autres, et que les unes et les autres ne sont intelligibles en elles-mêmes que les unes par rapport aux autres, dans l'unité de leur compréhension philosophique. Il en irait de même si l'on prenait comme point de départ du raisonnement l'adage spinoziste : *ordo cognoscendi idem ac ordo essendi*, la définition occamienne du relatif comme absolu, etc., etc.

Le vrai, c'est le tout. L'intelligence philosophique est compréhension de toutes les doctrines, œuvres de l'esprit humain. C'est cette compréhension qui assure au discours philosophique son caractère de langage scientifique et rigoureux, d'intelligibilité, c'est-à-dire de vérité transcendantale (au sens thomasien de ce terme). Mais la philosophie est tout aussi bien compréhension de la chose, compréhension acquise au gré de l'expérience du donné immédiat, laquelle est le fondement de sa vérité formelle. Il apparaîtra aisément que la compréhension des doctrines, exigeant de soi exhaustivité et totalité, sera pour l'esprit un puissant adjuvant dans sa recherche expérimentale et inductive. Elle permettra une critique efficace des données de l'expérience en en empêchant les interprétations hâtives ou passionnelles; elle stimulera l'invention de réponses nouvelles en constatant l'insuffisance de telle position thématique déjà formulée.

L'analyse structurelle des doctrines philosophiques, la compréhension de leur vérité transcendantale, est évidemment une tâche considérable, elle exige une connaissance immense, elle réclame une pénétration intellectuelle peu commune. Autant dire qu'elle n'a jamais été réalisée parfaitement à ce jour, même si, dès ses premiers tâtonnements, elle parvient à la conclusion qu'il n'y a pas autant de philosophies que de philosophes. Aristote en donne des éléments articulés selon l'analogie. Hegel prétend en donner le système dialectique-historique. Rien n'empêche de reprendre l'effort de ces maîtres. Il manifeste lui-même un problème de structures de pensée, puisque selon Aristote la mise en œuvre de l'analyse des structures de pensée suppose explicitement la distinction de la vérité transcendentale et de la vérité formelle, alors que Hegel comprend la vérité comme seule vérité transcendantale, c'est-à-dire la vérité comme être, le rationnel comme réel, l'histoire de la philosophie comme le devenir universel lui-même. Le but de l'entreprise en tout cas est clair, l'enjeu de taille : manifester le caractère rigoureux, la puissance compréhensive de la discipline philosophique pour rendre à nouveau crédible son titre de science véritable.

De cette méthode d'analyse, c'est-à-dire de compréhension, nous avons souvent débattu, Mademoiselle Hersch et moi. Son sens aigu du philosophique y découvrit aussitôt un danger de « réductionnisme ». Les réflexions précédentes lui sont donc particulièrement dédiées, dans l'espoir qu'elles contribueront à lever ses objections. Je me rends parfaitement compte, chère Mademoiselle, de leur insuffisance : définir pour elle-même une méthode qui se constitue en s'exerçant et qui est loin encore d'avoir exploré la totalité de son champ possible, est une entreprise hasardeuse. Une méthode ne vaut que par sa mise en œuvre et dans ses résultats. Si celle-ci par hypothèse aboutissait à une impasse, du moins ne sera-ce pas pour avoir méconnu l'originalité spécifique des doctrines philosophiques qu'elle examine. J'espère que le nouvel exemple d'analyse qui suit cette brève introduction l'attestera.

La donnée parfaite d'une chose est pré-scrite en tant qu'idée.
(Husserl)

Dès son apparition, l'intentionnalité phénoménologique a été comprise et accueillie comme l'issue possible à toute forme d'idéalisme enfermant la connaissance dans les limites du sujet. Il suffit à ce propos de rappeler les quelques pages consacrées par Sartre dans *Situations, I*, à la phénoménologie husserlienne. Le dépassement de la conscience par elle-même, l'« éclatement » du moi vers l'objet, semblaient autant de gages d'un réalisme renouvelé, susceptible d'échapper aussi bien aux frustrations du kantisme brunschvicgien qu'aux excès du réalisme parménidien. D'autres auteurs, plus proches de la tradition scolastique, telle Edith Stein, saluaient dans l'intentionnalité husserlienne un retour possible à l'intentionnalité thomasienne, rapprochaient les *eidos* husserliens des *species* aristotéliciennes et thomasiennes et l'*époché* phénoménologique de l'abstraction scolastique. Il faut bien avouer que Husserl lui-même semblait encourager cette interprétation : la conscience ne constitue-t-elle pas, sur la base des esquisses (Abschattungen) de l'objet perçu l'*eidos* invariable de celui-ci, ne vise-t-elle pas, à travers le système des représentations plus ou moins complexes qu'elle élabore, perception, concept, jugement, la réalité dans son ipséité (Selbstheit) ? L'intentionnalité semblait effectivement réaliser le retour *zu den Sachen selbst*, et la description phénoménologique, la description des phénomènes, laisser transparaître une saisie métaphysique de l'être.

Sans doute cela est-il vrai et faut-il même insister sur le fait important que telle était bien l'intention de Husserl. La réalisation de fait, la réalité historique de la phénoménologie toutefois est bien différente. La phénoménologie husserlienne se définit selon une structure de pensée élaborée par Occam et les occamiens, et qui n'a pas cessé depuis de s'expliciter de diverses manières dans la théologie et la philosophie des XIVe et XVe siècles, dans la philosophie classique des grands maîtres du XVIIe, dans le criticisme kantien. Cette structure de pensée peut se définir de la manière schématique suivante : de par la toute puissance absolue de Dieu, tout acte du sujet peut être et être parfait indépendamment de son objet propre; une connaissance, même intuitive, peut être vraie, *sive res sit sive res non sit;* une volition peut être bonne, même sans vouloir, aimer, faire le bien qui lui correspond. Cette hypothèse *de potentia absoluta dei* devient un fait contingent *de gratia divina* dans la théologie luthérienne, l'être même des choses *de natura rerum* pour la philosophie classique, que l'on songe à l'innéité cartésienne, à l'incommunicabilité des substances ou des attributs chez Leibniz ou Spinoza. Elle commande, combinée à la distinction élaborée par la scolastique finissante de l'*esse subjectivum* de l'acte de connaître et de l'*esse objectivum* ou *apparens* du connu (Occam, Pierre d'Auriole, Nicolas d'Autrecourt) le procédé méthodologique du doute cartésien et la distinction du phénomène et du noumène kantienne, définie par l'auteur de la *Critique de la Raison pure* comme la condition transcendantale du savoir objectif. C'est dans cette tradition, dont il ne connaissait pas, comme tant d'autres, l'origine première, que Husserl s'insère en mettant en œuvre son époché.

Artifice de méthode, comme le doute cartésien, l'époché n'a pas pour seul effet de suspendre le jugement, mais de dissocier le noème de son objet, d'isoler un noème pur. L'hypothèse occamienne dissociait déjà, chez les maîtres du XIVe siècle, la réalité objective du concept d'avec l'objet réel conçu, l'*esse apparens* d'avec l'*esse* qui apparaît, et n'engageait rien de moins à cet effet que la toute puissance absolue de Dieu, c'est-à-dire une efficience arbitraire, sans référence aucune à quelque ordre de sagesse divin. Chez Descartes, la même hypothèse dissociait non seulement la prédication de la judication, ce qui n'entraîne encore que la suspension du jugement, mais l'*idea* de l'*ideatum*, l'hypothèse *de potentia absoluta dei* devenant l'hypothèse du Dieu trompeur ou du Malin Génie et se réifiant dans la doctrine de la création des vérités éternelles. Chez Husserl, l'époché dissocie également le noème de l'objet, et pour faire cette violence à l'attitude dite naturelle, elle exige la mise en œuvre de l'instance suprême de toute pensée de structure occamienne (ou scotiste), la volonté indéterminément libre.

Il n'importe pas peu que cette instance soit pour Husserl humaine et non plus divine. La fiction du Malin Génie n'était que la mise en scène dialectique et dramatisée de la décision libre du Tout Puissant de créer d'une part les vérités éternelles et d'autre part les choses mêmes, c'est-à-dire de réaliser *in principio* l'hypothèse occamienne. Elle remplissait donc l'office qu'en attendait Descartes, révéler à la conscience l'absolu de l'idée et en premier lieu l'absolu de cette idée innée subsistante qu'est l'âme, le moi, c'est-à-dire la pensée. Mais elle garantissait aussi du même coup, *in principio* encore, c'est-à-dire par l'immutabilité de la décision divine, la correspondance nécessaire de l'idée et de son idéat. Au contraire, la liberté humaine dans l'époché, coupant artificieusement-méthodologiquement le lien intentionnel nécessaire de la conscience à l'objet, ne peut plus désormais le rétablir absolument. La conscience abolit elle-même le fondement même du réalisme qu'elle prétendait instaurer. C'est cette revanche inattendue du Malin Génie — Die Geister, die ich rief, werde ich nicht mehr los — qui pousse Husserl dans la *Krisis* à critiquer la démarche des *Ideen, I*, c'est-à-dire à rejeter finalement la démarche phénoménologique-transcendantale de l'analyse intentionnelle et à privilégier au contraire la démarche phénoménologique-descriptive caractéristique de *Formale und transzendentale Logik* et de la *Krisis* elle-même. Dans la démarche phénoménologique-transcendantale en effet, l'époché se continue immédiatement en réduction transcendantale, au risque de faire apparaître la conscience comme un résidu vide, c'est-à-dire un moi non intentionnel. Dans la démarche phénoménologique-descriptive au contraire, l'époché dégage le monde vécu, la *Lebenswelt*, c'est-à-dire le moi plein de ses noèmes, et donc intentionnel, laissant toute latitude à l'analyse intentionnelle d'une part de remonter par paliers successifs des configurations (Gebilde) constituées jusqu'au moi constituant originaire selon un ordre inverse de celui de la constitution même, et d'autre part de révéler l'intentionnalité nécessaire du noème à l'objet, c'est-à-dire plus radicalement du sujet même à l'objet.

Malgré cette précaution, la conscience ne peut plus combler le hiatus, librement ouvert par l'époché entre elle-même et l'objet, sinon selon la structure eidétique de l'*etc.* *(Formale und transzendentale Logik)*, ce qui signifie que l'intentionnalité, à partir du noème isolé comme tel, ne rejoint plus l'objet qu'à l'infini. Dès lors, la doctrine de l'*eidos* husserlien s'infléchit dans un sens logique très caractéristique qui empêche absolument de la rapprocher de la doctrine des *species* thomasiennes. L'*eidos*, qu'il vaudra mieux appeler l'idée désormais, n'est plus seulement le sens de l'objet connaissable, mais l'anticipation idéale de la plénitude donnée de l'objet. A ce titre il participe des trois idées fondamentales de la conscience : vérité, évidence et raison, règle a priori le cours possible de l'expérience constitutive donatrice de sens et définit l'objet de la phénoménologie eidétique, c'est-à-dire de la logique transcendantale, seule logique formelle subjective absolue. L'objet, renvoyé au terme de l'intentionnalité infinie, n'est plus atteint de fait, et l'intention réaliste de la phénoménologie husserlienne se résoud de fait en l'élaboration d'une logique formelle subjective, science des normes subjectives a priori de toute expérience en tout sens possible. Ici de nouveau, mais sans le savoir, Husserl rejoint la structure de pensée propre aux grands occamiens du XIVe siècle, principalement français (Nicolas d'Autrecourt), pour lesquels l'hypothèse occamienne de toute manière, qu'elle se vérifie ou non, rend vaine toute recherche de l'objet et limite le savoir certain à la connaissance du moi et aux apriori subjectifs qu'il contient, particulièrement au principe de non-contradiction, conçu comme un principe d'identité hypothétique (Si A est, A est). La philosophie possible de Nicolas d'Autrecourt se déroule donc nécessairement en deçà de l'objet réel, existant ou non, de même que la philosophie possible de Husserl se développe de fait en deçà de la saisie de l'objet en lui-même, celui-ci étant défini soit comme terme possible de la recherche infinie, soit comme exemplaire idéal anticipant a priori le cours possible de cette même recherche infinie.

Certes, les phénoménologues ont tenté d'échapper à la logicisation nécessaire de la phénoménologie husserlienne. Merleau-Ponty a tenté de donner aux *eidos* un sens concret qui permettrait d'éviter leur interprétation en idées de la raison. Il définit les noèmes mis entre parenthèses par l'époché comme des essences séparées auxquelles il prête la subsistance des sens du langage. Ceux-ci pourraient être ainsi les a priori de fait qui anticipent l'expérience remplissante concrète, sans relever aucunement d'une construction logique aussi « idéaliste » que celle de la logique transcendantale. La thèse est intéressante, elle rencontre l'effort de la philosophie contemporaine du langage, mais elle n'est pas concluante. Elle bute sur la difficulté qui est celle même d'Occam : comment justifier le rôle d'exemplaire de fait des sens du langage sans admettre leur univocité ? Occam admettait une signification univoque première *de virtute sermonis* et une déclinaison de ce sens premier en divers sens dérivés, impropres et plus ou moins métaphoriques. Mais la position d'Occam comme celle de Merleau-Ponty est sans réponse devant la simple constatation, par la philosophie aristotélicienne du langage ou par la doctrine des jeux de langage de Ludwig Wittgenstein, que l'exercice concret d'un sens de langage dans de multiples contextes déterminent autant d'usages, c'est-à-dire autant de signification: propres, donc premières, d'un mot.

* * *

Ens primo cadit in intellectu.
(Avicenne)

L'hypothèse d'une dissociation du concept d'avec son objet, telle qu'ell est mise en œuvre *de potentia absoluta dei* par les occamiens, dans le dout hyperbolique cartésien, la critique kantienne ou l'époché husserlienne, n'a pas de sens pour la critique aristotélicienne-thomasienne. Pas plus que la matière ne peut subsister actuellement sans la forme, ce qu'implique pour tant la fameuse distinction formelle *a parte rei* de Duns Scot, l'acte de connaissance ne peut être dissocié de son objet formel spécifique. L'ordre du sujet à l'objet, comme celui de la puissance à l'acte, est un ordre de nature, une exigence vitale essentielle, exercée par le sujet selon son dynamisme autonome propre. Aucune instance extérieure ne saurait l'abolir sans tomber dans l'arbitraire ou l'artifice gratuit. De fait, le Dieu d'Occam ne respecte aucun ordre de sagesse divine ; le Dieu cartésien, plus radicalement encore, est explicitement défini comme indifférent à sa créature de même que le doute méthodique et l'époché relèvent d'une démarche artificieuse de l'esprit.

Dans ces conditions, l'intentionnalité subjective du connaissant atteint l'être même de la chose connue, de par son propre mouvement, et elle ne peut pas l'atteindre, car sinon elle n'atteindrait rien, même pas sa propre représentation. Il suffit ici de rappeler la doctrine aristotélicienne, si largement explicitée et prolongée par Thomas, des *species* intentionnelles. Par l'acte même de l'intelligence, la forme de la chose connue devient la forme même du sujet connaissant, lequel, concevant en lui-même l'être de la chose, l'exprime et l'atteint en elle-même, par et dans ce signe formel qu'est sa similitude intentionnelle. *Res intellecta forma intellectus (De Potentia), in ipso (verbo) expresso et formato videt (intellectus) naturam rei intellectae (In Joannis)* : formules lapidaires qui résument admirablement l'immédiateté réaliste de l'intentionnalité thomasienne. La position de Thomas maintient un équilibre délicat qui peut cependant être facilement rompu. Comme le verbe est un concept produit par l'intelligence *(aliquod constitutum,* le terme de *constitution* est lui aussi d'origine scolastique) il est difficile de distinguer sa valeur d'intentionnalité de sa qualité d'être. Il est tentant au contraire d'identifier son intentionnalité et son entité, ce qui revient à dissocier, au sein d'une critique thomasienne de la connaissance, le concept d'avec son objet, soit à ouvrir la voie à l'hypothèse occamienne. Les discussions du XIVe siècle sur le concept formel et le concept objectif, sur l'*esse subjectivum* et l'*esse objectivum* ou *apparens,* le manifestent bien. Elles se prolongent dans la philosophie classique, se modulent dans le criticisme kantien et l'époché husserlienne. Elles concluent à chaque fois à la rupture de l'intentionnalité, c'est-à-dire à la définition de la représentation ou du phénomène comme objet premier, sinon unique, de la connaissance. C'est contre cette mise en échec de l'ordre naturel du sujet à l'objet que s'insurge la phénoménologie husserlienne, et de ce point de vue certes Husserl esquisse un rapprochement avec la position scolastique aristotélicienne (que l'on songe à l'influence qu'a exercée sur lui la pensée d'un Brentano). Mais, régie par une structure de pensée occamienne, qui sous des formes diverses commande dès 1300 le développement doctrinal de toute la philosophie moderne, la phénoménologie échoue à réaliser son intention : la médiation intentionnelle est infinie, elle rejette à l'infini de son propre mouvement l'objet qu'elle vise, comme elle épuise dans sa propre dynamique l'efficience de son sujet. Autant dire qu'elle se substitue à ses termes matériel et formel propres et que son devenir même constitue aussi bien le sujet et l'objet dans leur sens spécifique. Cette conclusion, d'ordre plus métaphysique que critique, apparaîtra plus nettement quant à sa structure après l'examen des essais contemporains de métaphysique phénoménologique. Elle trouve cependant sa formulation husserlienne proprement dite dans la doctrine de l'idée comme anticipation régulatrice de la totalité de l'expérience possible, c'est-à-dire dans la logique transcendantale ou phénoménologie eidétique.

Pourtant il ne suffit pas de montrer que dans le connaître thomasien l'objet est la forme même du sujet. La doctrine thomasienne de l'*intelligere*, du *dicere*, des *species*, explicite le comment concret du connaître de l'être, elle ne révèle pas le fondement de l'intentionnalité même, c'est-à-dire son exercice nécessaire par rapport à l'être. La doctrine de l'*intelligere* par les *species*, par le *dicere* des *species*, manifeste formellement que par soi l'intelligence ne connaît que si elle est informée intentionnellement par l'objet lui-même, elle ne montre pas que l'intelligence ne peut pas ne pas s'exercer par rapport à l'être ; elle ne garantit pas la portée nécessairement réaliste de l'intentionnalité. Car, d'une part l'intelligence humaine pourrait prendre une chose pour une autre, étant informée intentionnellement par une forme autre que celle de la chose qu'elle croyait viser ; d'autre part elle peut ne pas atteindre parfaitement l'objet, ne réussissant pas à concevoir parfaitement sa forme. Si la doctrine de l'*intelligere* par les *species* fondait par soi le réalisme de l'intelligence, l'erreur consisterait à penser le non-être (que l'on pense au *Sophiste* de Platon) et l'imparfaite conception de la forme objective renverrait la saisie intentionnelle de l'être à l'infini, c'est le défaut de l'intentionnalité husserlienne. Il faut donc rechercher le milieu d'exercice connaturel de l'intelligence, lequel n'est autre que l'être même, c'est-à-dire ce qui est. C'est un thème familier de la réflexion thomasienne que celui-là, jamais pourtant explicité en fonction du problème critique du fondement de l'intentionnalité. Il s'agit en effet de l'interprétation par Thomas et les grands thomasiens (Cajetan, Jean de saint Thomas) de l'adage avicennien : *ens primo cadit in intellectu,* au gré de l'explicitation du thème aristotélicien de la primauté chronologique — primauté *quoad nos* — du plus universel (*Physiques,* I, 1).

La puissance intellective humaine, étant de soi parfaitement indéterminée, comme une tablette sur laquelle rien n'est écrit encore, ne peut bien évidemment trouver sa première actuation que dans la connaissance de l'objet le plus indéterminé lui aussi, puisque l'ordre de nature entre le sujet et l'objet implique nécessairement une certaine proportion de l'un et de l'autre. Cet objet le plus indéterminé est l'*ens concretum*, l'être mêlé de soi à toutes choses, et confondant en soi les notions de toutes choses, qui de ce fait est appréhendé nécessairement, quoique très confusément, dans toute saisie cognitive de tout objet, quel qu'il soit, fût-ce la première saisie sensible de l'embryon humain. Il importe de bien comprendre que l'*ens concretum* comme objet premier et propre de la puissance intellective, n'est pas saisi séparément comme tel — il ne le sera qu'en métaphysique proprement dite dans la confusion explicitée de sa notion analogique — mais qu'il est saisi avec le tout concret de la chose perçue, conçue ou jugée, dont il n'est abstrait pour l'instant que négativement. La saisie de l'*ens concretum* est donc exercée confusément dans tout acte cognitif et sa primauté chronologique ne répugne pas à la primauté chronologique de la sensation dans l'ordre des connaissances distinctes, c'est ce qu'il faudrait répondre à Duns Scot, Occam et Suarez, comme Cajetan l'a fait à Trombetta. Elle exprime la proportion naturelle de la puissance intelligente à ce qui est (expression bien préférable à cette autre : portée nécessairement réaliste de l'intentionnalité), et si elle pouvait être exprimée par l'embryon humain à l'occasion de sa première saisie cognitive sensible, elle s'exprimerait nécessairement dans le principe de non-contradiction : il est impossible que ce qui est soit et ne soit pas en même temps et sous le même rapport. On voit bien en quel sens le principe de non-contradiction, ce principe dont Thomas dit qu'il advient *quasi per naturam habenti ipsum, quasi ut naturaliter cognoscatur et non per acquisitionem (In Metaphysicorum,* IV, 6), est le premier principe de l'intelligence : non pas au sens d'un premier principe immédiatement explicite, a priori, auquel tout autre peut se réduire axiologiquement, mais au sens de l'affirmation principale de ce qui est, exercée radicalement dans toute position cognitive, explicitée formellement dans la critique métaphysique. Il exprime l'opposition première, en soi, absolue, distincte en tant même qu'opposition, de ce qui est et de ce qui n'est pas, la seule « définition » possible de la notion la plus confuse qui soit, l'*ens concretum*, au premier moment de sa saisie primitive, c'est-à-dire la « définition », première pour nous, de ce qui est par ce qui n'est pas, par ce qu'il n'est pas. Il garantit donc que, transcendantalement (au sens thomasien de ce mot), en deçà du vrai et du faux, indépendamment de son mode de perfection ou d'imperfection, toute saisie cognitive saisit nécessairement de l'être, et non du non-être, quelque chose qui est, et non rien (la moindre explicitation de cette saisie confuse de l'*ens concretum* laisse transparaître en effet la doctrine métaphysique-critique ultime des transcendantaux). A ce titre, il exprime l'impossibilité de la contradiction et, manifestant la proportion nécessaire de l'intelligence à l'être, il ne permet pas de dissocier le plan de la conséquence et le plan de la non-contradiction, comme Husserl le fait dans *Formale und transzendentale Logik*, en distinguant la *Konsequenzlogik*, au niveau du sens noématique dissocié de son objet, et la *Wahrheitslogik*, au niveau de l'intentionnalité même à l'objet, c'est-à-dire en introduisant la possibilité d'une contradiction relative, *Wie-*

dersinn, moins dirimante que l'absolu non-sens — *Unsinn.* Il est hautement significatif à cet égard de remarquer que la dissociation occamienne du concept, avec son objet aboutisse à minimiser l'impossibilité de la contradiction, Husserl se contentant de relativiser la contradiction, Descartes l'abolissant formellement en la concevant comme un possible *de potentia absoluta dei,* Occam et Nicolas d'Autrecourt la maintenant comme une sorte d'apriori subjectif de toute connaissance possible.

*
* *

Il y a une science de ce qui est en tant qu'il est
(Aristote)

Il n'est pas indifférent que le fondement de l'intentionnalité aristotélicienne-thomasienne s'exprime dans le principe de non-contradiction : cela signifie que, de même que la saisie de l'*ens concretum* est exercée dans tout acte cognitif, de même la métaphysique, science de ce qui est en tant qu'il est, est d'une certaine manière exercée dans toute discipline scientifique, autrement dit que la métaphysique est inévitable, au sens le plus concret de ce terme, et qu'« il y a une science de ce qui est en tant qu'il est », selon la formule extraordinaire des *Métaphysiques* d'Aristote. Thomas est si purement aristotélicien qu'il reprend les principes même de la métaphysique d'Aristote sans les modifier dans leurs structures. Au vrai, il est inadéquat de dire que Thomas explicite les structures métaphysiques aristotéliciennes, il les exerce bien plutôt en les mettant en œuvre dans sa théologie, et ce faisant les développe jusqu'à un point jamais dépassé après lui, il faut bien l'avouer. Et c'est précisément cela qui peut donner le change sur le sens métaphysique de la théologie thomasienne. En exerçant les structures de la métaphysique aristotélicienne, Thomas ne les expose pas comme telles, mais les applique à un domaine scientifique donné, élaborant ainsi une œuvre qui n'est pas premièrement métaphysique, mais théologie. Or, cette théologie ne se résoud pas en une pure contemplation théologale, elle revendique le statut d'une science et se constitue comme telle dans l'entreprise thomasienne. Elle met donc nécessairement en œuvre des instruments conceptuels, des structures de pensée métaphysique, qui ne sont autres que celles de la métaphysique aristotélicienne.

Un exemple permet de comprendre ce qui est visé ici. La conception de Dieu comme *ipsum esse subsistens* suppose l'élaboration métaphysique de la notion d'*esse,* puis la mise en œuvre théologique de cette notion par négation de tout caractère circonstantiel (ipsum) et de tout sujet d'inhérence (subsistens). La notion d'*ipsum esse subsistens* doit donc s'écrire sans majuscule, elle exclut radicalement la conception d'une théologie métaphysique qui se voudrait spécifiquement chrétienne, découlant de la révélation de l'*esse* divin à Moïse sur le Sinaï — elle l'exclut du moins pour Thomas, non pour Maître Eckhardt, mais on connaît trop les conséquences rationalistes auxquelles aboutit cette prétendue filiation divine de la métaphysique. C'est donc l'explicitation en critique métaphysique de l'analogie de proportionnalité propre de la notion d'*esse* comme telle, qui permet d'attribuer celle-ci par priorité à Dieu selon l'analogie dite de proportion ou d'attribution. Il en va de même dans d'autres cas encore : dans l'imposition des noms divins, dans le problème de la bonté de la matière première. Il est exclu de voir dans les textes thomasiens traitant de ces deux questions la preuve d'une priorité définitive donnée par Thomas à l'analogie d'attribution, ce qui permettrait de rattacher la théologie thomasienne à une métaphysique plus platonisante qu'aristotélicienne. Quand Thomas « assume l'héritage platonicien et augustinien », il ne songe nullement à platoniser, il aristotélise au plus haut point, en insérant le platonisme à la place qui lui revient dans les structures métaphysiques aristotéliciennes, particulièrement dans le jeu analogique des deux formes de l'analogie. Il suit de là que, si sa théologie fait apparaître un primat de soi de l'analogie d'attribution, ce n'est pas qu'elle postule une métaphysique platonisante, mais qu'elle est précisément une théologie de structure aristotélicienne, admettant le primat pour nous de l'analogie de proportionnalité.

Il faut donc montrer qu'« il y a une science de ce qui est en tant qu'il est ». Alors qu'aucune autre science n'a à se justifier de son existence, puisque son objet propre est donné d'expérience, la métaphysique doit s'attacher à justifier son statut, c'est-à-dire à délimiter critiquement son objet en en définissant la cohésion et l'unité propres. Car, à tout prendre, ce qui est en tant qu'il est n'existe pas, ce n'est pas *une* chose dont l'intelligence pourrait faire par soi l'objet immédiat de son acte de connaissance; c'est quelque chose (aliquid) certes, mais qui est exercé (est en acte) dans le concret de toutes choses, comme le principe de non-contradiction est exercé dans toute saisie cognitive de tout objet. Il implique donc une multiplicité nécessaire, ordonnée dans ses termes, l'un par rapport à l'autre ou tous par rapport à un premier. Ces deux types d'ordre définissent une certaine unité de proportion (analogia) ou de rapport à un premier (pros hen), c'est-à-dire en langage scolastique une analogie de proportionnalité propre et une analogie de proportion ou d'attribution. Ils ne définissent pas pour autant l'unité de l'entité même de ce qui est, mais l'unité de la notion de ce qui est (ratio entis, logos tou ontos), puisque ce qui est n'est pas une chose donnée d'expérience. L'analogie, sous ses deux formes, est donc une relation de raison, une intention seconde d'universalité logique, ce qui explique leur jeu réciproque dans l'exercice des disciplines qui les mettent en œuvre : l'analogie de proportionnalité, première quant à nous, structure principalement la métaphysique, la science de ce qui est en tant qu'il est ; l'analogie d'attribution, première en soi, structure principalement la théologie, science de l'être premier. Ce qui n'empêche pas que l'analogie d'attribution s'exerce en priorité dans chaque partie de la métaphysique, selon que celle-ci remonte aux principes de ce qui est en tant qu'il est, considéré selon telle ou telle ligne de causalité.

L'entité de ce qui est en tant qu'il est — exercée concrètement, réellement, bien que de manière multiple, en toutes choses — étant définie, autant que faire se peut, dans la confusion nécessaire de la notion analogique d'être, ayant trouvé de plus l'expression propre de son intelligibilité dans le principe de non-contradiction, la métaphysique a achevé sa phase constitutive critique (livre III des *Métaphysiques* d'Aristote) et peut désormais, conformément à la méthode constante d'Aristote, soumettre son objet à l'interrogation causale. Elle recherche donc la cause formelle de ce qui est en tant qu'il est et la découvre dans ce qu'elle appelle l'*ousia*, la substance, qui assume par soi l'exercice de la cause matérielle du sujet. Elle découvre la cause efficiente de ce qui est dans la puissance, la cause finale de ce qui est dans l'acte, la cause exemplaire de ce qui est dans l'un. La recherche de la substance (livre VII des *Métaphysiques* d'Aristote), la recherche de la puissance et de l'acte (livre IX), la recherche de l'un (livre X), décrivent autant de moments spécifiques, inductifs et positifs, de la métaphysique. Elles aboutissent à la saisie des principes, il vaudrait mieux dire plus adéquatement : des modes premiers de ce qui est en tant qu'il est, par rapport aux modes seconds de ce qui est en tant qu'il est : accidents, puissance passive, multiple (l'induction de la matière est une problématique d'ordre physique, et non métaphysique). En permettant à la métaphysique de confirmer son statut de science inductive, elles explicitent chacune le type prioritaire d'analogie par lequel peut être pensée l'unité spécifique du mode d'être découvert : analogie d'attribution pour la substance, analogie de proportionnalité pour la puissance et l'acte, analogie d'attribution et analogie de proportionnalité pour l'un, et exprimant chacune le principe d'intelligibilité correspondant : principe d'identité pour la substance, principe de causalité pour l'acte, principe de participation et de non régression à l'infini pour l'un.

Ce qui vaut pour ce qui est en tant qu'il est vaut également pour la substance, l'acte, l'un. Ce qui en tant qu'il est, n'est pas *une* chose, il est exercé en toutes choses. De même, la substance, l'acte, l'un, ne sont pas *une* substance, *un* acte, *un* un, mais sont exercés en toutes choses en tant qu'elles ont quelque chose de substantiel, d'actuel et d'un, c'est-à-dire en tant que, considérées selon qu'elles sont, elle laissent apparaître tel mode premier de ce qui est en tant qu'il est. Il faut par conséquent rechercher dans les choses lesquelles sont substances, actes, uns, recherche qui n'appartient plus à la métaphysique comme telle, mais à telle ou telle science autre : la physique, la philosophie du vivant, l'éthique, la théologie. C'est la théologie en particulier qui se pose la question de savoir s'il y a une substance, un acte, premier, pur et unique, c'est à elle qu'il incombe de démontrer l'existence de Dieu et de circonscrire autant que faire se peut sa manière d'être (livre XII des *Métaphysiques* d'Aristote). C'est ici que l'aristotélisme de Thomas se manifeste peut-être avec le plus d'évidence, et d'abord dans la démonstration de l'existence de cet être premier et un qui est dit Dieu. Démonstration diverse, mais analogiquement une, qui emprunte les seules voies selon lesquelles un effet peut dépendre de sa cause, soit les cinq modes de la causalité aristotélicienne, démonstration qui met en œuvre les structures métaphysiques acquises et illumine par elles le champ possible de l'expérience humaine, démonstration qui inaugure enfin un traité de théologie formelle — il est d'autres modes de la théologie encore — inégalable de rigueur métaphysique et de force démonstrative.

Il apparaît donc bien que la notion de philosophie première est double : première pour nous ou première en soi, métaphysique ou théologie, et que, puisqu'il s'agit ici d'une discipline de connaissance humaine, les deux modes de la philosophie première s'éclairent l'un l'autre, selon le jeu des relations qui caractérisent l'exercice des modes de l'analogie. La métaphysique est philosophie première en tant que science *(via inventionis)*, la théologie est philosophie première en tant que sagesse *(via judicis)*.

* * *

Je suis ce que j'ai été
(Sartre)

Après ce bref tableau de la métaphysique et de la théologie thomasienne, il apparaît aisément que la phénoménologie husserlienne ne peut en rien leur être comparée. Elle ne vise nullement à être une science de ce qui est en tant qu'il est. Du fait même de la « structure eidéique de l'*etc.* », la conscience n'est pas assurée d'atteindre jamais l'objet dans autre chose que son phénomène, c'est-à-dire dans la médiation intentionnelle qu'elle constitue elle-même. Elle ne peut, en cherchant à fonder l'intentionnalité, prolonger sa recherche dans le sens qui fut celui de la métaphysique aristotélicienne et thomasienne. Elle ne saurait pas davantage, du moins dans l'esprit de son auteur, prétendre fonder une théologie. A plusieurs reprises dans les *Ideen,* I, Husserl affirme en effet que, s'il était possible d'attribuer à Dieu la connaissance des choses sensibles, il s'agirait d'une connaissance de type phénoménologique, connaissance par esquisses d'un objet anticipé dans son sens eidétique : que serait-ce donc sinon équiparer de prime abord la connaître divin au connaître humain ?

Ces conclusions ne doivent pas cependant laisser croire que la phénoménologie husserlienne n'est pas capable de se prolonger en une « métaphysique de l'être », c'est-à-dire en une discipline de connaissance générale de la réalité dans son ensemble. Ne pouvant être une métaphysique au sens d'une science analogique de ce qui est en tant qu'il est, elle peut cependant s'amplifier aux dimensions d'une dialectique métaphysique de la totalité. C'est même l'impossible proportion de l'intentionnalité phénoménologique à l'être qui l'oriente vers une métaphysique de ce type, structurellement plus proche évidemment de la phénoménologie de Hegel que de la métaphysique au sens strict d'Aristote ou de Thomas, par une singulière revanche du « réalisme » métaphysique, comme si (als-ob, thème important de la phénoménologie de Husserl) la conscience tendait à combler d'elle-même le hiatus introduit par l'époché en équiparant à l'infini la totalité de la constitution transcendantale du sens à la saisie même de l'être dans sa réalité. C'est bien en effet dans cette direction que s'engage l'analyse précédente de l'intentionnalité husserlienne. Sur la base des diverses esquisses sensibles de l'objet perçu, vécues subjectivement comme divers hylétique, la conscience constitue le sens anticipatif de cet objet. Plus riche est le divers hylétique, le matériau d'expérience, plus précise, plus adéquate à la réalité, mieux remplie par elle, est l'« essence » à laquelle aboutit la constitution transcendantale. Le processus se continuant à l'infini, la constitution transcendantale du sens équivaut (c'est l'*als-ob*) à la saisie directe, intuitive, de la chose, la totalité du phénomène équivaut à l'être même visé. Ainsi, au terme du mouvement intentionnel, c'est-à-dire à l'infini, la médiation eidétique assume l'ipséité de la chose, la représentation conceptuelle assume la présence du réel, ce qui s'exprime, puisque le processus est infini et anticipativement thématisable par l'exemplaire idéal, dans l'affirmation équivalente que la réalité totale de l'être, l'ipséité, la présence réelle de la chose, est anticipée a priori dans l'idée évidente, vraie et rationnelle. D'une manière comme de l'autre, la connaissance « abstractive » des essences est intuition directe de la chose individuelle, l'expérience immédiate de la chose même thématisation eidétique ; la phénoménologie eidétique équivaut à la description phénoménologique, comme la logique transcendantale à l'intuition immédiate, l'une étant le principe exemplaire, l'autre la perfection téléologique du même devenir dialectique autoconstituant.

La structure de la métaphysique qui découle de là est simple : l'être est le phénomène total, ou le phénomène total est l'être même. Que l'on interprète la notion de phénomène au sens subjectif de la représentation de l'être ou au sens réaliste de la manifestation de l'être, il n'importe. Ces deux formules : la totalité des apparaîtres constitués dans et par la subjectivité transcendantale sont l'être réel, et : la totalité des manifestations de l'être sont l'être réel, sont équivalentes — ce qui permet de comprendre qu'une critique aussi apparemment « idéaliste » que la phénoménologie husserlienne et une ontologie aussi apparemment « réaliste » que la philosophie heideggerienne, peuvent avoir la même structure, si ces termes « réalisme » et « idéalisme » pouvaient avoir un sens utilisable dans une analyse structurelle.

Quelques brefs exemples montreront comment se réalise cette structure dans certaines philosophies contemporaines immédiatement influencées par la phénoménologie husserlienne. L'existentialisme sartrien définit l'essence de l'homme comme la totalité de l'existence humaine, « je suis ce que j'ai été », ce qui revient à dire que la totalité réalisée de l'existence jaillissante définit l'essence même qui se constitue en elle. L'ontologie heideggérienne décrit comment l'être vient à l'être en étant dit, si bien que la plénitude du langage constitue la totalité de l'être. L'esthétique de Mikel Dufrenne affirme que la nature ne trouve la perfection de son sens que dans l'œuvre artistique qu'elle suscite à travers l'artiste, si bien que la beauté de l'œuvre est la vérité même de l'être. Dans tous ces cas, ce n'est pas un sujet qui existe pour se définir dans son acte, ni une nature qui se manifeste dans l'actualité de son existence, ni un poète ou un artiste qui dit ou exprime l'être pour en faire apparaître le sens de vérité ou de beauté : c'est l'être même qui se détermine lui-même dans son devenir de fait pour s'apparaître à lui-même dans sa perfection achevée ; c'est l'être même qui est l'alpha, le sujet et l'oméga de son propre apparaître ; mais tout aussi bien c'est le phénomène qui assume en plénitude la réalité de l'être : l'être est phénomène, et le phénomène est l'être. La métaphysique est phénoménologie, eidétique ou descriptive, peu importe : *res apparet, ergo res est.* Ce que Nicolas d'Autrecourt entendait de l'apparaître à soi de la conscience, au sens même du *cogito* cartésien, vaut exactement pour le phénomène, tel qu'il est compris par la phénoménologie contemporaine, dans sa valeur de sens constitué ou dans sa valeur de manifestation réelle. L'être est vérité et la vérité est être, la vérité transcendantale est vérité formelle et la vérité formelle est vérité transcendantale, le réel est rationnel et le rationnel est réel, selon ce qui a été dit plus haut, si bien que le faux n'est pas, pas plus que le mal, sinon comme moments du vrai ou du bien.

Il apparaît que la structure métaphysique mise à jour au gré de ces quelques exemples est celle même de la phénoménologie de Hegel, laquelle montre d'une manière véritablement exemplaire et prophétique comment le même, conçu abstraitement, se réalise lui-même dans sa concrétion parfaite, dans sa plénitude évidente et terminale, à la fois souverainement libre dans son apparaître de fait (acte de sa puissance) et nécessairement fidèle au projet de son être (réalisation de son concept), poursuivant donc, comme l'entend Merleau-Ponty *(Phénoménologie de la perception)* de l'intentionalité pratique, un « but déterminé-indéterminé », suscitant, comme le même auteur le dit encore de l'intentionalité révolutionnaire et artistique, ses propres instruments de réalisation et ses propres moyens d'expression, se connaissant enfin selon ce qu'il est lorsque son devenir est achevé, ce qui est pour Bergson le cas de l'évolution vitale *(l'évolution créatrice)*.

La phénoménolige husserlienne peut donc se prolonger en une véritable métaphysique, mais tout aussi bien, selon une nécessité de structure, son point de vue critique originel, celui d'un sujet personnel de connaître et d'agir, ne peut que s'aliéner dans cette métaphysique au profit d'une dialectique de la totalité. Aussi bien la métaphysique élaborée par la phénoménologie ne peut-elle être que théologique ou athée : elle est théologique pour Hegel, sans aucun doute; elle est athée sans aucun doute pour Sartre, Heidegger, Marx, Merleau-Ponty. Plus profondément, elle est une gnôse, comme permet de le comprendre la dialectique teilhardienne, une gnôse « ecclésiologique », puisque, nonobstant l'absolue différence des thèmes comparés, le devenir phénoménologique de l'être est pensé par le phénoménologue comme doit l'être l'histoire de l'Eglise par le théologien. L'être en effet s'aliène en se manifestant dans son phénomène, pour s'apparaître finalement à lui-même dans la plénitude nécessaire de son évidence véritable. De même, Dieu s'acquiert un corps humain pour atteindre dans et par la mort de celui-ci Sa perfection ultime de grâce et laisser éclater devant Lui-même Sa splendeur finale. Ce n'est pas le moindre paradoxe des phénoménologies contemporaines que de présenter cette analogie structurelle (il ne s'agit évidemment pas de similitude thématique) avec la théologie de l'Eglise. Mais n'est-ce pas un paradoxe éclairant s'il permet de *comprendre* pourquoi certains cherchent à ranimer une métaphysique, sinon une théologie dont ils ont manifestement perdu le sens, à l'inspiration d'une dialectique ontologique, telle celle de Heidegger par exemple, comme d'autres, selon la même structure de pensée, tendent à définir l'Eglise du Christ comme le corps social de Marx ?

S'il s'agit donc dans la phénoménologie de Hegel comme dans celle de Husserl et de ses disciples, d'une métaphysique de l'être, il s'agit de la métaphysique d'*un* être, d'un être *un*, non plus d'une science de ce qui est en tant qu'il est. Le discours ne peut plus être qu'apparemment discursif et abstractif, il se résoud a priori ou terminalement en une intuition unique, exhaustive, parfaite, dont les articulations ne sont que des moments dialectiques, s'assumant l'un l'autre au gré de leur succession phénoménale, assumés a priori et infiniment par l'unique Logos, l'unique Verbe, l'unique Idée qui les récapitule (c'est l'analogon de l'*anakephalaiosis*) nécessairement dans la trame même de leur histoire. L'universalité logique comme l'analogie sont abolies. Le principe de non-contradiction n'est plus le premier principe de l'intelligence humaine de ce qui est, il se résume immédiatement dans le principe d'identité exprimant la nécessaire permanence de la Substance, comme le principe de causalité se résume immédiatement dans le principe de participation exprimant la nécessaire modulation phénoménale et historique de l'Un. Les majuscules utilisées ici à flot manifestent bien qu'il s'agit d'une structure de pensée métaphysique totale et unitaire, pour ne pas dire totalitaire, au sein de laquelle l'homme porteur et responsable dialectiquement de la téléologie universelle, n'a rien à dire sinon la parole même de l'être, sa vérité, son phénomène absolu : l'être est, le devenir devient, la chose « chose ». Das Wesen west, das Werden wird, das Ding dingt. Et cette métaphysique engendre les mêmes difficultés que celle de Parménide et d'Héraclite avant l'entreprise de Platon et d'Aristote. Remontons-nous donc aux sources, ou sommes-nous à bout ?

La métaphysique du phénomène et l'aliénation de l'homme

Se demander quel sera l'avenir de l'Europe revient à se demander quelle conception de l'homme présidera à sa construction et à son épanouissement. La question serait simple si nous pouvions répondre : cet homme, nous le sommes, nous, hommes de 1978, qui travaillons et travaillerons encore à bâtir l'Europe. La réponse serait facile aussi, si nous pouvions assigner avec certitude une nature, une raison d'être essentielle à l'homme, ou concevoir l'homme en soi.

Pourtant, l'histoire des idées montre que la civilisation européenne, la philosophie elle-même, a développé plusieurs modèles de l'homme, et que nous, comme nos prédécesseurs, ne sommes jamais en face d'une idée absolue de l'homme, mais que nous vivons, plus ou moins bien, d'une notion de l'humanité remaniée à chaque génération. Et il se trouve que deux conceptions de l'homme ont présidé à l'essor récent de notre continent, la conception que l'on pourrait appeler la conception classique, terme singulièrement ambigu qui correspond approximativement au développement culturel du XVIIe et du XVIIIe siècles, et la conception moderne qui recouvre et anime la constitution de l'Europe contemporaine, du XIXe au début du XXe siècle. Et il se trouve aussi que ces deux conceptions ont été contestées au cours des temps : la première par la seconde, au moment de la révolution critique kantienne et de la naissance de l'idéalisme allemand, la seconde par les mouvements de la philosophie la plus actuelle, en particulier celle que Paul Ricœur appelle très pertinemment l'école du soupçon.

Le but du présent exposé est de rendre compte de ces deux conceptions et de montrer qu'elles ne peuvent pas ne pas susciter une remise en question radicale.

Comment en effet soutenir que l'homme est capable de certitude absolue et de bonheur définitif ? Comment soutenir qu'il dispose de la méthode assurée pour obtenir la première ? Des moyens adéquats pour accéder au second ? La simplicité du *cogito* originaire, tel qu'il a été élaboré par Descartes, suppose une identité entre l'être même du sujet pensant et son acte : pâle reflet de l'identité souveraine de la « pensée de la pensée » que la métaphysique antique et médiévale attribuait à Dieu, le *cogito* ne peut que s'abîmer dans l'illusion idéaliste. De même, le splendide espoir d'un progrès moral continu, appuyé sur les résultats d'une science assurée de sa démarche, ne peut pas ne pas se dissoudre dans l'irréalité d'un idéal généreux, mais impraticable. C'est ainsi par exemple que les systèmes rationnels de philosophie politique, tels que les diverses doctrines du contrat social les ont conçus, n'ont pas tardé à manifester leur caractère idéologique, tant leurs constructions se sont révélées impuissantes à inspirer la réalité de la vie quotidienne des hommes et des peuples.

Le défaut majeur et général de la philosophie dite classique est d'avoir été conçue a priori, comme une épure mathématique, et par conséquent de s'être développée loin de l'expérience vivante des hommes. De beaux plans tirés sur la comète que la philosophie cartésienne de l'idée claire, qui définit l'essence du corps par l'étendue, avant de savoir si le corps étendu existe réellement, que l'éthique spinoziste, qui se développe selon l'ordre de la déduction géométrique, pour avouer finalement sa propre inadéquation et reprendre la description de la conduite droite de la vie « de façon qu'on la pût voir d'ensemble », c'est-à-dire dans un ordre autre que l'« ordre dispersé » propre à la déduction successive (*Ethique,* IV, appendice). De belles utopies que celle du contrat originaire par lequel les hommes dans un beau geste de sacrifice théâtral aliènent la part de leur liberté qui pourrait entamer la liberté de leur prochain !

Il est loisible de montrer que ces curieuses constructions a priori relèvent d'une application de la distinction formelle *a parte rei* de Duns Scot. Mais c'est là une maigre consolation d'érudit devant le constat d'échec qui clôt l'aventure de la philosophie de l'idée claire.

Pouvons-nous espérer que dans la philosophie qui, avec la révolution de la critique kantienne, condamne ces types de pensée, nous trouverons une description de l'homme plus proche de la réalité humaine, un projet éthique et politique plus réaliste et plus vivable pour l'homme ? S'il vaut mieux fêter la mort de l'homme cartésien, faut-il donc placer son espoir dans l'homme que façonne la philosophie dialectique, issue de Hegel et explicitée sous diverses formes jusqu'à Heidegger ? Il ne le semble pas, quelle que soit la richesse du matériau qu'elle travaille, bien que, par opposition à la philosophie classique, elle prétende se concentrer sur la compréhension de l'histoire considérée comme le milieu concret de l'existence humaine.

La philosophie moderne et contemporaine, et par là il faut entendre en une première approximation, comme il vient d'être dit, le grand mouvement de la pensée dialectique, représentée principalement par Hegel, Marx, Husserl, Heidegger, manifeste en effet une unité structurelle de pensée évidente, malgré la diversité des thèmes qu'elle explore. Cette unité, elle la doit principalement à son maître et prophète, Hegel.

Pour Hegel, tout être est devenir, et l'histoire universelle est le devenir d'un seul et unique sujet, l'Esprit, Dieu, qui se pose lui-même, dans son propre mouvement d'objectivation. S'objectivant, il se modifie, devient différent de lui-même, s'apparaît ainsi à lui-même, se voit et s'appréhende dans son altérité, sinon dans son aliénation d'avec lui-même. Mais, et c'est là l'admirable du devenir historique dialectique, il se ressaisit à l'intérieur de son apparaître objectif, de son phénomène extérieur, et se réintériorise dans une unité de connaissance qui est sa vérité et sa perfection ultime.

Bien que les philosophies qui suivent Hegel ne prétendent pas à une synthèse aussi ambitieuse, elles retiennent cependant toutes le schéma dialectique proprement hégélien. Aussi bien, Marx, Husserl, Heidegger, parlant de l'homme et de son devenir dans l'histoire de la nature et de la société, définissant la perception de la conscience individuelle ou le développement de la raison humaine dans l'histoire de la science, décrivant l'acte de création poétique du *Dichter,* pensent-ils tous selon le même mode d'intelligibilité. L'homme total marxien, la conscience individuelle, la raison universelle pour Husserl, le langage de l'être dans la *Dichtung* heideggerienne, sont les uns et les autres l'acte d'un seul et même sujet qui se constitue dans son devenir, s'actualise, s'objective, s'aliène en lui pour se déployer, se parfaire, et finalement s'apparaître à soi-même, en soi et pour soi.

Deux analogies prises dans l'imagerie de l'expérience quotidienne de l'homme, sous-tendent métaphoriquement cette structure de pensée.

Elles sont présentes chez Hegel, et mises en œuvre sous des formes dérivées dans les dialectiques qui s'inspirent de lui : l'image du vivant et l'image de la création de l'œuvre d'art. La dialectique leur impose cependant une correction fondamentale : le devenir d'un être est ici considéré comme le devenir d'un vivant qui auto-actualise les potentialités d'une seule semence vitale, sans nécessiter aucun apport extérieur d'un milieu nourrissier ; le milieu, l'élément dans lequel se développe chaque chose, l'Esprit de Hegel, le corps de l'humanité marxienne, la raison husserlienne, la *Dichtung* heideggérienne, c'est le sujet même du devenir, qui devient en lui-même, comme si la semence originaire était l'unique milieu duquel elle tire sa nourriture et dans lequel elle se développe jusqu'à l'état adulte terminal. En ce sens, le devenir, l'histoire, d'un être est un passage, en soi-même, de la puissance à l'acte, et il vise un terme téléologique, une fin qui est sa propre perfection ultime, atteinte dans le libre jaillissement de son énergie vitale.

Semblablement, le devenir d'une chose est considéré comme celui d'une création artistique, dont le créateur ne serait autre que l'énergie qu'elle met elle-même à passer de son propre mouvement de la puissance à l'acte. L'idée directrice du processus n'est donc pas ici, par opposition au cas habituel de la création artisanale et artistique humaine, celle d'un agent intelligent extérieur à l'œuvre à réaliser, elle est la réalité même qui se propose à elle-même comme principe de son propre devenir. En ce sens, le devenir d'une chose, Esprit, corps social, raison, poésie, est auto-création de soi, c'est-à-dire réalisation de l'idée exemplaire qu'elle est à l'origine du processus, et qui à ce titre détermine de manière nécessaire le sens de sa création.

Dans le drame de l'histoire universelle par conséquent, tout devient, c'est-à-dire le même s'apparaît parfaitement à soi-même, dans l'épanouissement final de son développement vital, dans la réalisation adéquate de son idée originaire. La dialectique contemporaine en revient ainsi au vieil Héraclite pour qui tout coule, mais elle lui ajoute, pour le rendre plus intelligible, la définition du devenir universel à la fois par son principe exemplaire et son but final, tout en précisant que celui-ci s'identifie dialectiquement à celui-là au gré même du devenir.

Et maintenant, que devient l'homme, que devenons-nous, dans cette vaste tautologie dialectique (Tautologie est un terme que Hegel utilise à plusieurs reprises pour caractériser le devenir historique)? L'homme est un moment dialectique du devenir universel et à ce titre constitue et réalise, au moins partiellement, le courant de vie et l'acte créateur qu'est l'histoire même. Il est, selon l'expression de Husserl, porteur, ou du moins, puisqu'il n'est pas seul, co-porteur (*Mit-träger*) de la téléologie universelle. De ce fait, il est à la fois nécessaire et contingent, contingent puisqu'il n'est que porteur de l'histoire, nécessaire puisqu'il en est le porteur précisément. La même ambiguïté qui caractérise le devenir de l'histoire se retrouve ici. De même que le devenir est à la fois jaillissement libre et spontané de la puissance vers l'acte final, et réalisation nécessaire et nécessitée de l'idée originaire, de même l'homme est à la fois nécessaire et contingent, responsable absolument du devenir et absolument indifférent à son égard. De là découle pour l'homme individuel une situation existentielle, double et contradictoire : en tant que porteur promouvant l'actualisation du sujet qu'il objective, il est responsable absolument du devenir ; s'il vient à faiblir ou à manquer, le sens de l'histoire pourrait en être infléchi, et l'histoire elle-même échouer dans sa visée finale ; en tant qu'instrument du mouvement de réalisation de l'idée, il est indifférent à celui-ci, étant dépassable absolument par lui ; lorsqu'il épuise son efficience instrumentale, il est aussitôt remplacé par un autre instrument. (Le totalitarisme d'inspiration marxiste donnera de cette ambiguïté une redoutable interprétation).

Dans l'une et l'autre perspective cependant, il est aliéné par rapport au devenir, en en étant soit responsable absolument, soit l'instrument dialectiquement dépassable ; il objective le sujet qui devient par lui et qui en lui s'apparaît médiatement, se manifestant ainsi et se voilant tout à la fois.

Ici encore apparaît une image biologique, celle, emprunté au biologiste Weissmann, du *germen* et du *soma*. Le *germen*, représentant l'identité spécifique de la vie, est porté par le *soma*, qui est l'enveloppe extérieure, accidentelle, du premier. Il n'apparaît que dans le *soma* qui lui donne pourtant une apparence bien différente de son être propre et par conséquent le cache tout autant qu'il le manifeste. De même, dans la phénoménologie hégélienne, le philosophe est le moyen dialectique de l'Esprit ; dans la phénoménologie husserlienne, le savant est le moyen dialectique de la raison universelle ; dans la dialectique marxienne, le révolutionnaire est le moyen dialectique de la révolution, c'est-à-dire de la constitution historique de l'homme total ; dans l'ontologie heideggerienne, la *Dichtung* est le moyen dialectique de l'apparaître, c'est-à-dire de l'être-dit de l'être.

Nous tenons là une diversification remarquable de la même structure de pensée au gré de thèmes divergents : le domaine d'application du schème dialectique différe en effet grandement de la phénoménologie hégélienne à l'histoire husserlienne de la science rationnelle, puis à l'idéologie marxiste, et enfin à l'ontologie heideggérienne. Il est possible, à côté de ces différentes dialectiques qui recoupent le champ traditionnel de la philosophie, en tant qu'il est découpé en métaphysique, critique, éthique et politique, de donner un autre exemple encore, tout aussi significatif, celui de l'esthétique de Mikel Dufrenne, pour qui l'artiste est le moyen dialectique de la nature, c'est-à-dire de l'art qui explicite le sens de la nature dans et par le créateur humain.

Dans cette perspective, ce n'est plus le philosophe ou le savant qui connaît la vérité ; ce n'est plus le révolutionnaire qui fait la révolution ; ni l'artiste qui crée l'œuvre d'art, ni enfin le poète (*Dichter*) qui parle de l'être. Non : c'est désormais la vérité qui devient consciente de soi, et se sait à travers le philosophe ou le savant ; la révolution qui se fait dans et par le révolutionnaire ; l'œuvre d'art qui se veut elle-même et se crée comme sens de l'être à travers et par l'artiste ; l'être qui se dit lui-même dans et par la parole du *Dichter*. Dans chacun de ces cas de déterminisme exemplaire et final, le devenir devient à travers et par ses divers moments, et, apparaissant en eux, atteint par là, dialectiquement, son épanouissement parfait, en soi et pour soi, au delà de ses porteurs responsables, de ses instruments indifférents, de ses moyens dialectiques nécessaires et contingents. Ce que dit Merleau-Ponty de la révolution et de l'art vaut de tous les cas mentionnés ici : « le mouvement révolutionnaire comme le travail de l'artiste est une intention qui crée elle-même ses instruments et ses moyens d'expression » (*Phénoménologie de la perception,* p. 508).

Cette structure de pensée ainsi définie se retrouve également dans le détail des diverses dialectiques citées. Le philosophe, Hegel lui-même, le savant, Husserl lui-même, fait apparaître la vérité de l'être ; il en est à proprement parler le phénomène, qui, en le faisant apparaître, le révèle, et, en l'objectivant sous une figure partielle, le voile et l'aliène. De même, le révolutionnaire, Marx ou Lénine, fait apparaître par son action révolutionnaire, théorique et pratique tout aussi bien, l'unité terminale de la société humaine réconciliée. Il en est à son tour le phénomène, ou le prophète, qui en l'annonçant, sinon en commençant de la réaliser, la révèle, et en l'objectivant dans une forme concrète particulière, la voile et l'aliène à elle-même. De même, l'artiste de Mikel Dufrenne fait apparaître le sens de l'être, la beauté de la nature; l'œuvre qui en résulte est à la fois la manifestation significative de l'être et son enfouissement dans une représentation partielle, accidentelle et imparfaite. Ici encore, l'être se montre et se cache dans l'œuvre qui sourd à travers le créateur. Le poète de Heidegger enfin dit l'être et sa parole le manifeste. Cependant, étant parole du poète, la poésie (*Dichtung*) fixe l'être dans des formules partielles et inachevées, relevant du langage humain et de ses structures, alors qu'étant l'être-dit de l'être, la poésie est bien plutôt, ou du moins pourrait être dans l'expérience poétique la plus épurée, la révélation plénière de l'être par lui-même. L'onto-logie ainsi, dira Heidegger, est ontiquement parole proférée par le poète sur l'être, et ontologiquement parole de l'être à l'homme, sous la forme historique de la *Dichtung* humaine.

On comprendra sans doute à partir de ces exemples que la dialectique propre à la philosophie moderne et contemporaine puisse se résumer dans une certaine «métaphysique du phénomène». De même qu'Aristote, le premier, établit la nécessité de la métaphysique comme science de ce qui est en tant qu'il est, manifestant ainsi d'une manière on ne peut plus limpide, mais presque toujours, et presque toujours délibérément, incomprise, la quintessence des structures qui animent sa pensée et en définissent l'ordre propre, de même un phénoménologue quelque peu métaphysicien pourrait se livrer à l'exercice de définir en quelques propositions l'essentiel des articulations d'une métaphysique de ce qui est en tant qu'il apparaît. Des linéaments de cette métaphysique ont été exposés dans l'Introduction à *L'être et le néant,* mais ils ne suffisent manifestement pas, ainsi que le montrera la courte synthèse suivante.

Structure de la philosophie contemporaine exprimée en termes d'être et de phénomène.

1. Le phénomène est ce dans, ce par quoi l'être apparaît; il est l'apparaître de l'être, l'expression de l'être, à la fois milieu (médiation dialec-

tique), agent et terme final apparents de l'être. C'est la responsabilité absolue du phénomène à l'égard de l'être.

2. Pourtant, c'est l'être lui-même qui apparaît dans le phénomène et se révèle en lui. Au moment où le phénomène fait apparaître l'être, le phénomène prend conscience que l'être apparaît de soi-même, en soi-même et pour soi-même, en lui, que lui-même s'aliène, doit s'aliéner en l'être. C'est l'aliénation nécessaire, dans et par l'être, du phénomène comme instrument de l'être. Celui-ci apparaît ici comme le milieu (*Element*), l'agent et la fin essentielles (*wesentlich*) de l'être même du phénomène qui est d'apparaître.

3. Dans le phénomène par conséquent, l'être apparaît, mais tout aussi bien se cache, c'est-à-dire s'aliène lui-même dans un apparaître partiel et imparfait, dans un moment dialectique. Mais comme l'être est (l'être), il est un, il apparaît un, c'est-à-dire entier dans chaque apparaître partiel, et il doit lui-même lever, supprimer, assumer (*aufheben*), le phénomène pour parfaire son apparaître. C'est l'aliénation de l'être dans le phénomène où, comme subjectivité originaire, il s'objective (c'est, pour parler comme Sartre, la conscience (de) soi de l'être, sa conscience pré-réflexive) — et c'est la nécessité de l'apparaître continu de l'être (le projet ou l'« ek-sistence » de l'être), nécessité qui implique le dépassement nécessaire de chacun des moments dialectiques, c'est-à-dire l'unité nécessaire des phénomènes de l'être dont ils sont les parties et dont ils constituent l'unité.

4. L'apparaître de l'être est ainsi l'histoire de l'être, qui passe de la conscience pré-réflexive de soi, ou conscience réfléchie de soi du phénomène, à la conscience de soi pure et simple, c'est-à-dire à la science parfaite de soi, à l'apparaître parfait de soi-même en soi et pour soi. Ayant passé de l'en soi au pour soi, la totalité des phénomènes apparaît par conséquent comme l'être même. Car, s'il n'y avait par hypothèse plus de phénomènes, il n'y aurait plus non plus d'être pour apparaître. Absolument, en soi, il y a identité de l'être et de l'apparaître; tout l'être apparaît, et l'être est tout apparaître; initialement, l'être apparaît; terminalement, le phénomène est l'être même.[1]

[1] Sans entrer dans trop de détails, il vaut la peine de souligner en passant les difficultés considérables que soulèvent les thèses 3 et 4. a) L'être, qui est un, apparaît dans un appa-

5. Puisque l'homme, en tant que moment partiel, en tant que phénomène de cette histoire, y assiste et peut la concevoir, sur la base de la connaissance qu'il peut prendre des moments ou phénomènes de l'être dont il est l'un, cette histoire, ce *Geschehen,* cet apparaître de l'être, s'exprime en une histoire, une *Geschichte,* une phénoménologie ou dialectique. Cette phénoménologie peut être soit, si le devenir est fini, description du devenir, soit, si le devenir est infini ou inachevé, vivre continu du devenir ou anticipation prophétique de la fin à venir du devenir. Et de toute façon, puisqu'en raison de l'aliénation mutuelle et dialectique de l'être dans le phénomène et du phénomène dans l'être, c'est l'être même qui apparaît dans le devenir et s'exprime dans le discours logique de la phénoménologie, cette phénoménologie est tout aussi bien ontologie, être-dit de l'être, ontiquement parole de l'homme sur l'être, ontologiquement parole de l'être à l'homme. (Il n'est pas nécessaire de préciser davantage, les illusions mystiques découlent de là en toute transparence).

6. Cette histoire est de fait finie et infinie. C'est l'histoire de l'être et de rien d'autre que l'être ; c'est là sa finitude, sa détermination, sa né-

---

raître multiple. Etant identique absolument à l'apparaître, l'être est ainsi un et multiple tout à la fois. En termes d'être et de phénomène, c'est la problématique de l'être et du devenir qui resurgit ici, telle qu'elle a été élaborée par Héraclite et Parménide. b) Pourtant, l'être, dans son acte d'être, est, mais n'est pas phénomène, alors que réciproquement le phénomène seul apparaît, mais n'est pas. Ce sont maintenant les questions posées par les Sophistes, à la suite d'Héraclite et de Parménide, à propos du jugement, qui se pressent : à quelle condition puis-je dire que l'être est phénomène, s'il est vrai que l'être, c'est l'être, et le phénomène le phénomène, et que par conséquent dire « l'être apparaît », c'est dire contradictoirement l'identité de deux notions non identiques, comme les Sophistes refusaient à Parménide le droit de dire « l'être est un », parce que l'être et l'un sont deux ? Pour prendre un exemple contemporain, thématiquement différent, mais structurellement identique, à quelle condition puis-je dire avec Ricœur que « ça » parle, alors qu'il est entendu que le « ça » freudien ne pense ni ne parle, et que cependant il n'est présenté que représenté dans le discours plus ou moins logique du symbole onirique ? Que le lecteur ne s'étonne pas trop de ce que ces deux types de difficulté, correspondant à la même problématique, prise sous l'angle a) métaphysique, b) critique, le renvoient à la réflexion des Anciens : elles ont suscité de même des réponses structurellement semblables, telles dans l'Antiquité la dialectique des idées platoniciennes et en notre temps la dialectique phénoménologique de Hegel, et d'une manière générale, la « métaphysique du phénomène ». L'étonnant est bien plutôt, mais ce point dépasse le cadre du présent essai, que les solutions des anciens maîtres, Platon et Aristote (l'analogie de ce qui est), demeurent infiniment plus fécondes, plus subtiles, dans leur respect du réel et de l'expérience de la pensée humaine, mathématique et philosophique, que leur analogon moderne.

cessité originaire. Rien d'autre que l'être ne motive cette histoire ; c'est là sa non-finalisation par autre chose que soi, son infinitude, son indétermination, sa liberté terminale. L'histoire est l'histoire de l'être, sujet, agent et fin ontologiques de son propre apparaître. L'être apparaît, s'apparaît, se complait dans son apparaître en et pour soi. L'être en ce sens, est phénomène parfait, apparaître absolu, vérité et bonté nécessairement. Le déterminisme engendre toujours une forme d'optimisme rationaliste, fût-ce sous l'apparence dérivée du rejet positiviste des ancestrales frayeurs superstitieuses.

Le lecteur reconnaît facilement ici les innombrables réminiscences, les innombrables prolongements que suscite ce précis de la métaphysique du phénomène. Il peut y lire en filigrane les lignes principales des diverses métaphysiques que les dialectiques nominalistes ont engendrées au gré de la longue histoire de la civilisation européenne, au risque de se compromettre avec leur contraire essentiel, les multiples dialectiques de la participation ontologique. Il aura reconnu aussi pourquoi et comment la métaphysique du phénomène entraîne pour l'homme une aliénation nécessaire, une sujétion inévitable à un déterminisme historique dont il est à la fois l'agent autonome et paradoxalement l'instrument obligé. Il conclura sans doute qu'une telle idéologie ne présente pas le modèle adéquat pour l'homme de l'Europe à venir.

Il est difficile de définir la vérité de l'homme, c'est pourtant cette définition, métaphysique, éthique et politique, qui doit présider aux travaux de ceux qui œuvrent à la construction d'une société européenne unie. L'auteur de ces lignes, en faisant apparaître la structure des diverses phénoménologies et dialectiques modernes, sous forme d'une métaphysique du phénomène, ne pense pas que celle-ci soit la meilleure forme de penser philosophiquement. Malgré la multiplicité des perspectives ouvertes, la richesse de certains de ses prolongements structuralistes, cette philosophie obéit à une structure formelle de pensée fermée sur elle-même, stérilisante pour la plupart de ses découvertes thématiques les plus intéressantes. Sa cohérence ne doit pas donner le change, elle est pure complaisance idéologique, simple tautologie, et finit par rejeter la différence pour l'un. Il semble avec elle que l'on en reste, ou que l'on en revient à l'inféconde opposition d'Héraclite et de Parménide, comme si le gigantesque effort de la pensée grecque et médiévale pour établir une philosophie humaine, c'est-à-dire un ensemble organique des savoirs humains respectueux de la multiplicité de l'expérience vivante de l'homme et de son expression immédiate dans le langage humain, était tenu pour nul et non avenu.

Si donc il existe un jour une Europe unie, elle ne sera le fruit ni du « travail de l'Esprit », ni de l'« intentionnalité de la Raison », ni du « sens de l'Histoire », ni d'aucune autre « structure sans sujet », ô mythes dialectiques édifiants et fades ! L'Europe sera l'œuvre des Européens eux-mêmes, c'est-à-dire d'hommes concrets, intelligents par eux-mêmes, libres pour eux-mêmes, responsables devant eux-mêmes, qui, par leur action délibérée, concertée, constante, patiente, attentive aux contingences historiques, auront su réaliser leur lien politique, par la conjonction de leurs intérêts matériels et en mettant en œuvre à cet effet le meilleur de leur immense patrimoine spirituel. Est-il nécessaire d'ajouter qu'ils auront alors jeté par dessus bord le bric-à-brac verbeux des pesantes dialectiques, phénoménologies, ontologies et autres herméneutiques, qui sous l'espèce de la « métaphysique du phénomène » stupéfient les esprit de notre temps, et que l'Europe pourra alors retrouver la jeunesse légère d'une Grèce nouvelle ?

TABLE DES MATIERES

Ce livre a été imprimé
en France par **ICN**

Zone Industrielle des Saligues
98, rue Louis Rabier
64300 Orthez

05 59 69 77 80
icn@imprimerie-icn.fr

Dépôt legal : Avril 1985